| 개 정 판 |

NGO를 알면 세상이 보인다

새내기를 위한 NGO 특강

박상필 지음

한울

지구에 두 발을 딛고 서서
우주를 바라보는 젊은 청춘들에게 바친다

청춘들이여! 언제나 봄과 같은 그대여! 혼의 불꽃을 피워 세상을 밝히는 마음으로, 눈앞의 작은 것에 연연하지 않고, 작은 불이익과 불편에 분노하지 않고, 신새벽의 공기를 가르는 선각자의 마음으로, 대의(大義)를 위해 담대하게 싸워나가는 혁명아이어라!

대우주를 채워도 그 우주가 넓지 않을 만큼 신념과 용기가 있는 생명력이라면, 세상에 두려울 것이 무엇이 있고, 바꾸지 못할 것이 무엇이 있겠는가. 신념과 용기야말로 청년의 가능성을 여는 열쇠요, 일체의 잠재력을 살리는 원동력이다. 신세기의 어둠을 밝히기 위해 바로 그대가 불꽃으로 타올라 모두의 등대가 되는 것이다. 그대가 앞장서서 선(善)의 청류(淸流)를 만드는 것이다. NGO에 대한 학습과 참여는 대의를 향하는 그대의 힘찬 인생에 하나의 지침을 줄 것이다.

어렵게 행정고시에 합격하여 사무관이 된 전도유망한 공무원이 어느 날 사표를 냈다. 이유는, 남들이 부러워하는 자신의 위치가 정작 자신에게는 아무런 의미가 없다는 것이다. 아침에 일어나 출근을 하고, 낮에 밀폐된 공간에서 사무를 보고, 저녁이 되면 퇴근을 하고, 다시 다음날 아침에 눈을 뜨면 또 출근하고…… 그 쳇바퀴 같은 인생에서 그는 삶의 진정한 가치를 발견하지 못하고 불교에 입문하여 절로 가버렸다. 주위 사람들이 말렸지만, 그는 좀 더 가치 있는 삶을 찾고자 했다.

장애인이 필사의 노력 끝에 한국 최고의 대학에 합격했다. 자신이 가지고 있는 작은 핸디캡과 사회의 편견을 이기기 위해 그는 남들보다 몇 배나 더 노력했다. 마침내 그는 목표를 성취했다. 그런데 대학에 와보니 강의실에 휠체어가 들어갈 수 없는 것이다. 그는 친구의 도움을 받아 힘겹게 대학을 마쳤다. 그러나 우리 사회는 그에게 일자리를 주지 않았다. 교만한 인간과 그 인간들이 만들어낸 사회구조에 분노하면서 그는 자살하고 말았다. 그가 무엇을 잘못했기에 목숨까지 바쳐야 했을까.

야간에 의사가 응급실에서 환자를 받았다. 그러나 환자는 돈이 없었다. 병원당국은 돈 없는 사람에 대한 치료에 무관심했다. 환자는 결국 죽고 말았다. 의사는 자신의 책임이 아니라고 했지만, 환자 가족은 의사를 원망했다. 사람들은 의사의 의술을 믿고 병원을 찾는다. 그러나 의사에게 더 중요한 것은 인권에 대한 이해이다. 환자가 치료비가 있느냐 없느냐는 의사로서의 사명과 아무런 관련이 없다. 의사의 사명은 환자의 목숨을 살리는 것이고, 그 사명을 다하기 위해서는 돈이 없는 위급한 환자에게 어떠한 행동을 취해야 하는지를 알고 있어야

4

한다.

　강릉의 어느 장애인 소녀가 어른으로부터 십 년 동안 성폭행을 당해왔다는 사실이 밝혀졌다. 그러나 가해자는 계속 발뺌을 했고, 경찰과 검찰은 가해자를 구속하지 않았다. 이 사실에 분노한 사람은 대통령도, 도지사도, 시장도 아니다. 그 지역의 국회의원이나 지방의회 의원도 아니다. 바로 여성단체와 장애인단체의 회원들이다. 피켓을 든 그들이 비를 맞으면서 경찰서 앞에서 시위를 하고 있다. 왜 그들이 비오는 날 집에서 쉬지 않고, 거리에서 목소리를 높여야만 하는가.

　군산의 미군기지가 수십 년 동안 오폐수를 방출했다. 강이 검게 변하고 바다가 오염되었다. 정부는 조치를 취할 생각을 하지 않고, 미군은 정문을 굳게 닫아건 채 대답이 없다. 그 앞에서 분노한 사람들은 그 지역에 사는 시민단체의 회원들이다. 그 시민들을 가로막고 있는 것은 단단한 철조망뿐만 아니라, 제복을 입은 전경들도 있다. 시민들이 원하는 것은 다름이 아니라, 인간에게 생명의 젖줄을 대고 있는 땅과 강과 바다를 깨끗이 하자는 것이다. 그들의 주장이 잘못되었는지 석가, 예수, 공자를 찾아가서 물어보자!

　혼자 사는 할머니가 동사무소로부터 쌀을 한 포대 받았다. 생활보호 대상자이기 때문에 일 년에 몇 번 나오는 정부부조의 일환이다. 그런데 문제는 그 무거운 쌀 포대를 집으로 옮길 수가 없다는 사실이다. 택시는 실어주지 않고, 트럭을 부르자니 돈이 너무 많이 든다. 할머니는 동사무소에 가서 쌀 포대를 작은 봉지 여러 개로 만들어달라고 부탁해보지만, 직원이 응할 리가 없다. 할머니의 쌀 포대를 집까지 옮겨준 사람은 그 지역 봉사단체의 자원봉사자였다. 할머니가 직접 자원봉사자를 찾아야 하는 것이 아니라, 동사무소가 연결시켜 주면 얼마나 좋을까!

  이상 몇 가지 예를 들었지만 이 외에도 예는 무수히 많다. 이러한
문제들은 우리 일상생활에서 끊임없이 일어나고 있다. 우리 생활의
일부분이지만, 정부와 기업이 해결하지 못한다. 그것을 해결하는 것은
시민사회 또는 비영리섹터의 자발적 결사체인 NGO들이다. 부패한
권력을 비판하고, 각종 복지서비스를 생산하고, 사회적 약자의 이익을
대변하고, 이익집단을 견제하고, 불우한 이웃과 지구촌민을 돕고, 국
제사회에서 국가이기주의와 강대국의 힘을 견제하고…… NGO가 하
는 일은 끝이 없다. NGO는 자유, 평등, 인권과 같은 민주주의적
가치를 존중한다. 정의가 살아 숨 쉬는 사회를 지향한다. 모두가 더불
어 사는 공동체사회를 만들기 위해 활동한다.
  그러나 많은 사람들은 NGO의 공익활동에 큰 관심을 갖지 않는다.
NGO활동이 미치는 사회적 중요성은 인정하지만, 기부금 제공이나
회원가입과 같은 참여는 하지 않는다. 아예 NGO활동을 무시하고
파괴하려는 세력도 있다. NGO가 자율성, 자원성(voluntarism), 공공성,
연대성의 이념을 가지고 사회정의를 실현하기 위해 활동한다면, NGO
가 활발하게 활동하는 사회가 건강하고 역동적인 민주사회이다. 그렇
다면 NGO는 보호되고 발전되어야 한다. 그것이 사회정의를 지향한
다면 고통을 감내하고서라도 지켜야 한다. 정의를 위해 스스로 고통을
인내할 수 있는 사람은 바로 속물에 때 묻지 않고 미래의 이상을
포기하지 않은 청년들이다.
  청춘들이여! 자신을 권력과 돈만을 구하기 위해 허우적대는 그런
불쌍한 인간으로 규정하지 말자. 청춘이 오래갈 것 같지만, 그렇게

길게 가지 않는다. 그렇게 살다가 그 청춘이 끝났을 때, 생(生)이 끝나 죽음을 맞이해야 할 때, 그때 인생이 얼마나 슬프고 자신이 얼마나 초라하겠는가. 때로는 부자가 되어 자식들에게 많은 재산을 남겨주고, 때로는 높은 권세를 누렸다고 스스로 자위할 수도 있겠지만, 그런 것들은 막상 자신이 죽고 나면 겨울바람에 뒹구는 낙엽같이 부질없는 것들이다. 타인의 도움이 없으면 지금 당장 죽는 사람이 있다. 배우지 못한 죄로 속아서 울분을 터뜨리는 사람이 있다. 강자의 힘에 눌려 속박을 당하는 사람이 있다. 잘못된 제도로 고통을 받는 다수가 있다. 그들은 그대의 도움이 필요하다. 냉철한 머리보다 뜨거운 가슴을 가진 청년의 행동을 요구한다. 더불어 사는 건강한 사회를 위해 그대의 작은 노력을 기울여보지 않겠는가.

그대는 누군가를 저리게 사랑해본 적이 있을 것이다. 사랑에 빠져 있을 때는 아침에 일어나 눈을 뜨고, 세수를 하고, 밥을 먹고, 버스를 타고, 강의를 듣고, 친구와 놀고, 텔레비전을 보고, 밤이 되어 이부자리에 누워 눈을 감아도 사랑하는 사람을 생각하고 그 사람의 얼굴을 떠올렸을 것이다. 그대가 사랑한 사람은 애인, 아니면 부모, 스승, 친구 등이었다. 그들은 다름 아닌 바로 인간이었다. 몸속의 세포가 100조 개나 되고, 혈관의 총길이는 9만 5,000킬로미터나 되어 지구의 두 바퀴 반이나 될 만큼 길다. 머리는 둥근 하늘을 닮고, 발은 평평한 대지를 닮아 우주와 같은 무게를 지닌 인간이다. 인간이기 때문에 사랑하고 있었던 것이다. 그런데 우주와 맞먹는 소중한 인간이 잘못된 제도로, 억울한 사연으로, 불행한 태생으로, 자연재해로 인하여 고통을 겪고 있다. 그러니까 누군가를 사랑할 자격이 있다면 그들을 돕기 위해 소매를 걷고 나서야 한다.

주위를 둘러보면 그대가 할 수 있는 일과 해야 할 일이 무수하게 널려 있다. 그대가 사는 동네, 거리, 학교, 직장, 관공서, 나아가 저 멀리 지구촌에는 좀 더 온정이 넘치고 정의가 숨 쉬는 사회를 만들기 위해 서로 돕고, 함께 분노하고, 공동의 힘으로 고쳐나가야 할 것들이 너무나 많다. 지금은 공부 때문에, 직장 때문에, 다른 이유 때문에 나설 수 없다고 한다면, 좋다. 그러나 그러한 것에 대해 문제의식은 갖고 있어야 한다. 언젠가 실천하겠다는 굳은 의지와 자신과의 약속이 있어야 한다. 그것을 해결하는 시민운동과 자원봉사활동에 대한 내용은 알고 있어야 한다. 그리고 지금 할 수 있는 작은 일은 실천해야 한다. 그대가 남들보다 뛰어난 머리와 건강한 육체를 가지고 이 사회에서 선택받은 사람이라면, 그만큼 다른 사람을 위해, 우리 사회를 위해 작은 헌신은 할 수 있어야 한다. 무슨 거창한 도원결의(桃源結義)까지는 아니라고 하더라도.

그대는 지금까지 살아오면서 봐오지 않았는가. 일생 동안 무엇 하나 제대로 이룬 것 없이 우왕좌왕하는 어른들의 모습을. 생(生)의 철학이 없기 때문이다. 그 철학이 어디 하늘에서 떨어지겠는가. 위대한 철학은 가지고 싶다고 해서 저절로 생기는 것이 아니다. 철저하게 고뇌하고, 단련하고, 실천하는 속에서 주체적이고 창조적인 삶의 씨앗이 싹트는 것이다. 지금 시간이 있다면 현장으로 달려가서 봉사활동을 하고, 각종 시민운동에 참여하여 함께 목소리를 높이며, 더 나아가 직접 시민단체를 만들어 우리가 살고 있는 이 사회를 더 아름답게 가꾸는 것이다. 억압과 착취가 없고, 불평등이 줄고, 소외가 사라지는…… 모두가 자신의 잠재력을 발휘하고, 노동의 동기가 부여되고, 타인의 행복을 위해 책임을 지고, 공동체의 일에 적극적으로 참여하는,

그러한 사회를 만들기 위해 행동하는 것이다. 그러한 철학도 없이 남들보다 뛰어나다고 어깨에 힘을 주고, 미래에 지도자가 되겠다고 꿈꾸고 있다면 그것은 교만이 아닐까.

전진이 아니면 퇴보이듯이, 악(惡)과 싸우지 않으면 그것은 또 다른 악이다. 잘못된 제도를 바라보며 방관하고, 고통받는 이웃에게 손길을 내밀지 않는다면 더 이상 청년이 아니다. 청년의 열혈(熱血)은 정의를 지키고 현장에서 실천하는 것이다. 젊음에 주어진 특권은 스스로 실천하는 속에서 무한하게 미래를 열어가는 것이다. 그저, 편안하게 살자, 좋은 집을 사자, 권력을 잡자……고 한다면 그런 인생은 불쌍하다. 몸은 청년이지만 마음은 노년이다. 확언하건대 대의를 위해서 살아간다면 그런 것은 자연히 따라오게 된다.

그대가 대의를 향한 정도(正道)를 걷는다면 반드시 역풍이 있을 것이다. 대의에는 언제나 중상과 모략, 시기와 질투가 따르기 마련이다. 그런 것에 휩쓸린다면 그대도 소인(小人)이 되고 만다. 중요한 것은 실천하는 일이고, 두려워해야 할 것은 외부의 적이 아니라 자신의 내부에 잠재해 있는 타성과 안일이다. 자신과의 싸움에서 이기는 것이다. 이기(利己)와 불신(不信)의 대지에 정의가 스며들게 하는 것에는 많은 고통이 따르고 무수한 좌절이 있을 것이다. 그러나 청년의 의지와 신념을 가지고 정의를 지키기 위한 전선(戰線)에 언제나 굳건히 서는 것이다. 설사 누가 봐주지 않는다 해도, 보답이 없다 해도 얼마나 아름답고 자랑스러우며 당당한 삶인가.

새로운 세기가 왔건만, 여전히 어둠이 걷히지 않고 있다. 불행이 사방에 도사리고 있다. 이 어둠을 걷어내고, 어깨동무를 하고 노래부르며 서로 어우러지는 놀이마당을 만드는 것은 청년의 사명이다. 아무리 수재이고 천재라 해도, 아무리 부유하고 유명하다 해도, 세상을 투시하고 실천하는 철학이 없다면, 정열이 없다면, 지성이 없다면, 신념이 없다면, 그것은 한 시기를 살다가는 한낱 고등동물에 지나지 않는다. 청년의 철학과, 정열과, 지성과, 신념이 있다면 새로운 세기, 새로운 천년이 되어도 여전히 거리를 굴러다니는 모든 쓰레기를 태풍과 같은 힘으로 쓸어낼 수 있다. 청년의 힘이 합해져서 강고한 스크럼을 형성한다면 우리 모두가 앓고 있는 문제와 대결할 수 있다. 바로 NGO가 그런 일을 하는 중심에 있다.

혹시나 지금 거대한 꿈이 없다면, 지향하는 목표가 없다면, 자신의 행동반경이 좁은 테두리에 한정되어 있다면, 그대는 이미 청년이 아니다. 도전할 목표도 없고, 문제의식도 없고, 그저 아침에 일어나 이불 개기, 세수하기, 학교 가기, 일하기, 공부하기, 버스 타기, TV 보기, 잠자리 들기…… 그렇게 따분한 일상으로 시간을 때우고 있다면 웅비하는 미래도 없고, 즐거운 인생도 아니다. 그것을 타파하기를 원한다면 혼자 떠나는 여행을 권한다. 청춘들에게 여행은 분명 새로움을 준다. 그러나 그것뿐이라면 여행이 끝나고 나서 남는 것이 없다.

여행! 그것은 휴식이 아니다. 유희는 더더구나 아니다. 그저 걷는 것이 아니다. 관찰에만 머무르지 않는다. 여행은 사람 사는 세상 속으로 들어가는 것이다. 자신을 되돌아보고 사유하는 시간을 갖는 것이다. 그리고 자신의 철학을 정립하는 것이다. 세상과 사유의 만남에서 지적 해방을 성취하고 의미 있는 발명을 얻으려면 매개체가 필요하다. 선각자들의 전기를 읽고 명상록을 펼치는 이유가 여기에 있다. 청춘들이여! 아직도 인생의 목적을 깨닫지 못하고, 삶의 의욕을 잃고 무력감에 빠져 있다면 배낭을 메고 아프리카로 떠나라! 거기에는 거대한 프로젝트가 그대를 기다리고 있다. 아프리카로 향하는 열차 칸에서 이 책이 그대의 무릎 위에 놓여 있다면 이 책의 소명은 다한 것이다.

2001년 4월

박상필(npongo@dreamwiz.com)

차 례

NGO를 알면 세상이 보인다

시
민사회 혹
은 비영리섹터는 체
제유지를 목적으로 하는 국가
와 이윤추구를 목적으로 하는 시장 사이
에 존재하는 제3의 영역이다. 여기에는 비영리병
원, 사립학교, 복지관, 박물관, 미술관, 환경단체, 여성단체,
종교단체, 직능단체, 친목단체 등 다양한 단체들이 활동하고 있다. 우리
가 NGO라고 부르는 단체도 여기에 속한다. 시민사회는 국가와 시장과는 달리 자율
성, 자원성, 다원성, 연대성, 수평성 등의 이념을 지니고 있다. 즉 시민들이 자율적으로 참여하

제1부 NGO의 이론적 기초

여 스스로 사회적 가치를 추구한다. 그리고 조직이 정
부나 기업에 비해 훨씬 수평화되어 있어서 권위적인 명령보다는 합의와 타협을 중시한다. 시민사회는 개인과 조
직 간에 의사소통과 토론이 활발하고, 상호 존중과 친밀감이 강하다. 그리고 사회적 약자에 대한 관심과 자원봉
사활동도 활발하다. 신비감, 종교, 비술(秘術) 전통, 첨미, 사교, 놀이 등 정신에 대한 탐사와 오락도 대부분 여
기서 이루어진다. 시민사회는 국가권력의

01 ○ 사회를 어떻게 구분할 것인가

재를 생산하기도 한다. 예를 들어, 의료, 교육, 복지, 환경 등에 대한 서비스의 상당 부분이 국가와 시장이 아닌

02 ○ NGO란 무엇인가

비영리병원, 사립학교, 복지관, 환경단 그리고 민주주의를 유지하는 데 중요한 민주시민
육도 시민사회에서 일어나는 각종 시민운동과 시민의 자발적 참여를 통해 이루어진다. 상호 원조, 공동체정신,

03 ○ NGO와 유사한 조직에는 어떤 것이 있나

간적 교류, 환경보호 등 국가와 시장이 한 욕구들을 시민사회
서 해결할 수 있다.

먼저 국가와 시장 간의 관계를 살펴보자. 국가는 각종 법률과 규칙을 제공하고 시장(기업)의 질서를 확
립한다. 그리고 상품구매와 공적 투자를 통해 시장의 활성화를 돕는다.

04 ○ NGO는 무엇을 하는가

필요한 상품과 서비스를 생산한다.

05 ○ NGO를 어떻게 분류할 것인가

둘째, 국가와 시민사회 간의 관계에서 국가는 각종 법률과 규칙을 통해 시민사회를 통제하거나 여론을 조성한다
그런가 하면, 각종 공공서비스의 생산을 비영리단체에게 위임하거나 자금을 지원한다. 예를 들어, 국립병원도

06 ○ NGO는 왜 생겨났는가

있지만, 비영리병원인 사립대학병원이나 종합병원이 의료서비스를 제공한다. 마찬가지로 국립고등학교나 대학

〈그림 3〉 국가, 시장, 시민사회 간의 관계

07 ○ NGO는 정부나 기업과 어떤 관계인가

도 있지만, 비영리교육기관인 각종 사립고등학교와 대학교가 교육서비스를 제공한다. 이와 같이 의료나 교육은

08 ○ NGO의 조직과 재정은 어떻게 만들어지나

공공재의 성격이 강하기 때문에 시장에 위임하는 서비스를 받기 어렵고, 돈이 없
는 가난한 자는 제대로 서비스조차 받지 못한다. 한편 시민사회의 입장에서는 정부가 위임한 각종 공공재를 생
할 뿐만 아니라, 정부가 무시한 각종 공공서비스를 직접 생산하기도 한다. 예를 들어, 환경·인권·여성·교
통·문화 등과 같이 정부의 재정부족과 책임의 한계로 제대로 관심을 쏟지 못하고 있는 분야에
서 각종 비영리단체들이 나서서 환경을 지키고, 인권을 보호하고, 여성권리를 증대하
는 활동을 한다. 그리고 시민사회의 각종 단체는 국가의 지배정당성을 뒷
받침함과 동시에 권력이 시민을 억압하거나 부패할 경우 이를
비판하고 견제하는 역할을 한다.
끝으로 시장과 시민사회 간의 관계를
살펴보자. 시장의 기업은
상품생산이나

01
사회를 어떻게 구분할 것인가

우리가 살고 있는 사회는 여러 영역으로 이루어져 있고, 각 영역마다 다양한 조직이 자기 목적을 달성하기 위해 활동하고 있다. 각 영역은 다른 영역과는 다른 이념과 가치를 가지고 작동되고, 다른 영역과 밀접하게 상호 작용한다. 그중에서 NGO(nongovernmental organization)는 어디에 속하는 것일까?

1. 사회구분: 국가, 시장, 시민사회

사회(society)란 무엇인가? 사회는 넓은 의미로 민족국가를 경계로 하여 내적인 통일성을 지닌 사회적 관계의 총체를 말한다. 물론, 사회는 사람들이 공동선(common good)을 위해 상호 협력함과 동시에 자신의 이익을 극대화하기 위해 상호 갈등하는 장이다.

과거에는 사회를 크게 공공부문과 민간부문으로 양분했다. 공공부문은 주로 관료조직으로 이루어져 있으며, 공적 권위에 기초하여 사회질서를 유지하고 갈등을 조정하기 위한 각종 법률과 규칙을 만들고 집행하는 곳이다. 공공부문의 대표적인 조직은 바로 정부이다. 민간부문은 공공부문을 제외한 사적 영역으로서 개인이 가정을 이루고, 경제활동을 하며, 집단활동을 통해 사회적 욕구를 충족하는 곳이다. 대표적인 조직은 가족과 기업, 그리고 각종 사회집단 등이다. NGO도 여기에 속한다.

<그림 1> 사회구분모델 1

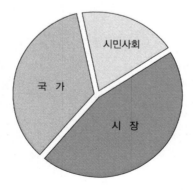

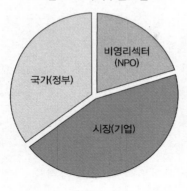

<그림 2> 사회구분모델 2

국가(정부)

비영리섹터
(NPO)

시장(기업)

　그러나 최근에는 민간부문을 시장과 시민사회로 구분하는 삼분모
델이 주류이다. 민간부문에서 가장 일차적인 생활공동체인 가족을
제외하면 경제영역과 결사체영역이 남는다. 그러므로 민간부문을 시
장과 시민사회로 구분할 수 있다. 시장은 기업이 주체가 되어 상품을
생산하고 교환하는 곳이다. 시민사회는 다양한 사회집단들이 자율성
을 원칙으로 서로 갈등하고 협력하면서 공동이익을 추구하는 곳이다.
따라서 광의의 사회를 <그림 1>과 같이 국가, 시장, 시민사회로
구분할 수 있다. NGO는 시민사회에 속한다.

　시민사회는 국가와 시장을 상대하여 권력을 견제하고 개인의 자유
와 권리를 보호하는 역할을 한다. 이런 시민사회를 달리 비영리섹터
(nonprofit sector)라고도 한다. 비영리섹터란 국가와 시장이 아닌 제3의
섹터로서, 각종 비영리단체들이 공공의 이익을 추구하거나 집단의
공동이익을 도모하는 영역이다. 따라서 이를 제3섹터(the third sector)
라고도 한다. 제3섹터는 다양한 단체들이 자율·참여·연대의 이념하에
현대사회의 개인적 욕구를 충족하고 각종 사회적 문제를 해결하는

곳이다. 따라서 광의의 사회를 <그림 2>와 같이 세 개의 섹터로 나누어 국가, 시장, 비영리섹터로 구분할 수 있다.

국가의 대표적인 단체가 정부이고, 시장의 대표적 단체가 기업이다. 비영리섹터에는 다양한 비영리단체(NPO: nonprofit organization)가 있다. 비영리단체는 국가나 시장이 아닌 비영리섹터에 위치하여, 영리를 추구하지 않고 공공의 이익이나 집단이익을 추구하는 단체를 말한다. 물론 각 섹터는 확연히 구분되는 것이 아니라, 그 경계가 모호하다. 예를 들어, 정부에 속하면서 기업적 성격을 가진 공기업은 국가와 시장의 중간에 위치한다. 그리고 정당은 시민사회의 성격을 지니고 있으면서도 정치사회의 주요한 행위자이기 때문에 국가와 시민사회의 중간에 위치한다. 또한 언론은 상업성을 띠고 있지만, 시민사회적 성격도 강하기 때문에 시장과 시민사회의 중간에 위치한다.

2. 각 섹터의 이념과 기능

국가, 시장, 시민사회(비영리섹터) 등 각 영역은 <표 1>과 같이 서로 구별할 수 있는 기능과 역할, 그리고 고유의 이념과 작동원리를 가지고 있다.

국가란 물리적인 강제력을 독점하여 일정한 영토와 그 영토 내의 주민을 배타적으로 지배하는 공동체 또는 행정기구의 총합을 말한다. 여기에는 내각, 법원, 의회, 군대, 경찰, 감옥 등이 있다. 국가는 사회체제를 유지하는 데 필요한 법률의 제정·집행·심판을 담당한다. 그리고 국가는 관료제라고 하는 위계적인 조직으로 구성되어 있다. 국가는

<表 1> 각 섹터의 특성 비교

영역	주요 기능	작동 원리
국가	대외적 안전, 질서 유지, 공공서비스 생산	강제와 명령, 계층화, 다수결, 획일성
시장	상품과 서비스의 생산과 교환	이윤 추구, 경쟁, 효율성, 실적주의
시민사회	국가와 시장의 견제, 복지서비스 생산, 사회통합과 문화적 재생산, 사회자본의 생성	자율, 참여, 연대, 신뢰, 형제애와 상호 호혜(봉사/관용/포용), 공동체, 다원성, 도덕과 윤리, 생태주의, 실험정신, 영성

강제력을 가지고 국가운영에 필요한 자원을 추출하고 갈등을 심판하며 사회를 통제하는 기능을 수행한다. 우리가 살고 있는 사회가 대외적 안전을 확보하고 일정한 질서를 유지할 수 있는 것은 바로 국가의 이러한 기능과 역할 때문이다. 또한 국가는 무임승차(free-riding) 문제가 발생하는 각종 공공재(public goods)를 생산한다. 예를 들면, 국가가 국방·치안·환경·위생 등을 공공재정으로 해결하지 않고 시장에 맡겨두면 많은 사람들이 그 비용을 지불하지 않고 혜택을 보려고 하기 때문에 생산되기 어렵다. 국가는 공권력을 독점하여 다수결의 원리, 관료제의 원리, 획일성의 원리 등에 의해 움직인다. 따라서 개인의 자유를 억압하거나 피지배계급을 착취할 수 있고, 소수자에게 필요한 서비스를 무시할 수 있다. 계층제로 이루어진 관료조직은 명령과 통제의 원칙에 의해 움직이기 때문에 경직되고 외부환경의 변화에 신축적으로 적응하지 못하는 경향이 있다.

시장이란 수요와 공급에 따라 상품생산과 가격이 결정되고 경제주체 간의 자발적 교환이 이루어지는 사회제도이다. 공정한 경쟁규칙이

국가는 강제력과 억압력을 가지고 체제를 유지하는 기구이다. 국회 앞에서 시위진압
에 나서는 최루탄 차의 모습이 위압적이다.

시장에 존재할 때 개인이 사적 이익을 추구하기만 하면, '보이지 않는
손'에 의해 자원이 최적으로 배분되어 사회 전체의 이익을 극대화할
수 있다는 것이 애덤 스미스(Adam Smith) 이래 통념이었다. 따라서

국가는 공정한 경쟁이 이루어지도록 규칙을 정하고 시장에 대한 개입을 최소한으로 줄여야 한다는 '자유방임주의(laissez faire)'가 강조되었다. 이렇게 보면 시장은 경쟁과 효율성의 원칙하에서 인간생활에 필요한 각종 상품과 서비스를 생산하고 교환하는 중요한 사회적 장치이다. 자본주의의 발달은 이러한 시장의 발달에 기초하고 있는데, 자본주의는 근대국가의 성립과 시민사회의 발달에 중요한 역할을 하였다. 그러나 케인스(John Keynes)가 주장하는 바와 같이, 시장은 자원을 효율적으로 배분하기 어렵고, 또한 윤리적 한계를 지니고 있기도 하다. 예를 들어, 시장은 이윤추구를 목적으로 하기 때문에 환경을 파괴하면서까지 이윤을 극대화하려고 하는 이기적인 행동을 유발할 수 있다. 그리고 각종 상품과 서비스의 비용을 지불할 수 없는 가난한 자에게는 무관심하므로 개인 간의 불평등을 해결하기 어렵다.

시민사회 혹은 비영리섹터는 체제유지를 목적으로 하는 국가와 이윤추구를 목적으로 하는 시장 사이에 존재하는 제3의 영역이다. 여기에는 비영리병원, 사립학교, 복지관, 박물관, 미술관, 환경단체, 여성단체, 종교단체, 직능단체, 친목단체 등 다양한 단체들이 활동하고 있다. 우리가 NGO라고 부르는 단체도 여기에 속한다. 시민사회는 국가와 시장과는 달리 자율성, 자원성, 다원성, 연대성, 수평성 등의 이념을 지니고 있다. 즉 시민들이 자율적으로 참여하여 스스로 조직을 운영하고 사회적 연대와 협력을 통해 각종 사회적 가치를 추구한다. 그리고 조직이 정부나 기업에 비해 훨씬 수평화되어 있어서 권위적인 명령보다는 합의와 타협을 중시한다. 시민사회는 개인과 조직 간에 의사소통과 토론이 활발하고, 상호 존중과 친밀감이 강하다. 그리고 사회적 약자에 대한 관심과 자원봉사활동도 활발하다. 신비감, 종교,

비술(秘術), 전통, 취미, 사교, 놀이 등 정신에 대한 탐사와 오락도 대부분 여기서 이루어진다. 시민사회는 국가권력과 기업의 이윤추구 속성을 견제하고, 국가가 제공하지 못하는 각종 공공재를 생산하기도 한다. 예를 들어, 의료, 교육, 복지, 환경 등에 대한 서비스의 상당 부분이 국가와 시장이 아니라 비영리병원, 사립학교, 복지관, 환경단체 등에 의해 제공된다. 그리고 민주주의를 유지하는 데 중요한 민주 시민교육도 시민사회에서 일어나는 각종 시민운동과 시민의 자발적 참여를 통해 이루어진다. 상호 원조, 공동체정신, 인간적 교류, 환경보호 등 국가와 시장이 해결할 수 없으면서도 우리의 삶의 질 향상에 중요한 욕구들을 시민사회에서 해결할 수 있다.

3. 각 섹터 간의 관계

앞서 말한 바와 같이, 국가, 시장, 시민사회는 서로 떨어져 있는 실체가 아니라 서로 중첩되고 밀접하게 상호 작용하고 있다. 각 섹터 간의 상호 작용을 <그림 3>과 같이 정리할 수 있다.

먼저 국가와 시장 간의 관계를 살펴보자. 국가(정부)는 각종 정책을 통해 규칙을 제공하고 시장(기업)의 질서를 확립한다. 그리고 상품구매와 공적 투자를 통해 시장의 활성화를 돕는다. 반면에 기업은 정부에 세금을 내고 정부가 필요한 상품과 서비스를 생산한다.

둘째, 국가와 시민사회 간의 관계에서 국가는 각종 법률과 규칙을 통해 시민사회를 통제하거나 여론을 조성한다. 그런가 하면, 각종 공공서비스의 생산을 비영리단체(NPO)에 위임하고 자금을 지원한다.

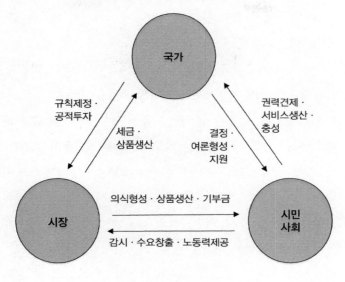

<그림 3> 국가, 시장, 시민사회 간의 관계

예를 들어, 국립병원도 있지만, 비영리병원인 사립대학병원이나 종합병원이 의료서비스를 제공한다. 마찬가지로 국립고등학교나 대학교도 있지만, 비영리교육기관인 각종 사립고등학교와 대학교가 교육서비스를 제공한다. 이와 같이 의료나 교육은 공공재의 성격이 강하기 때문에 시장에 위임하면, 환자나 학생이 원하는 수준의 서비스를 받기 어렵고, 돈이 없는 가난한 자는 제대로 서비스조차 받지 못한다. 한편 시민사회의 입장에서는 정부가 위임한 각종 공공재를 생산할 뿐만 아니라, 정부가 무시한 각종 공공서비스를 직접 생산하기도 한다. 예를 들어, 환경·인권·여성·교통·문화 등과 같이 정부의 재정부족과 책임의 한계로 제대로 관심을 쏟지 못하고 있는 분야에서 각종 비영리 단체들이 나서서 환경을 지키고, 인권을 보호하고, 여성권리를 증대하

는 활동을 한다. 그리고 시민사회의 각종 단체는 국가의 지배정당성을 뒷받침함과 동시에 권력이 시민을 억압하거나 부패할 경우 이를 비판하고 견제하는 역할을 한다.

끝으로 시장과 시민사회 간의 관계를 살펴보자. 시장의 기업은 상품생산이나 자본을 통해 시민사회에 일정한 의식을 강요한다. 물론 기업은 시민사회의 각종 단체가 필요한 상품을 생산하고 기부금을 제공하기도 한다. 다른 한편으로 기업은 비영리단체와 경쟁하고 갈등을 겪기도 한다. 예를 들면, 의료분야에서는 비영리병원인 종합병원과 사기업에 속하는 개인병원이 경쟁하고, 교육에서도 사립학교와 사설학원이 경쟁을 하게 된다. 더구나 시민사회의 각종 비영리단체는 정부로부터 세금을 면제받는 혜택을 누리는데, 이것은 공정한 경쟁이 이루어져야 할 시장에서 불공정한 경쟁을 유발하기 때문에 기업의 불평을 사게 된다. 반면에 시민사회의 비영리단체는 기업의 환경파괴, 불량상품 제조, 소비자권리의 무시 등을 감시하고 비판하는 역할을 한다. 비영리단체는 기업과 협력적인 관계를 유지하기도 하는데, 기업이 생산한 상품을 구매하고 기업이 필요한 노동력과 새로운 기술을 제공하기도 한다. 예를 들어, 각종 사립학교는 일정한 교육을 받은 사람을 시장(기업)에 내보내고, 각종 비영리연구소는 새로운 이론과 기술을 개발하여 기업이 상품화하는 데 필요한 기초를 제공한다.

4. 각 섹터 간의 균형

국가, 시장, 시민사회 중 어느 영역이 존재하지 않거나 제 기능을 하지 못할 때 사회는 통제불능, 물질적 빈곤, 인권침해와 같은 중대한 문제가 발생한다. 예를 들어, 독재정권하에서 정부가 시민의 인권을 탄압했지만, 정부가 존재하지 않을 경우에는 무정부상태가 되어 사회는 혼란에 빠지게 된다. 기업도 환경을 파괴하고 불평등을 초래한다고 비판받고 있지만, 기업이 없을 경우 원시사회와 같이 우리가 필요한 각종 상품을 우리 스스로 생산해야 한다. 이것은 인간생활에 불편을 초래하고 문명을 퇴보시키는 결과를 가져올 수 있다. 마찬가지로 시민사회가 제 기능을 하지 못하면, 국가와 시장의 잘못을 견제하거나 비판할 수 없고 사회는 메마르게 된다. 서로 만나서 정을 나누고, 같은 뜻을 가진 사람끼리 동호회를 만들고, 자신이 원하는 종교적 활동을 하고, 가난한 이웃을 돌보는 등 작지만 우리 생활에 중요한 것들이 시민사회에서 이루어지기 때문이다.

각 영역 간의 균형이 깨져 어느 한 영역이 너무 강해도 문제가 발생한다. 예를 들어, 국가영역이 너무 강해지면 독재가 되기 쉽다. 인류 역사에서 파시즘, 공산주의, 군부독재 등은 국가의 권한이 너무 강한 체제의 대표적 사례들이다. 시장의 권한과 역할이 지나치게 강화되면 시장주의 원칙이 지배한다. 요즘 유행하는 신자유주의가 그 대표적 이념이다. 시장주의는 물질주의, 개인주의, 실적주의 등을 강조하여 합리성을 강화하고 부를 증대할 수 있지만, 강자가 약자를 지배하도록 방치하고 공동체정신을 파괴할 위험을 안고 있다. 마찬가지로 시민사회가 우리 사회에서 중요한 역할을 수행하지만, 이것이 국가와 시장의 역할을 대행할 수는 없다. 시민사회는 국가와 같이 공적 권위를 가지고 있지 않기 때문에 사회질서를 유지할 수도 없고, 시장과 같이 효율적으로 우리 생활에 필요한 상품을 생산하기도 어렵다.

비영리단체는 정부와 기업이 할 수 없는 인간적 보살핌을 제공한다. 사진은 아이의 엉덩이를 씻겨주는 자원봉사자의 모습.

　현대사회에서 가장 바람직한 상황은 국가, 시장, 시민사회가 각각 적절한 자기 역할을 하면서 균형을 이루는 것이다. 국가는 사회질서와 안전을 유지하고, 시장은 상품을 생산하며, 시민사회는 각종 인간적 욕구를 충족하면서 국가와 시장을 감시하는 것이다. 각 섹터가 서로 협력과 견제를 통해 시민의 권익을 옹호하고 삶의 질을 향상시키는 것이 이상적인 사회라고 할 수 있다.

02
NGO란 무엇인가

NGO라는 용어는 영어 nongovernmental organization의 머리글자로서, 우리말이 아니고 외국에서 수입된 말이다. 우리말로는 비정부기구 또는 비정부조직으로 번역되고 있다. 그러나 이렇게 번역하는 것은 문제가 있다. 용어는 말하고자 하는 대상의 이미지를 정확하게 전달하는 것이 중요한데, 그냥 비정부기구라고 하면 정부를 제외한 많은 기구가 비정부기구에 포함된다. 그리고 '기구'는 정부조직을 지칭하는 말로 자주 쓰이므로 NGO를 표현하기에 적절하지 않다. NGO라는 개념을 정의하기 위해서는 그 개념이 발생하게 된 역사와 일반사회에서 실제로 어떻게 사용되고 있는지를 살펴보는 것이 중요하다. 그뿐만 아니라, NGO는 국가마다 그 개념의 범주나 속성이 다르기 때문에, 국가 간에 어떤 차이가 있는지를 밝히는 것도 필요하다.

1. NGO 개념의 발생 과정

NGO는 그 개념이 발생하기 이전부터 존재하고 있었다. 우리나라
의 경우, NGO라는 용어가 언론에 등장하고 보편적으로 사용된 지는
오래되지 않았다. 학술적으로 사용된 지도 몇 십 년에 불과하다. 그러
나 우리가 지금 NGO라고 하는 단체 또는 조직은 그 용어를 사용하기
이전에 우리 사회에 존재하고 있었다. 예를 들면, 1896년에 설립된
독립협회, 1905년에 설립된 대한적십자사, 1906년에 설립된 신민회,
1913년에 설립된 흥사단, 1927년에 조직된 신간회 등은 정부의 지원
을 받거나 민간인이 스스로 조직한 단체로서 계몽운동, 구호활동,
교육운동 등을 전개했다. 따라서 지금 우리가 NGO라고 하는 범위에
포함될 수 있다. 그러나 우리는 그 당시 이러한 단체를 NGO라고
부르지 않았다.

국제적으로도 마찬가지이다. 1838년에 영국에서는 노예제도를 반
대하는 반노예협회(British Anti-Slavery Society)가 설립되었고, 1864년에
결성된 세계적십자사(Red Cross)가 중립의 원칙 속에서 인도적인 실천
활동을 벌였다. 그리고 1892년 시에라클럽(Sierra Club)이 미국에서
결성되어 환경운동을 시작했고, 영국의 아동구호기금(Save the Children
Fund)이 1919년에 설립되어 전쟁 후에 고아가 된 아동을 보호하는
활동을 했다. 그러나 이러한 단체를 지칭하기 위해 NGO라는 용어를
사용하지는 않았다.

NGO라는 용어가 국제사회에 등장하게 된 것은 대체로 제2차 세계
대전 이후라고 볼 수 있다. NGO는 1945년 유엔(UN: United Nations)
헌장 제71조에 등장함으로써 공식적으로 사용되었다. 이후 1950년

개정을 통해 UN 산하에 경제사회이사회(ECOSOC: Economic and Social Council)에 협의적 지위(consultative status)를 갖게 되었다. 이때 UN에서는, 정부 이외의 조직으로서 국가주권의 범위를 벗어나 사회적 연대와 공공의 목적을 실현하기 위한 자발적 공식조직을 가리켜 NGO라고 했다. 즉 NGO는 비정부성, 공익성, 연대성, 자원성, 공식성, 국제성의 특성을 가진 민간단체를 의미했다. 개념 발생 초창기의 NGO는 국제적인 수준에서 개별 국가나 각종 국제기구가 해결하지 못하는 국제적 문제를 해결하기 위해 자문 역할을 한다는 소극적인 개념이었다.

우리나라에서 NGO라는 개념이 보편적으로 사용하게 된 것은 1987년 6월항쟁 이후이다. 6월항쟁을 통해 군부정권이 물러가고 정치적 민주화가 진행됨에 따라 시민들은 스스로 국가와 자본을 견제하고 시민권리를 옹호하기 위한 각종 단체를 결성했다. 이러한 단체를 시민단체라고 불렀는데, 이것은 1992년 리우환경개발회의 등 각종 NGO 국제대회가 국내에 소개되면서 등장하게 된 NGO라는 개념과 비슷한 의미로 자리 잡게 되었다.

2. 국가 간 NGO 개념의 비교

오늘날 NGO의 개념은 점점 범주가 확대되고 의미도 적극적으로 변하고 있다. 즉 NGO는 시민들의 자발적인 참여와 연대를 통해 각종 국제적인 영역뿐만 아니라, 주권국가 내의 문제나 지역사회 문제를 해결하는 단체도 포함하고 있다. 그뿐만 아니라, 초창기 국가나 국제기구에 협조하여 국제문제를 해결한다는 소극적인 의미에서 벗어나,

독립적으로 시민권리를 옹호하고 국가권력과 국제사회의 강대국을 견제하는 단체로 인식되고 있다.

NGO가 국가나 시장이 아닌 시민사회에서 자원활동을 통해 각종 사회문제를 해결하는 결사체로서 그 개념이 정립되어 있기는 하지만, 그 범위에 있어서는 국가마다 다르다. 미국이나 일본에서는 NGO를 NPO의 일부로서 환경·개발·인권·여성·구호 등과 같은 공공의 이익을 추구하는 자발적 결사체, 특히 국제원조에 참여하는 단체를 말한다. 예를 들어, 미국에서 의회감시단체인 커먼코즈(Common Cause)와 국제 구호단체인 케어(CARE)가 대표적인 NGO라고 할 수 있다. 미국에서는 오랫동안 NGO를 사적자원조직(PVO: private voluntary organization)이라고 불렀으나, 최근에는 NGO라는 명칭을 점점 많이 사용하고 있다. 일본의 NGO로는 난민보호협회, 지뢰피해 아동을 돕는 모임, 아프리카 교육기금 등을 예로 들 수 있다. 유럽에는 다양한 국가가 있어 차이가 있지만, NGO를 NPO와 같은 영역으로 넓게 보기도 한다. 따라서 대학, 복지관, 오케스트라, 변호사협회와 같은 단체들도 NGO에 포함시키는 경향이 있다.

우리나라에서 NGO가 무엇인가를 정의하는 것은 쉽지 않다. 학자마다 개념정의가 다르기 때문이다. NGO가 공익을 추구하는 단체여야 한다고 주장하는 사람이 있는가 하면, 국제적인 규모를 갖추어야 한다고 강조하는 사람도 있다. 정치학자들은 NGO를 공공의 이익을 추구하거나 집단의 공동이익을 추구하는 결사체로 보기도 한다. 이렇게 될 경우, 경제정의실천시민연합(경실련), 참여연대, 환경운동연합과 같이 사회 전체의 이익을 위해 활동하는 단체뿐만 아니라, 대한변호사협회, 대한의사협회 등과 같이 그 단체의 회원의 이익을 우선적으로 추구하는 직능단체도 포함하게 된다.

3. NGO의 실체적 의미

다른 개념과 마찬가지로 NGO의 개념도 일반 시민들이 경험적으로 어떻게 인식하고 있는가가 중요하다. 이것을 실체적 개념정의(substantive definition)라고 한다. 일반 시민들은, 시민들이 자발적으로 모여서 외부의 간섭을 받지 않고 자율적으로 공공의 이익을 위해 활동하는 단체를 NGO로 생각한다. 즉 NGO의 실체적 정의는 시민의 자발성, 단체의 자율성과 더불어 그 목적의 공익성을 중요한 이념으로 하고 있다. 따라서 NGO는 '비정부·비정파·비영리 결사체로서, 시민의 자

시민단체의 활동은 자발적으로 참여한 시민들의 자원봉사활동에 의해서 이루어진다. 사진은 중국에서 수입한 납꽃게의 문제를 지적하는 여성단체 회원들.

발적이고 능동적인 참여로 이루어지고 자원주의(voluntarism)에 입각하여 회원의 직접적인 수혜와 관계없이 공익 추구를 목적으로 하는 단체'로 규정할 수 있다. 이러한 단체를 우리나라에서는 '시민단체'라고 부른다. 시민단체와 NGO가 똑같은 것은 아니지만 거의 비슷하다고 볼 수 있다.

시민단체를 의미하는 NGO에는 환경보호단체, 여성단체, 부패추방단체, 소비자단체, 인권단체, 평화단체, 장기기증단체, 교통문화개선단체, 시민의식계몽단체 등 다양한 단체들이 있다. 우리나라에서 대표적인 NGO의 예를 들면, 경실련, 참여연대, 환경운동연합, 녹색연합, 소비자문제를연구하는시민의모임, 흥사단, 한국여성단체연합, 반부패국민연대, 함께하는시민행동, 장애우권익문제연구소, 우리민족서로돕기운동, 이웃사랑회, 사랑의장기기증운동본부, 녹색교통운동, 민주언론시민운동연합, 지구촌나눔운동, 월드비전 등을 들 수 있다.

4. 공익의 정의

NGO가 단체의 집단이익이 아니라 공익을 추구하는 단체라고 했는데, 그러면 공익(public interest)이란 무엇인가? 공익의 개념을 정의하는 것은 간단하지 않다. 공익이란 구체적이고 고정되어 있는 것이 아니라 매우 신축적이다. 그리고 시대와 국가에 따라 다를 뿐만 아니라 학자에 따라서 그 의미가 다양하다. 공익이 존재하지 않는다고 보는 사람이 있는가 하면(부존재설), 존재한다고 보는 사람도 있다(존재설). 존재설도 공익이 선험적으로 자연법에 존재한다고 보는 입장(규범설)이 있는가 하면, 공익이 선험적으로 존재하는 것이 아니라 개인이나 집단 간의 상호 작용에 의해 구체화된다고 보는 입장(과정설)이 있다.

공익이 존재하지 않는다고 하면 많은 문제가 발생한다. 예를 들어, 정부가 대표적인 공공단체로서 공익에 근거하여 정책을 결정하고 집행하는데, 공익이 존재하지 않는다면 정부에서 근무하는 공무원이 무엇에 근거하여 결정을 내리고, 또한 행위의 잘잘못을 어디에 근거하여 판단하고 평가할 것인가 하는 문제가 발생한다. 학자들 간에 다양한 의견이 있지만, NGO에서 공익을 '일정한 사회단위 내에서 사회 구성원의 불특정 다수나 사회적 약자의 합당한(reasonable) 이익'으로 정의할 수 있다. 따라서 공익은 적극적인 측면에서 사회적 약자의 이익을 포함하고, 규범적인 측면에서 사회적으로 옳은 것이어야 한다는 의미를 담고 있다.

퇴학당한 청소년을 지도하는 NGO가 사회적 약자로서 문제있는 청소년에 제한하여 활동하고 있다고 보자. 퇴학을 당한 문제 청소년을 지도하여 사회에 잘 적응할 수 있게 하는 것은 우리 사회 전체에 유익하다. 물론 공익은 사회적으로 합당한 것이어야 하기 때문에 아무리 사회의 다수가 원하거나 사회적 약자가 선호한다고 하더라도, 마약을 판매한다든가 범죄자를 옹호한다든가 하는 반사회적 행위는 공익이 될 수 없다.

03
NGO와 유사한 조직에는
어떤 것이 있나

시민사회나 비영리섹터에 활동하는 단체로서 NGO 외에도 다양한
용어들이 사용되고 있다. 예를 들면, NPO, CSO, 제3섹터, 민간단체,
시민단체, 사회단체, 공익단체, 이익집단, 민중단체, 관변단체 등을
들 수 있다. 이러한 단체들은 NGO와 구별하기 어렵기 때문에 혼동을
일으킬 수 있다. 따라서 여기서는 NGO가 시민사회의 다른 단체와
어떻게 다른지 살펴보기로 한다.

1. 시민단체

NGO가 한국에서는 시민단체와 거의 같은 의미라고 앞에서 언급했다. 시민단체라는 용어가 우리나라에 등장하게 된 것은 앞서 지적한 바와 같이 1987년 6월항쟁 이후이다.[1] 6월항쟁을 통해 독재정권이 굴복하고 민주화가 진행되면서 기존의 민중단체와 관변단체들이 크게 쇠퇴한 반면, 각종 시민단체들이 등장했다. 1989년에 경실련이 설립된 이후, 환경운동연합(1993), 참여연대(1994) 등 많은 시민단체들이 설립되었다.

그러면 시민단체라는 말은 무슨 뜻인가? 경실련을 예로 들어보자. 경실련은 1980년대 후반까지 민주화운동 과정에서 사회운동의 주류를 이루었던 민중운동과는 달리, 국가권력에 대한 견제와 비판을 통해 자본주의체제 내의 변화를 추진하는 합법적이고 평화적인 시민운동을 전개했다. 즉 민중운동단체와는 달리, 자본주의체제를 인정하고 혁명적인 변화가 아니라 점진적인 변화를 지향했다. 따라서 시민단체는 계급지향적인 민중단체와는 달리 탈계급적·초계급적 시민이 주체가 되어 시민권리를 옹호하고 민주주의의 발전을 위해 활동하는 단체이다. 물론, 시민단체 중에서도 환경단체와 같이 기존의 산업자본주의체제를 극복하고자 하는 급진적인 단체도 있다.

시민단체의 주체인 시민이라는 개념은 고대 그리스시대 이래로 많은 변화를 겪어왔다. 그리스시대와 로마시대의 시민은 경제적 이해관계를 떠나 정치를 행하는 특수계층이었다. 따라서 누리는 특권뿐만

---

1) 시민단체라는 용어는 1960년대 일본에서 등장하여 주로 좌파단체의 의미로 많이 사용되었다. 그러나 오늘날 일본에서도 시민단체라는 용어를 많이 사용하지 않는다.

민주사회에서 시민은 개혁지향적인 사고를 가지고 공공선의 증대에 적극적으로 참여한다. 추운 날씨 속에서 시민단체 회원들이 개혁입법을 촉구하고 있다.

아니라 국가발전에 대해 상당한 책임도 지고 있었다. 중세 말 신흥 상업계층이 발달하게 됨에 따라 도시를 중심으로 시민계층이 형성되기 시작했다. 중세 말의 시민이라는 말은 어원적으로 도시민을 의미했고, 여기에는 자유의 이념이 내포되어 있었다. '도시의 공기는 자유롭다'는 말이 이것을 대변한다. 근대에 들어와서 절대체제하에서 자본주의가 발달함에 따라 시민은 주로 부르주아(bourgeois)를 지칭하는 용어로서 개인의 생명과 재산을 보호하는 것을 중시했다. 근대의 시민은 절대체제에 대항하여 시민혁명을 추진했다. 1789년에 일어난 프랑스혁명이 대표적이다.

현대사회에서 시민은 일정한 지역이나 국가에 살고 있는, 법적 권리와 의무를 갖는 모든 구성원을 의미한다. 서울사람을 서울시민이라고 하고, 양주군의 사람을 양주군민이라고 하는 것은 편의상 그렇게 부를 뿐이고, 서울사람만이 시민이라는 뜻은 아니다. 물론 시민단체의 주체로서 시민은 규범적인 의미를 내포하고 있다. 따라서 시민은 자신의 이익만을 추구하고 공공의 이익에 무관심한 사람이 아니다. 민주사회에서 시민은 공동체의 발전에 필요한 자질과 태도를 갖추고, 개혁적이고 능동적인 사고를 가지고 민주주의의 기본가치를 추구하는 사람이다. 즉 시민단체의 시민은 공중(公衆)의 자질을 가지고 공익활동에 적극적으로 참여하고 책임지는 민주시민을 말한다.

2. 민중단체와 관변단체

시민단체와 비슷한 차원에 민중단체와 관변단체라는 용어가 있다. 이 두 단체는 시민단체와 어떻게 다른가? 민중단체도 시민사회에서 자발적으로 결성된 결사체이지만 계급지향적인 점에서 시민단체와 다르다. 민중단체는 기층민중 또는 민중적 주체성을 가진 사람이 중심이 되어 비합법적 또는 반합법적 방법까지 사용하면서 분배문제 등 계급적 이슈를 제기한다. 궁극적으로는 체제변혁, 즉 자본주의체제에서 사회주의체제로 지향하는 것을 목표로 한다. 물론 한국에서 노동자든, 노동자와 연계를 맺고 활동하는 지식인이든, 민중단체의 주체가 실제로 계급투쟁을 지향하고 계급의식을 가지고 있는지는 의문이다. 오늘날 민중단체는 자본주의체제를 극복하기보다는 이를 정책적 차원에서 완화하는 것을 목표로 하고 있다. 이런 점에서 민중단체는 시민단체와 구별하기 힘들고 단지 분배문제에 치중하는 급진성을 가지고 있다는 점에서 약간의 차이가 있을 뿐이다.

1980년대까지 한국의 민중단체는 독재정권을 몰아내고 자본주의 체제의 모순을 극복하기 위해 민중운동을 활발하게 전개했다. 그러나 1980년대 후반 이후 국제사회에서 소련과 동유럽 등 사회주의체제가 붕괴하고, 국내에서는 민주화가 서서히 진행되면서 시민의 지지를 급격하게 상실하여 쇠퇴의 길을 걷게 되었다. 대학에서도 1980년대 후반까지는 군부독재의 퇴진뿐만 아니라 자본주의체제의 모순을 해결하기 위한 각종 학생운동이 성행했으나, 오늘날에는 학생의 권익옹호에 관심을 갖는 등 과거의 급진성을 찾아보기 힘들다.

관변단체도 시민단체와 비슷한 차원에 있지만 국가(정부)와의 관계에서 시민단체와 다르다. 관변단체라는 용어는 군부정권하에서 국가가 권력의 정통성과 정당성을 인정받지 못하고, 시민사회가 국가에 대해 견제능력을 제대로 갖추지 못한 상황에서 발생했다. 관변단체는 시민단체와는 달리, 설립과정에서 정부의 개입이나 지원을 받고, 정부가 단체 재정의 상당한 부분을 직·간접적으로 지원한다. 물론, 정부의 역할이 어느 정도로 작용하는지는 단체마다 다르다. 관변단체는 이에 대한 대가로서 테러·시위·선전·선거지원 등을 통해 기존체제를 유지하는 데 협조하고, 이에 상응하여 정부로부터 정치적·재정적 특권을 부여받는다. 그리고 단체의 사업, 조직, 지도자의 선출에서 정부의 간섭이나 통제를 받기도 한다. 정부가 위임하는 사업을 주로 수행하거나 정부 인사가 단체의 장으로 선출되기도 한다.

과거에 새마을운동중앙협의회, 바르게살기운동중앙협의회, 한국자유총연맹과 그 외 자율방범대, 청소년선도회 등이 관변단체로 불렸다. 그러나 오늘날 민주화가 진척되어 국가의 정당성이 크게 강화되었고, 관변단체도 과거의 부정적인 이미지에서 벗어나 정부지원을 받지 않거나 재정지원을 받더라도 정부의 간섭을 배제하는 등 변화를 꾀하고 있다. 따라서 오늘날 시민단체와 관변단체를 명확하게 구분하기는 어렵다. 왜냐하면 시민단체도 정부로부터 재정을 지원받고 있기 때문이다. 오늘날 한국에서 관변단체라는 개념은 사라져가고 있다. 미국과 같은 선진국에서 미국자원봉사자모임(VISTA: Volunteers in Service to America), 평화봉사단(Peace Corps), 전국노인서비스단체(National Senior Service Corps), 아메리코(AmeriCorps) 등과 같이 정부에 의해 조직되었거나 정부로부터 많은 재정지원을 받지만, 부정적인 의미로서 관변단체라고 하지는 않는다.[2]

3. 비영리단체(NPO)와 제3섹터

NGO와 개념상 가장 혼란을 겪는 용어가 바로 비영리단체(NPO)이다. 대체로 NPO란 NGO보다 넓은 의미로 사용된다. NPO라는 용어는 미국에서 많이 사용되고 있다. 미국은 자유주의가 발달된 나라로서, 국민의 복지를 국가가 주로 담당하는 유럽의 복지국가와는 달리, 시민이 필요한 각종 욕구를 시민 스스로 단체를 만들어 해결하도록 하는 다원주의 국가이다. 미국에서는 NPO를 시민사회에서 각종 공공의 이익을 추구하는 단체로 규정한다. 즉 비영리병원, 사립학교, 탁아소, 고아원, 오케스트라, 종교단체, 사교클럽 등을 포함한다. 이렇게 규정할 경우 공익을 매우 넓은 의미로 잡고 있다. 비영리단체를

---

2) 정부에 의해 조직된 NGO를 GONGO(government-organized NGO)라고 하고, 단체의 재정을 정부로부터 많이 지원받는 NGO를 유사 NGO(quasi NGO)라고 한다.

<표 2> 한국 비영리단체의 분류

구분			주요 단체
목적	조직 유형	활동영역/기능	
공익단체	기관형 조직	의료/보건단체	종합병원, 정신병원, 요양원
		교육/연구단체	초등·중등·고등사립학교, 직업학교, 연구소
		복지서비스단체	양로원, 탁아소, 고아원, 직업훈련소, 복지관, 모자보호소, 청소년수련원
		예술/문화단체	박물관, 미술관, 극장, 오케스트라, 레크리에이션단체
	회원	시민단체	환경단체, 소비자단체, 여성단체, 장애인단체, 자원봉사단체, 국제원조단체, 모금단체
집단이익 추구단체	조직	종교단체	불교·기독교·천주교 등 각종 종교단체
		직능단체	상공회의소, 전경련, 변호사협회, 의사협회
		친목단체	컨트리클럽, 동창회, 향우회, 화수회, 상조회

자선단체, 자원단체, 제3섹터, 공익단체, 면세단체 등 다양하게 부르기도 한다. 이러한 NPO의 개념은 약간의 차이는 있으나, 유럽이나 일본에서도 거의 비슷하다. 우리나라의 NPO 개념은 주로 미국에서 빌려와 그 범주가 미국과 비슷하다. 한국에서 비영리단체는 시민사회에서 공익이나 집단이익을 추구하는 단체를 총괄하는 의미로 사용된다. 한국 비영리단체는 단체의 목적, 조직유형, 활동영역 등을 기준으로 <표 2>와 같이 분류할 수 있다.

NPO나 NGO와 비슷한 개념으로서 제3섹터라는 용어도 쓰이고 있다. 미국에서 제3섹터는 앞서 살펴본 바와 같이, 국가와 시장을 제외한 나머지 영역, 즉 비영리섹터를 의미하기 때문에 비영리단체와 비슷한 말이다. 그러므로 제3섹터는 영역(비영리섹터)과 조직(비영리단체)을 동시에 의미하고 있다. 그러나 일본에서는 제3섹터를 다른 의미로 사용하고 있다. 일본에서 제3섹터는 '국가, 지방자치단체 및 정부

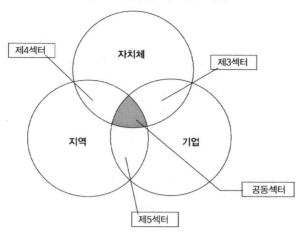

관계기관(제1섹터)과 민간부문(제2섹터, 주로 기업을 말함)이 공동출자한 공사혼합기업'을 말한다. 특히 지방수준에 있는 공사혼합기업을 일컫는다. 물론, 최근에는 미국의 영향을 받아 비영리섹터의 의미로 사용하기도 한다. <그림 4>는 일본에서 주로 사용되고 있는 제3섹터의 영역을 나타내고 있다.

우리나라에서는 미국의 제3섹터 개념과 일본의 제3섹터 개념이 동시에 사용되다가 최근에는 주로 미국적 의미인 비영리섹터나 비영리단체를 지칭하는 의미로 사용되고 있다.

4. 시민사회단체(CSO)와 사회단체

NGO 대신에 시민사회단체(CSO: civil society organization)라는 용어

가 많이 사용되고 있다. 실제로 유럽에서는 NGO 대신에 CSO를 사용하는 시민단체도 있다. 이것은 NGO가 대응적(non-) 개념인 데다, 앞에서 살펴보았듯이, 그 발생 과정에서 정부가 할 수 없거나 위임한 일을 수행한다는 소극적인 의미를 내포하고 있기 때문이다. 즉 시민사회에서 국가에 상대하여 적극적으로 국가권력을 견제하고 시민권리를 옹호하는 단체를 의미하는 '시민사회단체'가 더 정확하다는 것이다. 그러나 CSO는 국제적으로 NGO보다 훨씬 넓은 의미로 사용된다. 한국에서 시민사회단체는 NGO와 같은 범주로 사용되기도 하지만, NGO보다 넓은 의미인 민간단체와 비슷한 범주를 가리킨다. 이렇게 시민사회단체를 민간단체와 비슷하게 보는 것이 NGO를 의미하는 시민단체와의 혼란을 줄일 수 있다. 민간단체는 공공단체에 상대되는 개념으로서, 시민사회의 모든 단체를 지칭하는 비영리단체 중에서 정부로부터 재정이나 정책의 영향을 많이 받는 비영리병원, 사립학교, 복지관 등 주로 기관형 조직을 제외한 단체를 가리킨다. 따라서 시민사회단체와 거의 비슷한 범주이다.

사회단체는 넓은 의미로는 시민사회 내에서 일정한 사회적 목적을 가지고 일반인의 가치관에 영향을 미치기 위해 결성된 자발적 단체라고 규정할 수 있다. 이렇게 규정할 경우, 사회단체는 시민사회 내의 대부분의 단체를 포함하게 된다. 그러나 실제로 사회단체는 매우 진보적인 의미로서 좁은 의미로 사용되기도 한다. 즉 국가를 상대로 하여 권력을 견제하고 비판하여 사회변혁을 지향하는 단체를 사회단체라고 규정하기도 한다. 그러나 시민사회 내의 단체 전체를 의미하든 진보적 의미를 가지고 있든, 시민사회 내의 각종 단체를 규정하는 다양한 개념이 등장함에 따라, 사회단체라는 용어는 설 자리를 잃으면서 그 개념의 범주나 속성이 애매하고 점점 개념적 지지를 상실해가고 있다.

5. 공익단체와 이익집단

<표 2>에 나타난 바와 같이 공익단체는 집단이익을 추구하는 단체의 상대적인 개념으로서, 그야말로 공익을 추구하는 단체이다. 예를 들어, 집단이익을 추구하는 단체인 대한변호사협회는 회원인 변호사들의 집단이익을 위해 활동하는 단체이다. 그러나 정부로부터 위임을 받아 변호사의 자격증을 발급하고, 회원을 징계하거나 분쟁을 조정하는 준정부적 기능을 한다. 그뿐만 아니라 무료변론, 법률사무의 개선, 법률문화의 보급 등과 같은 공익활동을 한다. 그럼에도 불구하고 대한변호사협회는 변호사들의 권익옹호를 주목적으로 하는 단체이다. 이것은 사법개혁에서 사법시험 합격자 수를 늘려서 변호사를 많이 양성하고자 할 때, 대한변호사협회가 반대하는 것에서도 알 수 있다.[3] 앞서 살펴본 바와 같이, 공익이라는 개념이 애매하기 때문에 공익단체를 규정하는 것은 간단하지 않다. 공익단체라는 범주 안에는 다양한 형식으로 공익을 실현하는 단체가 있으며, 개념도 NGO보다 훨씬 포괄적이다.

여기서 또 문제가 되는 것이 종교단체이다. <표 2>에서는 종교단체가 공익단체와 집단이익추구단체 중간에 위치하고 있는데, 이것은

---

3) 민변(민주사회를 위한 변호사의 모임)은 변호사의 집단이익보다는 사법개혁이나 법률서비스의 개선 등 사회 전체의 이익을 위해 개혁적인 활동을 하기 때문에 시민단체 혹은 NGO로 분류한다.

공익단체는 집단이익을 추구하는 이익집단과는 조직의 근본목적이 다르다. 사진은 의약분업에서 정부안에 반대하는 집회를 열고 있는 전공의들.

종교단체를 바라보는 시각이 종교를 믿는 사람과 믿지 않는 사람에 따라 차이가 있기 때문이다. 종교를 믿는 사람은 종교단체야말로 우리 사회를 정의사회로 만들고, 모든 사람을 행복하게 하는 데 매우 중요한 역할을 하기 때문에, 공익성이 매우 강하다고 주장할 것이다. 그러나 종교를 믿지 않는 사람은 종교단체가 그 종교의 전파를 통해 세력을 확대하고자 하는 집단이익 추구의 성격이 강하다고 본다. 특히 한국에서 종교단체는 상업성이 강하기 때문에 개인의 이익이나 집단이익을 추구한다는 비판을 받기도 한다.

　이익집단의 개념도 정의하기가 애매하다. 보통 이익집단을 공동의 목표를 달성하기 위해 상호 작용하는 집단으로 넓게 규정하곤 하는데, 이렇게 되면 시민단체나 NGO도 이익집단에 포함된다. 그러나 이익집단은 시민단체의 가장 상대적인 개념이다. 1994년 한의사와 약사 간의 한약분쟁이나 2000년 의사와 약사 간의 의약분업분쟁에서 보는 바와 같이, 시민단체는 한의사회, 약사회, 의사회 등과 같은 이익집단이 공익을 볼모로 자기 회원의 집단이익을 추구하는 것을 비판하고 견제하는 역할을 했다. 따라서 이익집단은 정부에 대한 영향력 행사를 통해 집단이익을 추구하는 단체이다. 가장 대표적인 이익집단이 <표 2>의 직능단체이다. 직능단체는 직업적인 이해에 의해 결성되어 회원의 이익을 추구하는 단체이다.

04
NGO는 무엇을 하는가

NGO는 정부나 기업과는 다른 이념과 가치를 가지고 우리 사회에서 없어서는 안 될 중요한 기능과 역할을 하고 있다. 이것은 NGO가 시민사회 내에 위치하여 시민사회의 각종 이념과 가치를 실현하기 때문이다. 따라서 NGO의 이념을 파악하기 위해서는 우선 시민사회를 이해해야 한다.

1. 시민사회의 의미

시민사회(civil society)는 역사적으로 신분제와 장원제로 이루어진 중세 봉건사회가 해체되고 시민적 생활양식이 일반화된 근대사회 이후에 발달했다. 그리고 구조적으로는 국가와 개인 사이에 각종 자율적 결사체가 결성되어 활동하는 영역이다. 따라서 시민사회는 봉건사회에서 벗어나 근대적 합리성을 획득하고 국가로부터 분리되는 자기정체성을 필요로 한다.

시민사회는 바라보는 사람에 따라 다양하다. 예를 들어, 좌파는 국가와의 일정한 합의를 통해 사회를 개혁하고, 특히 개인주의와 자본주의의 폐해를 방어하는 공간으로 본다. 반면에 우파는 비대해진 국가권력을 견제하고 국가가 제공하지 못하는 각종 공공서비스를 생산하는 공간으로 본다. 시민사회를 바라보는 견해의 차이는 국가나 대륙에 따라 다르게 나타나기도 한다. 예를 들어, 복지다원주의(welfare pluralism)가 발달한 미국은 시민사회를 국가의 간섭 없이 각종 사회서비스를 생산하고 민주적 시민문화가 형성되는 곳으로 본다. 반면에 복지국가(welfare state)가 발달한 유럽은 시민사회를 정부와 협력하여 실업문제를 해결하고 각종 공공서비스를 생산하는 사회경제(social economy)의 토대로 본다. 그리고 남미와 아시아에서는 시민사회를 권위주의국가의 억압에 저항하여 민주화를 성취하는 집합적 행위자로 본다.

한국에서 시민사회는 국가와 시장 사이에 존재하는 다양한 결사체와 이 결사체들이 벌이는 각종 사회적 관계라고 정의할 수 있다. 따라서 시민사회가 존재하려면 먼저 결사체를 만들어 활동할 수 있는 시민권이 확보되어야 하고, 각종 결사체들이 정부와 기업을 견제하고 각종 공공서비스를 생산하는 활동을 해야 한다. 나아가 민주주의의 원리가 지켜지고 도덕적인 윤리가 통용되면 더욱 좋다. 이렇게 되기 위해서는 국민국가가 형성되어 최소한의 민주주의가 유지되고 시장 경제가 발달해야 한다.

한국에서 시민사회가 언제 생성했느냐에 대해서는 의견이 분분하다. 첫째, 구한 말 동학혁명을 전후로 하여 전통적 신분구조가 해체되기 시작하고 상업자본가가 형성되기 시작한 시기를 시민사회 형성기로 보는 견해이다. 둘째, 20세기 초 봉건적인 사회구조가 변화하고 3·1운동과 같이 국가권력에 대한 저항이 일어난 시기로 보는 견해이다. 셋째, 해방 직후 국가권력의 공백상태에서 각종 노동단체, 청년단체, 여성단체, 지역단체가 설립되어 시민적 요구를 발산하던 시기로 보는 견해이다. 넷째, 1960년대 자본주의가 발달하고 도시중산층이 형성되어 4월혁명을 통해 국가권력에 대한 저항이 활발하던 시기로 보는 견해이다. 다섯째, 1980년대 교육을 받은 신중간계층을 중심으로 각종 단체가 설립되어 1987년 6월항쟁과 같이 국가권력을 견제하고 시민사회의 자율성을 획득한 시기로 보는 견해이다.

한국에서 시민사회는 1960년대 이후 자본주의가 발달하고 국가권력에 대한 저항이 일상적으로 이루어지던 시기를 초창기 생성시기로 볼 수 있고, 1987년 6월항쟁 이후 군부독재가 물러나고 정치적 민주화가 진행되면서 각종 시민단체가 활발하게 활동하기 시작한 시기를 본격적인 시민사회 발달시기로 볼 수 있다.

시민사회에는 자발적으로 설립된 다양한 단체들이 존재하고, 서로 네트워크로 연결되어 공동의 이익이나 목적을 추구한다. 따라서 각종

시민사회의 다양한 집단은 서로 갈등을 겪기도 한다. 사진은 보안법 개정을 반대하는 운동을 벌이고 있는 단체의 회원들.

결사체들은 조직구성원의 집단이익을 추구하기도 하고, 보편적인 공익을 추구하기도 한다. 그리고 공동의 목적을 달성하기 위해 서로 협력하고 연대하기도 하고, 서로 경쟁하고 갈등을 겪기도 한다. 시민사회의 각종 결사체들은 국가의 관료조직과는 달리 수평적이고 느슨하게 조직되어 있어서 개방적이고 의사소통이 활발하다. 그리고 환경·인권·평화·문화·국제원조 등 일상생활의 권리와 각종 탈물질적 가치에 민감하게 반응한다. 자원을 효율적으로 배분하고 생산을 극대화하기 위해 움직이는 국가와 시장 영역과는 달리, 시민사회는 국가와 시장에서 충족할 수 없는 종교, 도덕, 봉사, 친밀감 등에 관한 욕구를 충족한다.

2. NGO의 이념

시민사회에는 여러 단체가 결성되어 활동하고 있지만, 역동적으로 시민운동을 전개하고 공익을 추구하는 대표적인 단체로 NGO를 들 수 있다. 따라서 NGO는 시민사회의 중요한 이념들을 내포하고 이를 실현하기 위해 다양한 활동을 전개한다.

NGO는 자율·참여·연대를 주요 이념으로 한다. 따라서 시민들이 자발적으로 단체활동에 참여하여 상호 협력과 연대를 통해 민주주의를 발전시키고 시민권리를 옹호한다. 이 외에도 NGO는 공공성·자원성·다원성·수평성·국제성 등의 이념을 중시한다. 즉 NGO는 사회 전체의 이익과 관련된 공공의 이익을 추구하고, 보상과 대가를 바라지 않는 자원봉사활동이 활발하며, 각자 다른 이념과 목표를 상호 존중하는 다원성이 통용된다. 그리고 조직도 정부나 기업에 비하여 훨씬 수평적이고 비위계적인 네트워크형으로 이루어져 있다. 또한 환경·빈민·평화·인권·개발과 같은 각종 사회문제를 해결하는 활동이 한 국가에 한정된 것이 아니라, 국제적인 규모로 벌어지고 다른 국가의 NGO들과 활발하게 연대하여 활동한다.

NGO는 국가와 시장이 제공하기에 부족한 분야를 채우는 보완적인 성격을 지니고 있기도 하지만, 국가와 시장을 견제하는 저항적 성격이 강하다. 이것은 시민사회가 국가억압에 대한 저항을 통해 형성·발달된 역사적 사실에 기초하고 있다. 또한 NGO는 민주주의의 주요한 이념인 자유를 지키고 확대하기 위해 활동하기도 하지만, 평등의 이념을 보장하고 확장하기 위해 노력하기도 한다. 평등을 추구하는 NGO의 이념은 국가와 시장이라는 거대한 권력에 맞서 사회적 약자의

이익을 도모하는 NGO의 정체성에서 나온 것이다. 또한 NGO는 삶의
질을 확대하기 위해 경제적 성장에도 주목하고 있지만, 환경과 생태의
보존에 더 커다란 관심을 기울이고 있다. 그리고 인권·평화·여성·문화
등과 같은 탈물질적 가치를 추구하는 데 열중한다.

NGO의 활동은 현대민주주의에서 매우 중요한 의미를 지닌다. 복
잡한 현대사회의 각종 사회문제는 국가의 권력이나 시장의 자본으로
해결할 수 있는 것이 아니다. 현대사회에는 법으로 해결할 수 없거나
돈으로 환원할 수 없는 무수한 문제가 있다. 예를 들어, 현대사회의
소외문제는 과거보다 못살아서 그런 것이 아니라, 오히려 부유해졌기
때문에 발생하는 문제이다. 이러한 문제는 각종 NGO들이 나서서
해결한다. 물론 국가도 여성·장애인·노인·아동·동성애자·정신병자·
에이즈환자·이주노동자 등 사회적 약자의 권리를 보장하기 위한 노력
을 하지만, 이것은 제한되어 있다. 따라서 NGO는 국가로 하여금
사회적 약자를 위한 정책을 실시하도록 촉구할 뿐 아니라, 국가가
미치지 못하는 영역에서 직접 사회적 약자의 권리를 보호하는 활동을
한다. 이렇게 하여 우리 사회가 더욱 정의롭고 인간적이며, 평등한
사회가 되도록 하는 데 기여한다.

3. NGO의 기능과 역할

앞서 말한 바와 같이 NGO의 개념이 확장되고 적극화되고 있기
때문에, NGO의 기능과 역할은 단지 정부의 위임에 의하거나 정부가
할 수 없는 분야에서 복지서비스를 제공하는 일에 한정되지 않는다.

또한 국가권력과 경제권력에 대한 감시와 비판 등 권력견제의 역할만 하는 것도 아니다. NGO는 사회적 약자의 이익을 대변하고, 시민사회 내의 다양한 갈등이나 시민사회와 국가 및 시장 간의 갈등을 조정하며, 시민교육의 기능도 담당하고 있다. 여기서는 NGO의 기능을 다섯 가지로 나누어 살펴보기로 한다.

첫째, 견제기능이다. 우리나라의 시민단체 활동에서 볼 수 있는 바와 같이, NGO의 중요한 기능 중 하나는 국가와 시장이 지닌 권력을 감시하고 비판하는 것이다. 국가는 강제력과 독점력을 가지고 국민을 억압하거나 부패하는 경향이 있으며, 시장은 자본을 가지고 이윤을 추구하는 과정에서 기회주의 속성을 지니고 환경파괴를 초래한다. NGO는 이러한 국가와 시장의 힘을 견제하여 사회개혁을 추진하고 시민권리를 보호하는 기능을 한다. 각종 NGO가 인권을 탄압하는 권력에 저항하고, 부정부패를 감시·고발하며, 정치개혁과 경제정의를 위해 캠페인을 벌이거나 입법활동을 하고 있다. NGO는 시장의 문제에 대중의 관심을 유도하고 여론을 형성한다. 환경을 파괴하는 각종 기업의 부정을 감시·고발하고, 소비자의 권리를 옹호하기 위해 소비자 구제활동과 불매운동을 하며, 경제정의를 위해 기업의 부도덕을 고발한다. 이러한 견제기능은 국제사회에서도 활발하다. 세계화정책에 반대하는 미국 시애틀의 시위(1999년)나 스위스 다보스(2000년)에서의 시위는 강대국이나 강대국 중심의 다국적기업을 견제하는 국제 NGO의 대표적인 연대활동이었다. 특히 환경단체들은 국제연대를 통해 핵실험, 환경오염 등을 일으키는 국가나 다국적기업을 감시하고 비판하는 활동을 한다.

둘째, 복지기능이다. 오늘날 복지국가가 발달하게 됨에 따라 정부는

NGO의 기능 중 하나는 사회적 약자의 이익을 대변하는 것이다. 시민단체 회원과 외국 노동자들이 외국인 노동자의 권익보장을 주장하고 있다.

국민의 행복한 삶을 위해 각종 복지를 제공한다. 그러나 정부는 복지서비스를 제공할 때, 다수결원리에 따라야 하고 관료제를 통해 획일적인 서비스를 제공해야 한다는 단점을 지니고 있다. 그리고 과거에는 사적 영역으로 간주되었던 인권·교육·문화·위생·환경·국제원조 등이 공적 영역에 편입됨에 따라 정부가 모든 공공서비스를 제공하는 데는 한계가 있다. 특히 1970년대 복지국가 위기론 이후에 정부관료제에 의한 전국적인 복지제공은 비효율적인 것으로 인식되어 왔다. 따라서 각종 NGO는 정부와 직·간접적인 계약을 맺거나, 독자적인 인력과 재정을 가지고 정부가 제공할 수 없거나 무시하는 사회서비스를 생산한다. 재난을 구호하는 단체, 빈곤한 이웃을 원조하는 단체, 미혼모를 상담하는 단체 등 NGO의 복지활동은 다양하다.

셋째, 대변기능이다. NGO의 활동은 사회적 약자의 권익을 대변하는 기능과 밀접하게 관련되어 있다. 오늘날 인권과 복지가 강조됨에 따라 사회적 약자가 단체를 결성하여 자신의 권익을 추구할 뿐만 아니라, 선도적인 지식인들도 사회적 약자의 권익을 옹호하기 위해 활발하게 활동하고 있다. 서구사회의 노예해방운동, 여성해방운동, 아동권리운동, 인종차별반대운동 등은 모두 NGO가 주도했다. 한국에서도 여성, 아동, 장애인, 노인, 동성애자, 에이즈환자, 알코올중독자, 병역거부자, 이주노동자 등의 권익을 옹호하기 위해 각종 NGO가 활동하고 있다. 이러한 사회적 약자의 보호는 정부가 각종 복지정책을 통해 해결하고 있으나, 한국에서는 복지서비스의 상당 부분을 시장과 가족에게 맡기고 있을 뿐만 아니라, 신자유주의 이념이 강조됨에 따라 국가의 역할이 제한되어 있다. 따라서 소수자나 약자의 권익을 위한 NGO는 정부의 정책 과정에 참여하여 약자의 권익을 대변하고, 나아가 정책을 변화시키기 위해 시위를 하거나 로비활동을 하거나 입법청원 활동을 한다.

넷째, 조정기능이다. 현대사회는 분화되고 전문화되면서 개인의 욕구도 다양하고 집단 간의 갈등도 빈번하다. 집단 간의 갈등을 완화하기 위해서는 시민사회의 자율적인 조정장치나 효과적인 정부의 중재제도가 구비되어 있어야 한다. 그러나 시민사회의 민주화 수준이 낮고 정부가 신뢰를 받고 있지 못할 경우에 자율적 조정이나 정부의 중재는 효과를 거두기 어렵다. 이때 NGO는 공익을 추구한다는 대의명분을 가지고 있고 서로 신뢰하고 협력하는 규범이 발달되어 있기 때문에, 집단 간의 갈등조정자로서 제 역할을 할 수 있다. NGO는 정부와 정부, 정부와 기업, 정부와 이익집단, 이익집단과 이익집단 간의 분쟁 발생 시에 조정자로 나서서 일반 시민의 피해를 줄이는 역할을 한다. 한약분쟁이나 의약분업 분쟁, 기업의 구조조정 등에서 볼 수 있는 바와 같이 NGO의 조정기능은 논쟁적인 사회문제를 해결하는 데 중요한 역할을 한다.

다섯째, 교육기능이다. NGO는 시민의 자발적 참여와 연대에 의해 각종 사회문제를 해결한다. 이 과정에서 공공정책 과정에 참여하게 되고, 개인과 집단 사이에 활발한 의사소통이 일어나게 된다. 개인은 각종 사회문제 해결에 참여함으로써 비판적 인식능력과 비판능력을 키우게 된다. 그리고 공동의 문제를 해결하기 위해 활발하게 토론하고 협력·연대하는 문화가 발달한다. 그뿐만 아니라, 자율정신과 개인권리를 인식하게 되고, 공공의 이익에 대한 봉사활동의 중요성을 체득한다. 이러한 NGO의 활동은 바로 시민들이 리더십을 학습하고, 공동체 의식을 배양하며, 참여민주주의를 배우는 교육현장이다. 민주시민교육은 개인의 자율에 근거하여 현장에서 직접 실천하는 과정에서 효과적으로 이루어질 수 있다. 그리고 NGO는 시민대학, 환경캠프, 여성아카데미, 청년포럼 등 다양한 시민교육 프로그램을 직접 운영하기도 한다.

여섯째, 대안기능이다. 인간은 새로운 세계를 모색하는 유토피아적 전망을 가지고 그것에 도달하려는 의지를 통해 문명을 발전시켜왔다. NGO는 바로 이러한 유토피아적 사고를 가지고 끊임없이 기존 체제에 대한 비판을 통해 새로운 체제를 모색한다. NGO는 창조적 발상을 통해 대안사회의 모델을 제시하고, 이에 대한 아이디어를 서로 교류하며, 직접 실험하기도 한다. 소공동체를 통한 공동 생산과 분배, 지역화폐를 통한 노동가치의 등가적 교환, 문명의 이기(利器)를 거부하는 전원공동체, 재활용에너지를 사용하는 주택 등을 들 수 있다. 이러한 실험은 인간의 창의성을 높이고 삶의 다양성을 확대한다.

이러한 기능 외에도 NGO는 민주주의가 절차적 수준을 넘어 질적으로 발전하고, 자본주의의 모순이 순화되어 좀 더 인간적인 제도로 변형되며, 지역공동체가 구축되어 자조(self-help)와 자치(self-governance)가 일상화되도록 하는 데 기여한다. 나아가 NGO는 국제사회에서 강대국이나 다국적기업의 억압과 착취에 맞서 인권을 수호하는 역할을 하고, 제3세계의 빈곤이나 각종 지구적 재해에 대처하여 적극적인 구호 및 원조활동에 참여하며, 국제적인 갈등을 조정하는 매개자의 역할을 하기도 한다.

05
NGO를 어떻게 분류할 것인가

NGO의 중요한 이념 중의 하나는 다원성이다. NGO란 바로 동일한 가치를 공유하는 시민들이 모여서 다양한 공익을 추구하기 위해 결성된 단체이다. 따라서 NGO는 지향하는 목표, 조직 구조, 운동 전략 등이 다양하다. 이러한 다양한 단체를 일정한 기준에 따라 분류하는 것은 NGO를 더욱 체계적으로 이해할 수 있게 해준다. 여기서는 다음 여섯 가지 기준에 따라 NGO를 분류한다.

1. 활동수준에 따른 분류

NGO는 활동수준, 즉 단체의 활동이 미치는 범위에 따라서 국제 NGO, 전국 NGO, 지방 NGO로 구별할 수 있다.

국제 NGO란 환경, 평화, 인권, 난민구호, 빈민지원 등과 같이 전 지구적 문제나 여러 국가에 걸치는 지역적 문제를 해결하기 위해 최소 3개국 이상의 국민이 회원으로 참여하여 결성된 NGO이다. 예를 들면, 환경단체인 그린피스, 인권단체인 앰네스티, 난민구호단체인 국경없는의사회 등을 들 수 있다. 이러한 국제 NGO는 대부분 한국에도 그 지부를 두고 있다.

전국 NGO는 한 국가의 전국적인 수준에서 각종 사회문제를 해결하기 위해 결성된 단체이다. 우리나라의 경우, 경실련, 참여연대, 환경운동연합, 녹색연합 등을 들 수 있다. 전국 NGO는 주로 수도에 본부를 두고, 중앙정부를 상대로 활동하거나 전국적인 이슈를 가지고 시민운동을 전개한다.

지방 NGO는 한 국가 내의 지역문제를 해결하기 위해 지방수준에서 결성된 단체이다. 예를 들면, 일산시민연대, 동대문청년회, 경남여성회, 청주시민회 등을 들 수 있다. 물론 지방에 있는 전국 NGO의 지부도 여기에 속한다고 볼 수 있다. 지방 NGO보다 더 작은 단위에서 활동하는 NGO를 커뮤니티 NGO라고 한다. 도시의 아파트 단지나 농촌의 이웃 동네 몇 개가 모여 자기 동네의 기본적인 문제를 해결하기 위해 활동하는 NGO이다.

NGO는 이슈나 사업에 따라 연대하기도 하지만 상설적인 연대조직을 결성하기도 한다. 사진은 2001년 2월에 결성된 '시민사회단체연대회의' 창립총회 장면.

2. 조직 구조와 형태에 따른 분류

NGO는 조직 구조에 따라 단독형 NGO, 연합형 NGO, 협의형 NGO 등으로 나눌 수 있다. 그리고 조직형태에 따라 온라인형(on-line type)과 오프라인형(off-line type)으로 나눌 수 있다. 또한 현장에서 직접 활동하는 현장활동형과 지원이나 중개를 목적으로 하는 중개형으로 나눌 수 있다.

단독형은 하나의 조직으로 이루어져 있는 NGO를 말한다. 대부분의 소규모 NGO는 여기에 속한다. 연합형은 하나의 단체 안에 여러 개의 조직으로 나누어져 있는 단체를 말한다. 경실련은 연합형 NGO에 속하는데, 경실련 내에 경제정의연구소, 불교시민연합, 도시개혁센터, 통일협회, 정농생활협동조합 등 여러 조직이 느슨하게 연결되어 있다. 대부분의 대규모 NGO는 연합형 NGO이다. 협의형은 단독 NGO 자체를 회원으로 하는 단체를 말한다. 즉 여러 NGO들이 모여서 만든 단체이다. 예를 들면, 한국에서 대표적인 협의형 NGO인 시민사회단체연대회의는 300여 개의 시민단체로 이루어진 NGO이고, 한국여성단체연합, 한국여성단체협의회에도 많은 여성단체들이 회원으로 가입되어 있다. 2000년 총선 때, 능력 없는 국회의원 후보를 낙선시키기 위해 결성된 총선시민연대에는 수백 개의 NGO들이 회원으로 가입했다.

온라인형 NGO는 회원모집·교류·회의·활동이 주로 인터넷을 통해 이루어지는 단체를 말한다. 이런 단체는 거의 사무실이 없다. 오프라인형 NGO는 온라인을 통한 방법도 부분적으로 사용하지만, 주로 사무실과 같은 물리적 공간을 가지고 상호 대면하여 회의를 하고 활동을 전개하는 단체이다.

현장활동형 NGO는 주창활동이든, 서비스제공이든, 현장에서 각종 활동을 하는 단체이다. 이에 비해 중개형 NGO는 직접 현장활동을 하지 않고 이러한 활동을 하는 단체에 시민운동의 이론과 전략을 제공하거나, 자금을 모아서 분배하는 기능을 하는 NGO를 말한다. 따라서 이런 단체는 대체로 회원을 갖지 않는다.

3. 법적 요건에 따른 분류

NGO는 법적 요건에 따라 법인체 NGO와 임의단체형 NGO로 구별할 수 있다.

법인체 NGO는 사단법인이나 재단법인으로 법인격을 가진 NGO를 말하고, 임의단체형 NGO는 법인격이 아니라 임의단체로 되어 있는 NGO를 말한다. 법인체가 좀 더 공식적인 단체인데, 정부가 재정을 지원하거나 세금을 면제할 때 공식적인 단체를 기준으로 하는 경우가 많다. 그러나 민법상 법인체는 설립 요건이 까다로워서 많은 시민단체가 임의단체로 남아 있는데, NGO가 법인체로 설립되는 요건을 완화하는 것은 시민사회의 활성화를 위해 중요하다.

4. 설립지역에 따른 분류

NGO는 설립지역에 따라서 남반구 NGO와 북반구 NGO로 구별할 수 있다.

남반구 NGO는 지구상에서 대체로 남반구에 위치한 NGO로서, 주로 후진국에서 만들어진 NGO들이다. 이에 반해 북반구 NGO는 지구의 북반구에 위치하고 있는 NGO들인데, 주로 선진국에서 만들어진 NGO이다. 많은 북반구 NGO 또는 선진국 NGO는 남반구 NGO를 설립하고 운영하는 데 필요한 재정과 인력을 지원한다. 특히 이러한 지원은 후진국의 개발과 밀접한 관련이 있다. 선진국들이 후진국의 경제개발과 사회개발에 많은 재정지원을 하고 있는데, NGO가 발달하게 됨에 따라 이러한 지원을 정부가 직접 하는 것이 아니라 NGO를 통해 지원하고 있는 것이다.

5. 기능에 따른 분류

NGO는 주요 기능에 따라 견제기능을 수행하는 NGO, 복지기능을 수행하는 NGO, 대변기능을 수행하는 NGO, 조정기능을 수행하는 NGO, 교육기능을 수행하는 NGO, 모금기능을 수행하는 NGO 등으로 나눌 수 있다.

견제기능 NGO는 주로 국가권력과 경제권력을 견제하고 정부의 정책변화를 추구하는 것을 목적으로 하는데, 경실련, 참여연대, 환경운동연합 등은 모두 이러한 기능을 수행하고 있다.

복지기능 NGO는 각종 복지서비스를 제공하는 것을 주요한 목적으로 하는데, 장애인, 청소년, 여성, 아동, 노인들에 대한 각종 서비스를 제공하는 단체들이 여기에 속한다.

대변기능 NGO는 사회적 약자의 이익을 대변하는 것을 목적으로 하는데, 장애인단체, 여성단체, 동성애자단체, 에이즈환자단체, 이주노동자단체 등이 여기에 속한다.

조정기능 NGO는 각종 사회적 분쟁을 조정하는 것을 목적으로 하는데, 이런 목적으로 설립된 단체는 흔하지 않다. 그러나 각종 NGO는 정부와 협력하거나, 정부의 위임을 받아 각종 분쟁을 조정하기도 한다. 한약분쟁의 경우, 경실련은 정부의 위임을 받아 조정기능을 수행했고, 의약분업 분쟁에서는 '의약분업실현을위한시민대책위원회'가 결성되어 의사회와 약사회 간의 조정기능을 수행했다.

교육기능 NGO는 시민의식을 고양하기 위해 시민교육을 전문적으로 수행하는 단체이다. 참여연대 내에 부설기관으로 설치된 참여사회아카데미처럼 시민교육을 전문적으로 수행하기 위해 설립된 NGO도 있지만, 각종 NGO들은 시민강좌, 개방대학, 청소년학교, 여성아카데미, 토론광장, 환경캠프 등과 같은 교육 프로그램을 통해 민주주의의 기본가치와 운영원리를 가르치고 있다.

모금기능 NGO는 현장에서 직접 서비스를 생산하거나 정부를 견제하는 캠페인을 벌이는 것이 아니라, 이러한 단체의 활동을 돕기 위해 모금활동을 벌이고 다른 NGO에 자금을 지원하는 기능을 하는 단체이다. 이러한 모금기능을 수행하는 NGO는 선진국에서 활발하지만, 한국에서는 그 발달이 미약하다. 그러나 최근에는 아름다운재단, 시민운동기금, 한국여성기금 등과 같이 모금을 전문으로 하는 NGO도 늘어나고 있다.

6. 활동영역에 따른 분류

마지막으로 NGO는 활동영역에 따라 구분할 수 있다. NGO들이 활동하는 영역에 따라, 환경 NGO, 인권 NGO, 여성 NGO, 복지 NGO, 소비자권리 NGO, 교육/연구 NGO, 청소년 NGO, 의료/보건 NGO, 주택 NGO, 개발 NGO, 노동 NGO, 국제원조 NGO, 빈곤구제 NGO, 교통 NGO, 평화 NGO, 문화/예술/체육 NGO, 권력감시/부정부패방지 NGO, 모금 NGO, 경제정의 NGO 등으로 나눌 수 있다. 이 중에서 우리나라에는 환경 NGO가 가장 많다. 물론 연합형 NGO뿐만 아니라 단독형 NGO도 한 분야에서만 활동하지 않고 여러 분야에서 활동하기도 한다.

이상 NGO의 분류를 정리하면 <표 3>과 같다.

<표 3> NGO의 분류

기준	종류
활동수준	국제 NGO, 전국 NGO, 지방 NGO, 커뮤니티 NGO
조직 구조/형태	단독형, 연합형, 협의형
	온라인형, 오프라인형
	현장활동형, 중개형
법적 요건	법인체, 임의단체
설립지역	남반구 NGO, 북반구 NGO
기능	견제, 복지, 대변, 조정, 교육, 모금 등
활동영역	환경, 인권, 평화, 여성, 문화, 복지, 교육, 청소년, 국제원조, 대안사회 등

06
NGO는 왜 생겨났는가

우리는 지금까지 사회질서를 유지하고 우리가 필요한 물건을 만드는 등 인간생활에 필요한 제도나 장치로서 정부와 기업을 생각했다. 그러나 우리가 살고 있는 사회에는 정부와 기업 외에도 각종 NGO, 더 넓게는 각종 NPO들이 여러 분야에서 활동하고 있다. 그러면 NGO는 왜 발생하는 것일까? 그리고 오늘날 선진국의 경우에는 수십만, 수백만 개에 달하고 한국에도 수만 개에 달할 정도로 NGO가 발달했는데, 그 이유는 무엇인가?

1. NGO의 발생이론

먼저 NGO가 발생하게 된 정치사회·정치경제적인 이론을 살펴보도록 하자.

첫째, 국가권력과 경제권력에 대한 견제를 들 수 있다. 즉 NGO는 국가권력이 지닌 강제와 억압, 경제권력이 지닌 불평등과 환경파괴 등으로 인한 부작용을 견제하기 위해 발생한다. 국가는 비록 민주주의가 운영되고 있다고 하더라도 갈등을 조정하고 질서를 유지하기 위해 일정한 강제력과 억압력을 보유해야 한다. 국가권력의 강제력과 억압력의 독점은 인권을 유린하고 부패하는 경향을 띠게 된다. 따라서 국가권력을 사회적으로 통제할 필요가 있기 때문에 권력을 방지하고, 부정부패를 고발하고, 인권을 옹호하는 NGO가 발생하게 된다. 국제사회에서도 국가이기주의나 강대국의 힘을 방어하고 견제하기 위해 각종 국제 NGO가 발생하게 된다.

또한 기업은 본질적으로 이윤추구를 목표로 하기 때문에 불평등, 환경파괴와 같은 사회적 문제를 낳는다. 따라서 NGO는 환경보호·소비자권리·경제정의와 같은 분야에서 기업의 이기주의를 감시하고 시민권리를 적극 보호하기 위해 발생한다. 최근에는 대기업에 대항하여 소액주주권리를 주장하는 NGO도 발생했다. NGO는 국민의 생활에 더 근접하여 활동하고, 소규모의 유연한 조직으로 이루어져 있기 때문에, 거대한 관료제에 의해 움직이는 정부보다도 효율적으로 기업의 병리를 감시할 수 있다.

둘째, 공공서비스의 생산을 들 수 있다. 시장은 오랫동안 경쟁을 통해 자원을 효율적으로 배분하고 우리 생활에 필요한 각종 상품과 서비스를 제공하는 중요한 사회제도로 인식되어 왔다. 그러나 시장은 무임승차 문제로 인하여 국방·치안·위생 등과 같은 공공재를 제공하는 데 한계가 있다. 그리고 사적 이익을 극대화하기 위해 공해와 같은 사회적 불이익을 초래한다. 이것을 부정적 외부효과(negative externality)라고 한다. 무엇보다도 시장은 소득분배의 불공평성을 초래하고, 이윤이 발생하지 않는 분야에는 투자하지 않는다는 한계를 지니고 있다. 따라서 시장이 우리 사회에 필수적인 공공재와 인간이 필요한 서비스를 생산할 수 없기 때문에 시장실패(market failure)가 일어나고, NGO가 발생하여 일반 시민이나 사회적 약자가 필요한 서비스를 생산한다.

시장이 우리 생활에 필요한 재화와 서비스를 생산할 수 없을 경우 NGO가 발생하여 이에 대처하기도 하지만, 이것은 한계가 있다. 따라서 중요한 공공서비스를 생산하고 각종 사회문제를 해결하기 위해 국가(정부)가 개입한다. 그러나 앞서 국가의 이념과 작동원리를 살펴본 바와 같이, 정부도 여러 가지 한계가 있다. 정부는 다수결의 원칙에 따라 관료제에 의해 획일적인 서비스를 제공하기 때문에 특별한 선호를 가진 소수자의 욕구나 실험적이고 새로운 형태의 욕구를 충족시키는 데 한계가 있다. 예를 들어, 모두 한국어로 교육을 하지만 영어로 교육을 받고 싶어 하는 사람의 욕구, 대부분의 의료서비스는 치료하고 수술하는 것이지만 오히려 죽어가면서도 대화를 나누고 싶어 하는 환자의 욕구, 일반적으로 알려진 예술과는 달리 독특한 퍼포먼스나 설치미술에 대한 욕구는 정부가 충족시키기 어렵다. 따라서 정부실패(government failure)가 일어난다. 이것은 시장실패로 인해 정부가 시장에 개입하여 후생경제학에서 말하는 복지사회를 이룩하려고 했으나,

오히려 더 나쁜 결과를 초래한 것을 말한다. 그러나 넓게 본다면 국민이 바라는 다양한 욕구를 정부가 제공하지 못하는 한계를 말한다. 따라서 각종 NGO가 발생하여 정부가 제공하지 못하거나 무시하는 서비스를 생산하게 된다.

셋째, 정부보조금도 NGO의 발생을 유발한다. 정부는 국민이 바라는 모든 서비스를 제공할 수 없기 때문에 이를 민간부문에 이양하거나 위임한다. 이것을 민영화 또는 민간화(privatization)라고 한다. 그런데 공공재 성격이 강하거나 사회적 약자를 위한 서비스는 기업에 맡기는 것보다 NPO나 NGO에 맡기는 것이 유리하다. 그것은 정부가 감독하기 어려운 서비스의 경우 이윤추구를 목적으로 하는 기업이 원래 요구한 수준 이하로 제공할 가능성이 높기 때문이다. 예컨대 병원·요양원·고아원·탁아소·학교 등과 같은 분야의 서비스는 전문성을 요구하고 양이 아니라 질과 관계되기 때문에 감독하거나 평가하기 어렵다. 따라서 영리추구를 목적으로 하지 않는 NPO나 NGO에게 위임하는 것이 좋다.

그런데 정부가 NGO에 서비스 생산을 위임할 때 재정지원을 하게 된다. NGO는 재정이 부족하기 때문에 사회적 필요를 느끼면서도 설립되지 못하다가 정부의 재정지원을 받아서 설립된다. 따라서 정부의 재정재원은 NGO의 발생을 초래하게 된다. 예를 들어, 산업자원부는 IMF 경제위기 이후 에너지절약 시민캠페인을 벌이고자 했다. 이것을 정부가 직접 하는 것보다는 NGO가 추진하는 편이 낫기 때문에, 정부가 재정을 지원함으로써 이와 관련된 활동을 하던 기존 NGO들이 모여서 '에너지시민연대'라는 협의형 NGO를 조직하여 활동했다. 서울시는 기존의 화장실문화와 장묘문화를 개선하고자 했다. 그러나

우리나라는 지금 심각한 묘지부족을 겪고 있다. 이것을 해결하기 위해 정부지원을 받아 장묘문화 개선운동을 전개하는 NGO도 있다.

서울시가 직접 캠페인을 하는 것은 인력이나 효과에 있어서 비용이 더 들기 때문에, 이것을 NGO에 위임하고자 했다. 그러자 '화장실문화 개선시민연대'와 '장묘문화개선시민연대'라는 NGO가 발생했다. 이러한 정부의 재정지원은 과거 군부독재하에서는 정부의 지지세력으로 활동하는 관변단체를 육성하는 계기가 되기도 했다. 그러나 앞서 지적한 바와 같이, 오늘날 한국에서 국가의 정당성이 강화되어 관변단체라는 용어가 사라져가고 있기 때문에 크게 문제가 되지 않는다. 예를 들어, 미국과 같은 선진국에서도 자원봉사단체인 평화봉사단, 아메리코 등과 같은 NGO가 정부의 재정지원에 의해 설립되었다.

2. NGO의 발달배경

다음으로 최근에 NGO가 크게 발달했는데, 그 배경에 대해 살펴보기로 하자. 샐러먼(Lester Salamon)은 1970년대 이후 전 지구적으로 NPO가 발달하게 된 배경에 대해 네 가지 위기와 두 가지 혁명으로 설명하고 있다. 이것은 NPO의 한 부분인 NGO의 발달배경을 설명하는 데도 유용하다.

네 가지 위기란 복지국가의 위기, 제3세계의 발전위기, 환경의 위기, 사회주의의 위기를 말한다.

1970년대 두 차례의 오일쇼크를 겪으면서 서구 유럽사회에서는 기존의 복지국가가 위기에 봉착하게 되었다. 유럽의 각 정부는 복지서비스를 정부가 직접 제공하기 어렵게 되자, 이를 각종 NGO에 위임했다. 즉 복지국가가 위기에 봉착하여 기존의 복지서비스를 정부가 제공할 수 없게 되자, NGO가 정부의 중요한 파트너로 된 것이다. 예를 들어, 서구 복지국가는 미혼모를 상담하는 좋은 시스템을 유지해왔으나, 재정부족으로 이것을 NGO에게 위임하고 재정을 지원함으로써 서비스생산 방식을 바꾸게 되었다.

제3세계의 발전위기란 경제불황으로 야기된 후진국의 빈곤문제를 말한다. 1970년대의 오일쇼크와 1980년대의 경제불황은 아프리카, 아시아, 라틴아메리카 등의 제3세계에 커다란 경제적 타격을 주었다. 따라서 후진국은 더욱 빈곤해지고 빈곤문제가 커다란 국가적 문제로 부상했다. 그러나 이러한 빈곤문제를 해결하기 위해 국가가 직접 나서는 기존의 국가모델보다는, 시민사회의 다양한 결사체인 NGO가 참여하는 시민사회모델을 채택했다. 따라서 자기 국가나 선진국의 지원을 받아 빈곤문제를 해결하는 각종 NGO가 융성하게 되었다.

환경위기란 개발도상국가의 환경훼손과 선진국의 소비행태로 인해 대기 중에 이산화탄소와 질소가 증가하게 된 것을 말한다. 개발도상국가는 경제발전을 위해 산림을 없애고 댐을 건설했다. 그리고 선진국은 부유한 생활을 누리기 위해 과도한 소비를 하게 되었다. 그러자 시민들이 스스로 환경 NGO를 조직하여 대기·토양·수질 오염을 방지하고 오존층 파괴와 지구온난화를 방지하기 위한 시민운동을 전개하게 되었다.

사회주의 위기란 1980년대 후반부터 시작된 사회주의체제의 붕괴로 인한 국가주의의 한계를 말한다. 사회주의가 붕괴되자, 국가의 계획경제 대신에 민간부문이라는 새로운 대안을 선택했다. 물론 국가를 대신하여 경제를 추진한 주요한 장치는 시장이었지만, 사회주의의 붕괴는 곧 시민사회의 성장과 NGO의 발달을 초래했다. 동구유럽의 경우, 사회주의의 붕괴 이후 기존에 국가가 맡았던 많은 사회문제를 각종 NGO들이 설립되어 떠맡게 되었다.

두 가지 혁명이란 경제성장과 커뮤니케이션 기술의 발달과 같은 혁명적인 변화를 일컫는다.

1960년대 이후 경제적으로 볼 때, 선진국뿐만 아니라 아시아·라틴 아메리카의 개발도상국가, 그리고 아프리카의 후진국까지도 괄목할 만한 경제성장을 이룩했다. 예를 들어, 1960년대와 1970년대에 전 세계는 연평균 5%에 달하는 경제성장을 이룩했다. 이것은 선진국뿐만 아니라, 제3세계에서 각종 NGO가 발달할 수 있는 물적 토대가 되었다. NGO의 발달을 위해서는 단체에 가입하여 활동할 수 있는, 일정한 소득과 시간을 가진 중산층의 존재가 필요하다. NGO의 발달에 중요한 역할을 하는 중산층이 경제성장을 통해 크게 늘게 된 것이다.

컴퓨터의 발명과 보급, 텔레비전의 보급, 인공위성의 등장은 세계 구석구석에 같은 이념을 가진 사람들이 서로 의견을 전달하고 교환하는 것을 용이하게 했다. 이것은 각종 NGO들이 전 세계적으로 이슈를 국제화시키고 서로 연대하여 행동하는 것을 가능케 했다. 따라서 커뮤니케이션의 발달은 최근 전 세계적으로 NGO가 발달할 수 있는 계기가 되었다.

이 외에도 20세기 후반에 전 세계적으로 각종 NGO가 발달하게 된 것은 민주주의의 세계적 확산, 개인 욕구의 다양화, 전 지구적인 문제의 등장에 영향을 받았다.

3. 한국 NGO의 발달배경

우리나라에서는 고려시대에 가난한 자에게 복지서비스를 제공하는 보(寶)가 발달했고, 조선시대에 와서 각종 자선단체들이 생겨나기 시작했다. 구한말에는 신분제도를 철폐하고 사회개혁을 추진하기 위한 각종 사회단체들이 발생했다. 그리고 일제 식민지하에서는 노동운동·독립운동·계몽운동·교육운동·절약운동 등을 추진하는 단체가 발생했다. 해방 이후, 국가권력의 공백기에도 각종 여성단체·청년단체·계몽단체·노동단체들이 생겨났다. 그리고 군부정권하에서도 오늘날 시민단체라고 할 수 있는 각종 NGO들이 활동하고 있었다. 그러나 이승만 정권부터 전두환 정권까지 권위주의 정권하에서는 정부와 갈등하는

우리나라에서 NGO는 1987년 6월항쟁 이후에 급속하게 분출되었다. 사진은 6월항쟁 당시 국민운동본부가 주최하는 '호헌철폐 독재타도' 시위에 참여하기 위해 출정식을 하는 한 대학의 집회.

민중단체와 정부에 친화적인 관변단체가 대립하고 있었다. 그러다가 1987년 6월항쟁 이후 각종 NGO들이 폭발적으로 증가하기 시작했다. 예를 들어, 2006년 현재 2만여 개에 달하는 한국 NGO 중에서 90% 이상이 1987년 이후에 설립되었다고 볼 수 있다.

그러면 한국사회에서 1987년 이후에 NGO가 크게 발달하게 된 배경은 무엇일까? 1987년 이후 한국에서 NGO가 발달하게 된 배경을 다음 몇 가지로 나누어 살펴보기로 하겠다.

첫째, 정치적 민주화를 들 수 있다. 1987년 독재정권이 항복하고 민주화가 진행됨에 따라, 시민들은 표현의 자유, 언론의 자유, 출판의 자유, 집회·결사의 자유를 갖게 되었다. 그리고 그동안 권위주의 정권의 억압에 의해 제대로 보장받지 못한 개인의 권리에 대한 의식을 갖게 되었고, 국가의 중요한 정책 과정에 대한 참여의식을 갖게 되었다. 따라서 가치를 공유한 시민들은 공동의 목적을 달성하기 위해 각종 NGO를 결성하게 되었다.

둘째, 자본주의의 발달을 들 수 있다. 한국 자본주의는 19세기 말부터 발달하기 시작하여 1960년대부터 본격적으로 발달했다. 이러한 자본주의의 발달은 한편으로 빈부격차를 유발하고 선진국에 대한 경제적 종속을 심화시키는 결과를 초래했지만, 많은 중산층을 양산했다. 독재정권하에서 침묵하고 있던 중산층은 민주화가 진행되면서 각종 시민단체에 가입하여 적극적으로 활동했다. 그리고 자본주의가 발달하여 생활이 더욱 풍요로워지자, 부의 분배문제 외에도 인권·평화·문화·환경 등과 같은 탈물질적인 가치에 관심을 갖게 되었다. 1990년대에 들어와서 이러한 탈물질적인 가치를 추구하는 다양한 NGO가 발달했다. 한편 자본주의의 발달은 자본주의의 모순을 심하게 노출하게 되는데, 이러한 자본주의의 모순을 치유하기 위한 NGO도 덩달아 발달하게 되었다.

셋째, 민주화운동 과정에서 많은 시민운동 지도자가 배출된 것도 1987년 이후 NGO가 발달하는 데 크게 기여했다. 독재정권하에서 민주화운동을 하던 인사들은 독재정권이 퇴진하자 각종 시민운동에 적극 참여했다. 2006년 현재에는 다양한 경력을 가진 사람들이 NGO 활동가로 있지만, 1990년대 초창기에는 과거 독재정권하에서 민주화운동을 지도했던 인사들이 시민운동을 이끌어 한국 NGO의 초석을 다지는 데 크게 기여했다.

넷째, 사회의 분화와 전문화를 들 수 있다. 한국사회도 1990년대에 후산업사회적(post-industrial) 성격을 띠게 되면서, 사회가 구조적으로 분화되고 전문화되는 양상을 보이게 되었다. 사회적 기능과 가치가 분화되고 개인적 욕구가 다양해졌다. 따라서 사람들은 자신이 지향하는 가치를 표명하고 자신이 원하는 욕구를 충족하기 위해 다양한 NGO를 결성했다. 사회구조의 분화와 함께 성·세대·직업·지역에 따른 갈등도 늘어나게 되었는데, 정부가 이러한 갈등을 제대로 중재하지 못하자, 각종 전문분야에서 NGO가 나타나 갈등을 조정하는 역할을 맡게 되었다. 그리고 사회구조가 분화되자 기존 NGO도 이에 맞추어 분화되는 현상이 일어났다. 예를 들어, 환경운동을 하던 단체도 핵문제, 쓰레기문제, 샛강 살리기, 야생화보호 등 여러 이슈에 따라 분화되었다.

다섯째, 지구화, 정보화, 지방화 등 일련의 세계적 흐름을 들 수 있다. 지구화 또는 세계화로 인해 국제교류가 활발하고 활동영역이 확대되었다. 어느 정도 물적 토대를 갖춘 한국 NGO들도 국제적인 이슈나 후진국 원조에 참여하게 되면서 이 분야의 NGO가 발달하게 되었다. 오늘날 통신수단이 발달하고 정보화가 진척됨에 따라 지구촌 구석구석까지 서로 통신하고 교류할 수 있게 되었다. 특히 최근 인터넷의 발달로 사이버 NGO가 등장하기까지 했다. 교통과 통신의 발달은 지역과 국가의 경계를 넘어 NGO 간의 상호 교류와 협력을 촉진했다. 그리고 1990년에 들어와서 한국에서 지방자치제도가 정착하고 지방경제와 지방문화의 발달에 대해 관심을 갖게 되었다. 따라서 지역에서 작은 권리를 찾고 지방의 정체성을 강화하기 위한 지역단위 소규모 NGO가 늘어나게 되었다.

여섯째, 정부와 기업에 대한 불신을 들 수 있다. 한국사회는 부정부패가 만연하고, 정치에 대한 불신이 강하며, 제도활동에 대한 신뢰가 약하다. 정부의 비효율성과 신뢰성의 부족, 기업의 불공정성과 비도덕성에 대한 시민의 불만과 불신이 팽배해 있다. 따라서 시민들은 민주주의의 발달과 사회개혁의 추진을 정부나 기업에 맡기기보다는 직접 NGO를 결성하거나 시민운동에 참여하여 해결하려고 했다. 즉 NGO를 사회개혁의 대안세력으로 간주하게 되면서 많은 NGO가 발달하게 되었다.

07
NGO는 정부나 기업과
어떤 관계인가

NGO는 시민의 자발적인 참여를 바탕으로 공익을 추구하는 단체이다. 따라서 공익을 추구하는 대표적인 단체인 정부가 공공의 이익을 제대로 생산하고 있는지, 이윤을 추구하는 기업이 기회주의적으로 행동하여 공익을 저해하지 않는지 감시하고 비판한다. 물론 NGO는 정부나 기업과 서로 협력하여 사회질서를 유지하고 인간생활을 윤택하게 하기도 한다. 이러한 이유 때문에 NGO는 정부나 기업과 활발하게 상호작용할 수밖에 없다.

1. NGO와 정부 간의 갈등관계

NGO활동은 크게 주창(advocacy)활동과 서비스제공(service provision) 활동으로 나눌 수 있다. 전자는 NGO가 국가권력과 시장권력을 감시·비판하고 정책의 변화를 통해 사회개혁을 추진하는 활동이다. 후자는 정부나 기업이 제공할 수 없거나 제공하기를 꺼리는 각종 서비스를 제공하는 활동이다. 특히 사회적 약자나 소수자에 대한 서비스가 많다. NGO와 정부는 대체로 주창활동에서 상호 견제관계를 유지하게 되고, 서비스제공활동에서는 상호 협력관계를 유지하는 것이 보통이다. 따라서 양자 간의 관계를 단순화하면 대립과 협력이 변증법적으로 작용하고 있다고 볼 수 있다.

NGO가 활동하는 토대인 시민사회는 근대국가의 성립 이후, 국가와 자신을 구별하여 국가권력을 견제하고 시민의 자유와 권리를 방어하는 자율적 공간(autonomous space)을 확대하려는 과정에서 발생하고 성장했다. 따라서 시민사회의 주요 결사체인 NGO는 정부의 권한확대를 견제하고, 권력의 합법적 사용을 감시한다. 정부활동이 정당성 (legitimacy)을 가지고 있는지를 판별하는 것은 NGO의 주요한 목적 중의 하나이다. 또한 시민권리를 방어하거나 증진하기 위해 현재 시행 중인 정책의 유지를 주장하거나 정책 변화를 추진한다.

서구사회를 예로 들면, 그리스시대의 참주정, 로마의 귀족정, 중세의 봉건영주, 그리고 근대의 절대체제에 대한 투쟁을 통해 자유주의와 자본주의가 발달했고, 시민의 자기권리에 대한 관심이 높아졌다. 자유주의와 자본주의, 그리고 시민성에 대한 각성이 시민사회의 발달을 촉구하는 계기가 되었다. 현대사회에서 국가에 대한 시민사회의 저항

1980년대에 의문사를 당한 아들의 사진을 안고 울부짖는 어머니들의 모습이 처절하다. 국가가 시민의 권리를 유린하는 역사가 다시는 반복되지 말아야 할 것이다.

은 서구사회의 신사회운동(new social movement)에 잘 나타난다. 인권·평화·환경·여성 등의 분야에서 발생한 신사회운동은 급진적인 방법으로 기존의 정치질서에 도전하고 근본적인 사회개혁을 요구한다. 신사회운동의 주체가 바로 시민사회에서 집합적이고 조직적인 시민운동을 전개하는 NGO이다.

한국도 비록 제한적이기는 하지만, 국가권력에 대한 저항의식은 오랜 전통을 가지고 있다. 시민사회가 제대로 형성되지 않았지만, 구한 말과 일본 식민지하에서 국가권력(일본의 식민지정부)에 대한 치열한 저항운동을 경험했다. 동학혁명과 3·1운동이 그 대표적 예이다. 해방 이후에는 이승만정권부터 노태우정권까지 정권의 정통성과 정당성이 허약하고, 권위주의적인 요소가 많았기 때문에 시민사회의

저항이 계속되었다. 1960년 4월혁명, 1980년 광주민주화운동, 1987
년 6월항쟁 등은 국가권력에 대한 시민사회의 총체적인 저항운동이었
다. 1987년 이후에는 민주화가 진행되고 시민사회가 성장하게 되면서
각종 NGO들이 활발하게 설립되어 활동하고 있다. 이러한 NGO 중에
서 많은 NGO들이 정책변화 주장, 부정부패 고발, 정부의 자의적인
권력행사 감시 등 국가권력을 견제하는 역할을 하고 있다.

　정부 입장에서 볼 때, 국가는 일정한 영토 내에서 물리적 강제력을
장악하고 권력을 유지하기 위해 시민사회의 저항을 억압하게 된다.
예를 들어, 권위주의국가는 NGO의 결성을 불허하고 집회를 방해한
다. NGO를 견제하는 정부의 태도는 권위주의국가뿐만 아니라, 자유
주의 민주국가에서도 나타난다. 예를 들어, 정부는 NGO의 집회를
엄격한 법적 해석을 통해 제재한다.

　시민사회를 견제하기 위해 정부가 취하는 행동은 군대와 경찰에
의한 진압, 가치박탈, 지지민중의 동원 등 여러 가지 방법이 있다.
1968년 프랑스 5월운동 당시 드골정부는 경찰을 동원하여 소르본
대학과 공장을 진압했고, 언론을 통해 협박하기도 했다. 우리나라의
경우, 과거 군사정권은 시민사회 내에 각종 단체들의 설립과 활동을
금지했다. 군부독재는 정권의 정통성과 정당성이 허약했기 때문에
언제나 시민의 집단행동에 예민하게 대응했다. 따라서 군대와 경찰을
동원하여 각종 단체의 저항을 무자비하게 진압했고, 여기에 가담한
사람을 구속·살인하기도 했다. 김대중정부에서 시작한 '의문사진상규
명위원회'는 과거 독재정권하에서 민주화운동에 가담했다가 살인되
거나 행방불명된 사람을 찾아내 보상해주는 작업을 하고 있다. 이로
미루어 보더라도 그 당시 많은 민주열사들이 군대징집, 안기부구금,

의문사 등을 통해 죽었음을 알 수 있다.

2. NGO와 정부 간의 협력관계

시민사회와 국가 또는 NGO와 정부가 반드시 갈등이나 대립관계에
만 있는 것은 아니다. NGO는 정부가 제공할 수 없거나 제공하기
어려운 각종 서비스를 제공한다. 사회적 약자에 대한 복지서비스,
시민교육을 통한 교육서비스, 사회갈등을 조정하기 위한 활동 등이
여기에 속한다. 이러한 과정에서 NGO와 정부의 협력이 발생하게
된다.

NGO의 입장에서는 관료제·다수결·강제성·획일성의 원리에 의해
움직이는 정부가 제공하지 못하는 각종 서비스를 신축성과 자원성의
원리를 통해 제공한다. 이때 NGO는 정부의 위임을 받거나 공동기구
의 설치를 통해 서비스를 생산하면서 정부로부터 재정지원을 받는다.
특히 NGO는 심각한 재정부족을 겪으면서 각종 정부의 프로젝트를
원하고 이 과정에서 다양한 협력이 일어나게 된다. 그리고 NGO는
정부의 개혁정책을 지지하거나 이에 반대하는 보수 기득권세력을 견
제함으로써 양자 간에 암묵적·명시적 협력이 일어나게 된다. 또한
NGO는 국제적 차원에서 정부를 대신하여 국제원조활동을 하고 국제
금융자본을 견제함으로써 정부와 협력할 수도 있다.

정부 입장에서도 NGO와의 협력이 필요하다. 오늘날 정부는 시민
의 요구수준이 높아지고 다양해짐에 따라 각종 사회문제를 해결하기
위해서는 시민의 자발적 결사체이자 신축적인 구조를 가진 NGO의

협력이 필요하다. 특히 현대사회는 정부불신의 시대이기 때문에 각종 서비스생산이나 개혁정책 추진에서 시민의 신뢰를 받고 있는 NGO와 협력함으로써 정부의 권위를 높이고 정책의 정당성을 고양할 수 있다.

서구사회뿐만 아니라 우리나라에서도 NGO와 정부 간의 관계는 과거의 대립관계가 완화되고 있다. 서구에서는 국가의 전제권력에 대한 저항으로 시민사회가 형성·발달되었지만, 제2차 세계대전 이후 복지국가의 발달로 시민단체와 정부의 협력이 강화되었고, 다양한 분야에서 시민단체의 공익활동이 증대되었다. 일본 시민단체는 태평양전쟁 패전 이후 정부에 대한 저항적인 성격이 강했으나, 1980년대 이후 정부의 의사결정 과정에 대한 참여와 자원봉사활동에 대한 정부의 법적·재정적 지원이 늘고 있다. 한국 시민단체는 해방 이후, 정부 의존적 형태와 저항적 형태로 양분되어 전자는 정부와 담합하여 특수이익을 보장받으려 했고, 후자는 민중운동을 중심으로 반체제적 형태를 띠었다. 민중운동은 1980년대 후반까지 한국 사회운동의 중추를 담당하면서 지배세력과 체제의 근본적인 변화를 추구했다. 그러나 1980년대 후반에 와서 체제저항적이고 사회주의 지향적인 민중운동은 그 방법과 전망에서 한계를 드러내고, 대중의 이탈과 국제정세의 변동으로 인해 크게 위축되지 않을 수 없게 되었다. 권위주의가 퇴조하고 민주화가 진전됨에 따라 정부가 공공선(public good)을 추구하는 시민단체를 사회정책적 과제의 대상으로 보기 시작했다. 시민단체도 시민의 각종 생활권리를 추구하는 방향으로 다원화되고 운동방식도 합법적이고 개량적인 방식으로 변하면서 정부와 협력을 모색하게 되었다.

3. NGO와 기업 간의 갈등관계

NGO와 기업도 서로 경쟁하거나 갈등을 일으키기도 하고, 서로 협력하기도 한다. 따라서 NGO와 기업의 관계도 크게 갈등관계와 협력관계로 나누어볼 수 있다.

NGO와 기업 간의 갈등관계는 주로 기업의 이윤추구 속성과 NGO 의 권력견제적 속성 간의 충돌에서 일어난다. 기업은 될 수 있는 한 이윤을 많이 남기는 것이 목적이기 때문에, 사회적 불평등이나 환경파괴 등 공공의 이익과는 관계없이 기회주의적으로 이윤을 극대화하려고 한다. 과대광고를 통해 소비자를 속이거나, 독과점을 통해 가격을 올리는 등의 방법으로 소비자에게 불이익을 준다. NGO는 이러한 부정과 이기주의를 견제하고 시민의 권익을 옹호하고 사회적 약자의 이익을 대변하려고 한다.

한국과 같은 상황에서 기업과 NGO 간의 갈등은 더욱 첨예할 수 있다. 한국은 아직 자본주의가 선진화되지 않아서 독과점, 탈세, 금융 부정, 환경파괴, 노동자 착취 등 여러 가지 편법이 기업운영에 사용되고 있다. 즉 시장에서 공정한 행위준칙과 부의 정당한 축적원칙이 적용되지 않고 천민성을 띠고 있다. 특히 거대한 재벌이 시장을 점유하여 횡포를 부리거나 정부와의 정경유착을 통해 특혜를 받기도 했다. 따라서 공공의 이익을 보호하고 소비자의 권리를 옹호하기 위해서는 시민들이 스스로 나서서 기업을 견제한다. 최근, 우리나라에서 소액주주운동이 활발하게 일어나고 있는데, 이것은 재벌의 횡포에 대항하여 소시민의 권리를 보호하기 위한 것이다. 이는 바로 민주주의를 기업분야까지 확장하는 것으로서 민주주의의 질적 확대와 밀접한 관련이

최근 대기업의 횡포에 저항하는 소액주주운동이 활발하다. 사진은 소액주주 권리행사 캠페인을
벌이고 있는 시민단체 회원들.

있다.

　기업의 입장에서는 NGO의 각종 감시·견제활동에 민감하게 대응
하면서 NGO의 활동에 반감을 드러낸다. 특히 NGO가 자신의 기업활
동에 개입할 때는 자본의 힘을 동원하여 NGO와 대립하게 된다. 이러
한 문제점은 소액주주운동에 대한 대기업의 횡포에서 잘 드러난다.
물론 기업의 입장에서는 시민사회의 자발적 결사체인 NGO의 감시를
받는 입장이기 때문에 NGO를 견제할 수단이 사실상 매우 제한되어
있다.

4. NGO와 기업 간의 협력관계

NGO와 기업이 서로 추구하는 이념이 매우 다름에도 불구하고 반드시 갈등관계에만 있는 것은 아니다. 기업의 사회적 역할이 강조됨에 따라 NGO에 기부금을 제공하거나 사원들이 NGO에서 자원봉사 활동을 하기도 한다. 그리고 NGO도 기업에게 아이디어와 정보를 제공한다. 또한 NGO와 기업은 공동으로 거대한 권력을 지닌 정부를 견제할 수 있다. NGO와 기업 간의 협력은 특히 지방수준에서 강화될 수 있다. 지방의 취약한 경제를 발전시키고, 사라져가는 지역문화를 보존·전승하기 위해 지방단위의 NGO와 기업은 상호 파트너십을 통해 지역경제와 지방문화를 활성화할 수 있다. 예를 들어, NGO가 지방문화의 복원과 보존을 위한 활동을 벌이고 지방기업이 이에 대한 재정을 지원할 수 있다. 이를 통해 지방기업은 문화적 상징을 기업이미지에 가미할 수 있다. 특히 기업 내의 각종 교육재단, 문화재단, 장학재단 등 비영리재단의 설립은 이러한 역할을 수행하는 데 매우 중요하다.

08
NGO의 조직과 재정은
어떻게 만들어지나

NGO는 정부나 기업과는 다른 구조를 가지고 있다. 따라서 NGO의
의사결정구조도 정부나 기업의 상의하달(top-down)과는 다르고, NGO
지도자도 행정가나 기업가와는 다른 가치관을 가지고 있다. 또한 재정
구조도 정부나 기업과는 다르고, 재원확보도 세금이나 상품판매가
아닌 다양한 방법으로 충원한다.

1. NGO의 조직적 특성

NGO는 시민의 자율적인 조직이다. 따라서 정부나 기업의 계층조직과는 다른 구조를 가지고 있다. 정부의 관료조직은 계층제로 이루어져 있고, 법과 규칙에 따라 주로 문서를 통해 업무를 수행한다. 각 부처는 분리되어 전문화되어 있고 승진은 연공서열이나 실적에 따라 이루어진다. 기업조직은 정부관료제에 비해 약간 신축적이기는 하지만, 그래도 위계조직으로 이루어져 있다. 사원-대리-과장-부장-사장과 같이 피라미드형으로 되어 있다. 이에 비해 NGO는 상대적으로 수평화되어 있다. 즉 수직적으로 위계화되어 있는 것이 아니라 평평한 구조를 취하고 있다.

NGO는 조직상 지도자층과 실무자층으로 나눌 수 있다. 그리고 조직의 기초에는 회원이 있다. 그러나 지도자와 실무자, 그리고 회원 간에는 반드시 상하관계가 성립되는 것이 아니다. 지도자는 그 단체를 대표하지만 주로 자원을 동원하는 일을 주요 임무로 한다. 실무자는 단체의 활동을 책임지는 상근자이다. 회원은 회비를 내고 자원봉사자로 단체의 활동에 참여한다. NGO에서는 회원이든, 회원이 아니든, 자원봉사자의 역할이 매우 중요하다. 자원봉사자의 존재는 자율성을 존중하는 NGO의 이념에 부합하고, 기부금 이상으로 단체의 재정을 뒷받침하는 재정의 원천이 된다.

NGO는 조직이 커져도 내부기구를 상하로 배열하는 것이 아니라 좌우로 배열한다. 따라서 조직을 네트워크형으로 만들어 서로 협력하고 연대하는 시스템을 유지한다. NGO의 중요한 이념인 자율과 참여도 이러한 네트워크형 조직에서 구현될 수 있다. 물론 NGO 내에도

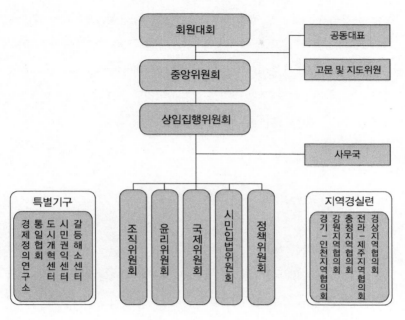

<그림 5> 경실련 조직 기구표

관료적인 속성이 없는 것은 아니지만, 정부나 기업에 비해 상대적으로
수평화되어 있다고 볼 수 있다.

 NGO는 직업적인 이해에 따라 결성되고 회원의 집단이익을 추구하
는 직능단체와는 달리, 회원의 가입이 개방되어 있다. 예를 들어, 대한
변호사협회는 변호사만이 회원이 될 수 있다. 그러나 참여연대, 여성
민우회, 장애우권익연구소와 같은 NGO는 그 단체의 목적에 동조하
는 사람은 누구든지 가입할 수 있다. 물론 NGO는 일시적으로 모였다
가 흩어지는 군중집회가 아니다. 일정한 조직형태와 운영규칙을 가지
고 지속적으로 활동하는 단체이다. 물론 최근 사이버 NGO가 발달함
에 따라 기존의 조직유형에 변화가 일어나고 있다.

<그림 5>는 한국의 대표적 NGO라고 할 수 있는 경실련의 조직
기구표이다. <그림 5>에서 볼 수 있는 바와 같이, 공동대표 위에는
회원대회(총회)가 있고, 그 아래에 중앙위원회와 집행위원회가 있다.
집행위원회 아래 사무국이 있지만, 많은 부설기관, 특별기구, 유관조
직이 사무국과는 별도로 활동하고 있다. 이러한 조직들은 상당한 독립
성을 가지고 움직인다.

2. NGO의 의사결정구조

국가가 공권력을 행사하고 자원을 배분할 수 있는 정당성의 원천은
국민의 선거에 의해 구성된 정부가 공적 권위를 갖고 있기 때문이다.
이러한 권위를 뒷받침하는 조직적 구조가 계층적 위계이다. 그러나
NGO는 네트워크형 조직으로 구성되어 의사결정이 더욱 민주적으로
이루어진다. NGO의 의사결정구조는 정부나 기업과 어떻게 다를까?
첫째, NGO의 의사결정구조는 분권화되어 있다. NGO는 민주주의
의 가치를 소중히 하고, 궁극적으로 이를 현실사회에 실현하는 것을
목적으로 한다. 민주주의는 권력이 특정인에 집중된 것이 아니라 분산
되어야 한다. 이것은 근대 절대체제의 붕괴 이래 계속 강조되어 온
명제이다. 앞서 말한 바와 같이, NGO는 수평적인 구조를 가지고
각 부처나 기구들이 좌우로 배열되어 있다. 각 기구는 일정한 자율성
의 원리에 따라 독립적인 권한을 행사한다. 따라서 권한이 최고위층에
집중되어 있는 것이 아니라, 여러 독립 또는 반독립 기구에 분산되어
있다. <그림 5>에서 보는 바와 같이 경실련에서는 사무처를 대표하

는 사무총장의 권한이 강하다고 할 수 있다. 그러나 사무총장은 회원이나 회원의 대표로 구성되는 회원대회와 중앙위원회의 결정에 따라야 하고, 공동대표나 자문회의의 의견을 무시할 수 없다. 그리고 각종 부설기관, 유관조직, 특별기구는 말할 것도 없고, 정책위원회도 상당한 정도의 자율적인 권한을 가지고 있다. 이러한 분권화는 국제 NGO에서도 마찬가지다.

둘째, NGO의 의사결정은 강제나 명령방식이 아니라, 합의를 존중한다. 원래 고대 아테네의 직접민주주의에서는 일정한 자격을 가진 시민을 중심으로 완전한 합의와 만장일치를 통해 집단의 의사를 결정했다. NGO는 최고위층에 있는 대표가 실무자나 회원의 의견을 무시하고 권위적으로 결정할 수 없다. 이것은 NGO 조직 내에서 상하간의 관계가 명령·복종관계가 아니기 때문이다. 중요한 의사결정을 위해서는 내부에 활발한 토론이 벌어지고, 실무자들은 각종 회의에 참여하여 의견을 제시할 수 있다. 긴급한 상황을 제외하고는 단체의 대표나 사무총장이 마음대로 의사결정을 내리는 것이 불가능하다. 협력과 연대를 중시하는 NGO는 민주적인 의사결정체제 속에서 타인과 타 조직의 의견을 존중하고 권위주의와 획일주의를 지양한다. 조직 내부에 갈등이 생겨도 이것을 상관의 명령이 아니라, 주로 토론과 대화의 장에서 해결한다.

셋째, NGO의 의사결정 과정은 실무자나 회원의 참여를 촉진한다. 관료조직은 상의하달식으로 최고위층에 있는 사람의 의견이 조직 경로를 통해 아래로 내려온다. 그러나 단체의 주인인 회원의 의견을 존중하는 NGO는 거꾸로 하의상달(bottom-up)식이어서 아래에서 위로 의견이 올라가는 형식을 취하고 있다. 따라서 각종 회의나 현장활동에

서 회원의 참여를 촉구하고, 회원들이 가진 창의적인 아이디어를 의사
결정에 반영한다. 자율적이고 분권적인 NGO가 조직의 목적을 달성하
기 위해서는 회원의 광범위한 참여와 지지에 의해서 가능하기 때문이
다. 참여민주주의는 바로 NGO가 추구하는 중요한 이념이기도 하다.

넷째, NGO의 의사결정 과정은 투명하다. 정부나 기업에서는 주로
고위층의 소수자가 밀폐된 공간에서 의사를 결정하고 이를 부하에게
지시하는 방식을 취한다. 따라서 결정된 의사를 집행하는 사람은 그
의사결정 과정에 참여하지 못하는 경우가 대부분이다. 따라서 의사결
정이 탁상공론식으로 되어 현실상황과 동떨어진 경우가 많다. 또한
비밀스런 의사결정은 각종 이권개입과 부정부패를 가져온다. 그러나
NGO는 많은 사람이 참여한 공개된 장소에서 토론하는 것을 선호한
다. 사무실에서도 대표나 사무총장의 방이 밀폐된 공간에 따로 있는
것이 아니라, 전체 사무실에서 같이 사용하는 경우가 대부분이다.
따라서 NGO는 정부나 기업에 비해 상대적으로 신뢰도가 높고 도덕
적으로 깨끗하다.

물론 이러한 NGO의 의사결정구조는 거의 이상형에 가깝고 실제로
는 정부나 기업과 같은 위계적 성격을 띠고 있기도 하다. 그러나 상대
적으로는 정부나 기업에 비해 한층 분권화되어 있고, 합의와 참여를
지향하며, 투명하다고 볼 수 있다.

3. NGO 리더십의 특성

앞에서 살펴본 바와 같이, NGO는 좀 더 분권적이고 참여지향적이

NGO 지도자는 투철한 민주의식과 사명의식이 필요하다. 사진은 1일 감옥체험을 하고 있는 NGO 지도자들.

며 투명한 방식으로 의사결정이 이루어지기 때문에, NGO 지도자도 권위적인 방식으로 단체를 이끌어가지 않는다. 실무자가 헌신할 수 있도록 동기를 부여하고, 회원의 적극적인 참여를 이끌어내며, 시민의 지지를 확보하기 위해서는 민주적인 리더십을 발휘해야 한다. 시민의 힘으로 사회를 변혁하기 위해 자발적으로 조직된 NGO에서 권위적이고 독단적인 리더십은 조직의 목적을 달성할 수 없다. 따라서 인간관계를 중시하고 팀워크를 잘 활용해야 한다.

NGO 지도자는 정부나 기업의 지도자와는 다른 성향과 가치관을 가지고 있다. NGO 지도자는 관료의 자기이익(승진)과 조직이익 극대화 성향이나 사기업 경영자의 이윤극대화 논리와는 달리, 사명감을 갖고 일하며 대의명분에 헌신적이다. 즉 공익증진에 깊은 관심을 가지고 공동체의 발전을 통해 개인의 이익을 도모하려고 한다. 그리고 비판의식과 평등의식이 강하고 개혁지향적이다. 따라서 국가권력에 대한 비판정신이 강하고, 사회적 약자에 대해 깊은 애정을 가지고 있다. 그리고 끊임없는 개혁을 통해 사회의 진보를 추구한다. 또한 자율적인 인간으로 스스로 동기를 부여하는 사람으로 알려져 있다. 마지막으로 시민운동을 지도하는 것은 민주적인 사고뿐만 아니라 고도의 도덕성을 요구한다. 따라서 NGO 지도자는 민주주의를 이해하고 갈등을 조정하는 기술을 지녀야 하고, 높은 인격을 갖추고 인내할 줄도 알아야 한다. 나아가 NGO 지도자는 개인의 주장과 삶이 통일을 이루어야 하기 때문에 스스로 성찰하는 철학자가 되어야 하는 부담도 있다.

4. NGO의 재정구조

정부는 주로 세금으로 재정을 충당하고 기업은 상품과 서비스의 판매로 재정을 확보한다. 그러나 NGO의 재정충원은 매우 복잡하다. NGO의 재정은 주로 회원의 회비, 기부금(개인기부금, 재단기부금, 기업기부금), 정부지원, 서비스 요금, 수익사업 이익금 등 다양한 방법을 통해 충원된다. 이 외에도 개인기부금의 일종으로 증여와 상속이 있다. 그리고 자원봉사활동과 면세제도, 정부의 행정적 지원 등도 NGO에게는 커다란 재정적 원천이다.

이상적인 것은 NGO가 재정의 대부분을 회원의 회비나 개인 및

NGO의 재정을 충원하기 위해서 정부지원도 필요하다. 그러나 이것이 NGO의 자율성을 훼손해서는 안 된다. 사진은 '시민운동지원기금'의 모금마련 음악회 장면.

재단기부금에 의존하는 것이다. NGO가 재정을 회원의 회비나 기부금으로 충당할 때, 정부나 기업으로부터 자율성을 유지하고 정부와 기업을 견제하는 본연의 사명에 충실할 수 있다. 특히 회원의 회비는 시민운동에 대한 시민참여를 유도하고 NGO의 풀뿌리를 강화한다. 시민들이 NGO의 회원으로 가입하여 회비를 내거나 기부금을 내는 것은 그 단체에 대한 애정이 그만큼 크다는 것을 의미한다.

NGO가 정부로부터 재정지원을 받게 되면, 정부에 대한 견제기능을 수행하기 어렵기 때문에 NGO의 자율성을 훼손할 수 있다. 그리고 기업의 기부금은 기업에 대한 NGO의 견제기능을 위축시켜 소비자권리, 환경권, 경제권 등 현대사회의 삶의 질 향상에 중요한 개인권리의 확보를 어렵게 한다. 최근에는 NGO들이 회원의 회비나 기부금으로

<표 4> 한국 NGO의 수입 현황

수입원	비율(%)
회비 및 후원금	41.2
기업 협찬	8.5
정부 지원	14.8
공공 기금	6.8
수익사업	12.8
기타	15.9
계	100.0

재정을 충당하기가 어렵기 때문에 각종 수익사업을 하고, 서비스 요금을 받기도 한다. 그러나 NGO가 재정을 충당하기 위해 수익사업에 너무 열중하거나 과도한 서비스 요금을 받게 되면, 영리를 추구하지 않고 공익을 추구한다는 NGO의 본래 이념이 훼손될 수 있다. NGO는 실제로 정부나 기업의 재정지원에 의존하지 않을 수 없다. 한국과 같이 시민의 참여가 저조하고 기부문화가 빈약한 곳은 말할 것도 없거니와, 미국이나 유럽과 같은 선진국에서도 NGO에 대한 정부지원이 제도화되어 있다.

한국의 경우는 시기와 단체마다 다양하지만, 참여연대와 같이 정부의 재정지원을 받지 않는 단체가 있는가 하면, 과거 바르게살기운동중앙협의회, 한국자유총연맹과 같이 재정의 상당 부분을 정부지원금에 의존하는 단체도 있었다. 비영리민간단체지원법이 제정된 후 많은 단체들이 정부로부터 재정지원을 받는다. <표 4>는 1998년 23개 NGO를 대상으로 조사한 것인데, 정부지원금(정부지원과 공공기금)이 전체 재정의 약 22%에 이른다.

한국 NGO는 현재 심각한 재정난을 겪고 있다. 여러 실증적 조사에서 한국 NGO의 가장 커다란 문제는 재정부족인 것으로 나타났다. 따라서 NGO 지도자의 절반 이상이 정부의 재정지원을 긍정적으로 보고 있다. 이것은 다른 선진국에서도 마찬가지다. 이상적으로 볼 때, NGO는 정부지원 없이 스스로 재정을 충당해야 하지만, 이것은 아직도 요원하다. 따라서 현재로서는 NGO의 활성화를 위해 정부의 재정지원이 중요하다. 문제는 어떻게 하면 NGO의 자율성을 훼손하지 않는 범위 내에서 정부의 재정지원이 이루어지도록 하느냐이다. 민간지원재단을 설립하여 정부가 재정을 지원하고 시민사회에서 관리하는 방식이 하나의 대안이 될 수 있다. 이 외에도 면세의 확대, 우편요금·정보요금 등에 대한 할인, 기부금에 대한 규제완화와 세금공제의 확대, 자원봉사자에 대한 지원 등이 필요하다.

NGO를 알면 세상이 보인다

국
제적으
로도 마찬가지이
다. 1838년에 영국에서는 노
예제도를 반대하는 반노예협회(British
Anti-Slavery Society)가 설립되었고, 1864년에
결성된 세계적십자사(Red Cross)가 중립의 원칙 속에서 인도
적인 실천활동을 벌였다. 그리고 1892년 시에라클럽(Sierra Club)이 미
국에서 결성되어 환경운동을 시작했고, 영국의 아동구호기금(Save the Children
Fund)이 1919년에 설립되어 전쟁 후에 고아가 된 아동을 보호하는 활동을 했다. 그러나 이러
한 단체를 지원하지   않았다.

제2부 NGO와 민주주의

NGO라는 용어가 국제사회에 등장하게 된 것은 대체로 제2차 세계대전 이후라고 볼 수 있다. NGO는 1945년
엔(UN: United Nations) 헌장 제71조에 등장함으로써 공식적으로 사용되었다. 이후 1950년 개정을 통해 UN
산하에 경제사회이사회(ECOSOC: Economic and Social Council)에 협의적 지위(consultative status)를
게 되었다. 이때 UN에서는, 정부 이외의   회적 연대와 공공의 목적을
현하기 위한 자발적 공식조직을 가리켜 NGO라고 했다. 즉 NGO는 비정부성, 공익성, 연대성, 자원성, 공식성,
국제성의 특성을 가진 민간단체를 의미   서 개별 국가나 각종
제기구가 해결하지 못하는 국제적 문제를 해결하기 위한 것을 염두에 두어야 한다는 소극적인 개념이었다.
우리나라에서 NGO라는 개념이 보편적   하였다. 6월항쟁을 통해 군부
정권이 물러가고 정치적 민주화가 진행되어 따라 시민들은 스스로 국가의 감부으로 결정하고 시민권리를 용호하
기 위한 각종 단체를 결성했다. 이러한 단체   리우환경개발회의 등 각
종 NGO 국제대회가 국내에 소개되면서 등장하게 되   NGO라는 개념이 비슷한 위미로 자리 잡게 되었다. 오늘
NGO의 개념은 점점 범주가 확대되고 있   들의 자발적인 참여와
대를 통해 각종 국제적인 영역뿐만 아니라 주국국가 내의 문제나 지역사회 문제를 해결하는 단체도 포함하고
다. 그뿐만 아니라, 초창기 국가나 국제   인 의미에서 벗어나, 독
적으로 시민권리를 용호하고 국가권력과 국제사회의 강대국을 견제하는 단체로 인식되고 있다.
NGO가 국가나 시장이 아닌 시민사회에서 자원활동을 하   해결하는 결사체로서 그 개념이 이
립되어 있기는 하지만, 그 범위에 있어서는 국가마다 다르다. 미국이나 일본에서는 NGO를 NPO의 일부로서 환
경·개발·인권·여성·구호 등과 같은 영역의   국제원조에 참여하는 단
체를 말한다. 예를 들어, 미국에서 의회감시단체인 커먼코즈(Common Cause)와 국제구호단체인 케어(CARE)
가 대표적인 NGO라고 할 수 있다. 미국에서는 오랫동안 NGO를 사적자원조직(PVO: private voluntary
organization)이라고 불렀으나, 최근에는 NGO라는 명칭을 점점 많이 사용하고 있다. 일본의
NGO로는 난민보호협회, 지뢰피해 아동을 돕는 모임, 아프리카 교육기금 등을 예로
들 수 있다. 유럽에는 다양한 국가가 있어 차이가 있지만, NGO를 NPO
와 같은 영역으로 넓게 보기도 한다. 따라서 대학, 복지관, 오
케스트라, 변호사협회와 같은 단체들도 NGO에
포함시키는 경향이 있다.
우리나라에서 NGO가 무
엇인가를 정의

09
NGO는 참여민주주의를 지향한다

오늘날 민주주의는 정부영역의 의사결정이나 운영방식을 지칭할 뿐만 아니라, 인간의 모든 활동의 근본적 이념으로 작용하고 있다. 그런데 정치형태로서의 대의민주주의나 대중민주주의는 민주주의의 이념을 제대로 구현하지 못하고 위기에 처해 있다. 따라서 모든 시민들이 정치의 주체로서 자율적 공론장에서 다양한 이슈를 논의하고 정책과정에 활발하게 참여하는 참여민주주의가 요구되고 있다. NGO는 참여민주주의의 작동에 매우 중요한 역할을 수행한다.

1. 민주주의의 의미

민주주의란 말만큼 우리 사회에서 자주 사용되는 용어도 흔하지 않다. 가정에서, 직장에서, 정부활동에서, 국제관계에서 민주주의는 곧잘 사고와 행동의 정당성을 판별하는 기준으로서 적용된다. NGO에서도 마찬가지이다. NGO의 목표, 의사결정, 전략, 활동 등이 민주주의의 이념에 어긋날 때는 조직 내부에서 정당성을 획득하기 어렵고, 시민의 지지를 받을 수 없게 된다.

민주주의의 의미는 크게 두 가지 차원으로 나눌 수 있다. 하나는 제도와 기구로서의 민주주의, 즉 정치형태로서의 민주정치이다. 다른 하나는 이념과 가치로서의 민주주의, 즉 인간생활의 실천원리로서의 민주주의이다. 우리가 NGO에서 민주주의를 논할 땐 주로 전자를 의미하지만, 후자도 내부 운영원리로서 적용되기도 한다. 민주정치란 일반 대중이 자유롭게 표명된 다수의 의사에 따라 자원을 배분하고, 갈등을 조정하는 정치형태를 말한다. 한마디로 국민에 의한 통치(government by the people)를 말한다.

민주주의가 존립하기 위해서는 각자의 의견을 존중하고, 의견이 다를 경우에는 다수결에 따르며, 다수자도 소수자의 의견을 존중하여 서로 타협하는 풍토가 필요하다. 그리고 어느 정도 동질적인 민족과 사회를 유지하고, 경제적 안정이 필수적이다. 또한 언론의 자유, 집회·결사의 자유, 투표의 자유, 정권의 평화적 교체, 민주적 선거절차 등이 확보되어야 한다.

오늘날 민주주의는 위협을 받고 있다. 대중민주주의가 발달함에 따라 신분에 관계없이 선거권을 갖게 되었다. 그러나 유권자는 지도자와 대중매체에 의해 끊임없이 조작당하고 사적 이익의 추구에 몰두하고 있다. 정당은 국익보다는 당파 이익을 우선으로 하기 때문에 정당 간의 대결이 심화되었다. 의회의 기능이 약화되고 행정권이 강화됨에 따라 시민의 의사를 국정에 반영하는 데 한계가 있다. 그런가 하면 의회는 현대사회가 필요로 하는 전문능력과 도덕성을 갖추지 못하고 있다. 민주주의는 의사결정능력을 가진 시민들이 공적 문제에 대해 활발한 토론이 이루어지고 다수가 원하는 결론을 도출하는 것이 중요 한데, 현대사회는 규모가 커지고 빠른 속도로 변하고 있어서 한계가 있다. 물론 인터넷이 발달하여 전자민주주의가 정착되면 이러한 문제 를 어느 정도 해결할 수 있겠지만, 민주주의의 이상을 실현하는 데는 여전히 한계가 있다.

2. 참여민주주의의 의미

지금까지 설명한 것은 현대사회가 너무 복잡하기 때문에 국민이 대표자를 뽑고, 그 대표자가 국민을 대표하여 국가의 중요한 결정을 내리는 대의민주주의를 가정하고 있다. 대의민주주의는 국민이 훌륭 한 대표자를 뽑을 수 있고, 그 대표자가 국민의 뜻을 존중하여 정당한 결정을 하고, 그리고 잘못이 있을 경우 그 대표자를 소환할 수 있을 때, 이상적으로 운영될 수 있다. 그러나 현실적으로는 반드시 그렇게 운영되지 않는다. 국민들은 국익을 위해 일할 수 있는 대표자를 뽑기 보다는 개인적인 이해관계에 얽매여 투표를 하고, 후보자의 선전에 속아 조작당하기도 한다. 그리고 대표자는 출마 당시의 공약과는 달리

선출된 후에는 소속하고 있는 정당이나 개인의 사익에 따라 결정을 내리고, 유권자의 무관심 속에서 부패하고 타락한다. 대표자가 잘못을 해도 힘이 약한 개인은 그들을 소환하여 권력을 박탈하는 것이 쉽지 않다. 이러한 문제의 대안으로 등장한 것이 바로 참여민주주의이다.

참여민주주의란 시민이 정치공동체의 주체로서 공공업무나 정책 과정에 활발하게 참여하여 국가권력을 감시하거나 적절한 대안을 제시하는 권리와 책임을 적극적으로 행사하는 정치제도를 말한다. 이는 고대 아테네에서 실시된 직접민주주의와 같이, 시민이 공동체의 의사결정에 적극적으로 참여함으로써 간접민주주의의 한계를 극복하도록 한다. 즉 모든 사람이 공동체의 의사결정에 참여하는 데 배제되어서는 안 되고, 또 책임감을 가지고 참여하는 것이다. 다시 말해서 자율, 평등, 자결, 자치 등의 이념을 회복하는 것이다. 참여민주주의가 발달 하게 되면 시민사회가 국가를 통제하거나 견제할 수 있고, 개인은 다양한 단체를 통해 정치적 이해를 관철시킬 수 있다. 참여민주주의는 시민 개개인이 국정에 참여함으로써 행정을 투명하게 하고, 개인의 권리를 보장하며, 공직자의 책임을 강화한다. 참여민주주의는 정부가 시민의 요구에 더욱 민감하게 반응하고, 시민 스스로도 공공성을 강화 하는 이중의 효과를 가지고 있다.

3. 시민참여의 중요성

참여란 좁은 의미로는 공공정책에 영향력을 행사하기 위한 제도적 장치나 공직자를 선출하기 위한 선거참여를 말한다. 즉 정부의 각종

시민운동에 대한 참여는 바로 자신의
주체성을 발견하고 회복하는 일이다.
사진은 한 여성단체의 촌지추방 캠페
인에서 피켓을 들고 있는 어린이의
모습.

위원회나 공청회에 참여하여 발언하거나 의견을 제시하고, 각종 선거
에 참여하여 대표자를 뽑는 행위이다. 그러나 넓은 의미로 볼 때,
참여는 공공정책 과정에 영향력을 행사하기 위한 직·간접적 시민행동
을 말한다. 즉 정부의 정책에 반대하거나 찬성하여 시위, 집회, 캠페인,
입법청원을 하거나 그 외에도 공청회 개최, 고발, 항의방문, 유인물
배포, 서명도 포함한다. 그리고 인터넷을 통해 의견을 제시하거나
정부를 상대로 활동하는 단체에 회원가입 및 기부금의 제공도 참여에
포함시킬 수 있다.

　시민참여는 정부에 영향력을 행사하여 어떤 목적을 달성하려는
목적지향적 의미만 갖는 것이 아니다. 시민은 공공업무에 대한 참여를

통해 자기주체성을 확인하고, 사회적 정체성을 획득할 수 있다. 즉 좋은 사회를 만들어가기 위한 한 사람의 시민으로서 역할과 책임을 인식하는 것이다. 그리고 참여를 통해 공공정신을 함양하고 자기계발을 이루어갈 수 있다. 따라서 참여를 통해 냉소주의와 순응주의를 극복하고, 행위주체자로서 자신에 대한 인식과 책임있는 시민으로서 의식을 가질 수 있다. 시민들이 활발하게 공동체의 일에 참여하여 자기발전의 기회를 가질 때, 개개인은 인간 본래의 주체성을 발견할 수 있다. 참여는 사회적 존재로서 인간의 자아실현과 자기계발을 담보하는 것으로 참여가 결여된 민주주의는 민주주의가 아니다.

현대사회에 와서 시민참여의 필요성이 대두된 데에는 여러 가지 이유가 있다. 첫째, 대의민주주의의 한계이다. 대의제에 의한 간접민주정치는 시민의 의사를 반영하는 데 한계가 있다. 둘째, 관료를 견제하기 위해서이다. 관료는 정보와 허가권의 독점을 통해 사익을 추구하는 사유화 경향이 있다. 이를 감시하고 비판하기 위해서는 시민들의 참여가 있어야 한다. 셋째, 대중사회에서 시민의 정치적 무관심을 극복하고 여론을 반영하기 위해서이다. 개인주의의 발달에 따라 정치적 무관심이 심화되고 있는데, 이것은 민주정치를 저해한다. 넷째, 참여 자체가 민주주의의 완성을 보장한다. 공적 과정에 대한 시민의 활발한 참여 없이는 민주주의를 보장하기 어렵다.

시민참여의 유형은 여러 가지가 있다. 크게 제도적인 참여와 비제도적인 참여로 나눌 수 있다. 제도적인 형태로서 투표, 위원회·공청회 참가, 국민발안과 소환, 사법부 고발, 위탁업무 수행 등이 있고, 비제도적인 방식으로 시위, 집회, 캠페인, 공청회, 서명에 참가하고 단체가입, 기자회견, 투고 등을 통해 자신의 의사를 표출하는 것이 있다. NGO는 공동체의 일에 대한 참여에서 제도적인 방식도 사용하지만, 주로 비제도적인 방식을 많이 사용한다. 따라서 시위, 집회, 캠페인, 공청회를 개최하거나 성명서 발표, 고발, 서명, 입법청원 등을 통해 국가권력을 견제하고 민주주의를 옹호한다. 특히 NGO의 참여는 정책의 의제설정 과정에 중요한 영향력을 행사한다. 어떤 의제(agenda)가 정부의제로 채택되거나, 이미 정부의제가 된 것을 NGO가 원하는 방향으로 정책이 형성되도록 영향력을 행사한다.

4. NGO의 역할

시민들이 공동체의 일에 활발하게 참여하여 공익을 증진시키고 나아가 개인의 자아실현을 이루기 위해서는 참여가 조직적이고 전문적으로 이루어져야 한다. 시민참여라고 해도 개인이 정부에 영향을 미치는 데는 한계가 있고, 전문적인 지식이 없이는 목표를 달성하기 어렵다. 그리고 참여가 개개인의 사적 이익을 추구하는 행동으로 전락해서도 안 된다. 또한 시민참여는 단순히 정부에 어떤 것을 요구하는 수준에서 그치는 것이 아니라, 중요한 사안에 대해 시민이 직접 대안을 제시하고 나아가 결정권을 획득하는 것이다.

NGO활동은 시민의 자발적인 참여와 연대를 통해 정책을 변화시키고 공동체문제를 해결하려는 거대한 민간 에너지이다. 공익을 추구하는 NGO활동은 자유주의와 대의정치제도에서 말하는 정태적 인간관에 만족하는 것이 아니다. 자유주의에서 말하는 정태적 인간관은 국민이 대표를 뽑고 나서 모든 공공결정을 대표에게 맡기는 소극적인 자세를 취한다. 그러나 참여민주주의의 동태적 인간관은 행동지향적인 규범을 강조한다. 즉 시민이 각종 사회문제에 대해 이슈를 제기하고 여론을 집약하여, 정부와 기업에 영향력을 행사하고 개혁을 추진하도록 압력을 넣는다. 이렇게 될 때, 시민사회의 정치화가 강화되어 국가와 시장을 견제할 수 있고 역동적인 민주주의가 실현될 수 있다.

각종 NGO를 통한 시민참여는 이기주의나 가족주의에서 벗어나 공공의 이익을 위한 토론과 행동의 장이라고 할 수 있다. 따라서 시민참여는 단순히 개인이 심리적 보상을 받거나 감정을 해소하는 장에 머무는 것이 아니라, 공공선을 위해 헌신하는 목적의식을 지닌 숭고한 행위이다. 개인이 NGO에 자발적으로 참여하여 공익에 관심을 가질 때, 공동체의 발전이 곧 자신의 발전임을 알게 되고 공동체의 일을 자신의 일과 같이 친근하게 느끼게 된다. 즉 개인의 일과 공동체의 일이 서로 분리된 것이 아니라 밀접하게 상호 연관되어 있음을 깨닫게 된다. 이렇게 되면, 개개인은 사회에서 일어나는 각종 사회병리, 부정부패, 인간차별 등에 대해 책임감을 갖게 되고, 타인의 입장도 이해할 수 있는 포용력을 갖게 된다.

NGO활동은 시민사회에 뿌리를 두고 있는 정당, 이익집단, 언론 등 다른 집단과 참여의 성격에서 차이가 있다. 정당은 정권획득을 주 목적으로 하고, 이익집단은 단체 회원의 집단이익을 우선적으로 추구하며, 언론은 일차적으로 상업적 목적을 추구한다. NGO는 공익을 추구하는 단체로서 시민의 자발적인 참여에 의해 공동체의 발전을 도모한다. 따라서 NGO의 활동을 통한 참여가 공익성과 헌신성이 강하다고 할 수 있다.

시민참여를 강화하는 NGO활동은 국가를 상대로 하는 것만이 아니

NGO는 국내문제뿐만 아니라 국제연대를 통해 국가이기주의를 견제하기도 한다. '수요집회'에서 일본군 위안부의 책임을 묻는 할머니의 외침은 대대로 전해질 것이다.

다. 지방 차원이나 세계적 차원에서도 NGO활동은 활발하다. 지방 차원에서 NGO는 지방정부를 감시·비판하고, 지역 기득권자의 사익 추구를 견제한다. 그리고 지역사회에서 시민참여를 가로막고 있는 의식·관행·제도를 개선하여 시민참여를 유도하기 위한 의식개혁운동을 추진할 수 있다. 세계적 차원에서도 NGO활동이 제3세계 구성원의 긴급한 요구를 충족시키고 강대국의 국가이기주의를 견제한다. 그리고 국가나 유엔이 독자적으로 해결하기 어려운 환경·인권·평화·빈민 구제 등과 같은 분야에서 지구적인 문제에 대응한다. 따라서 NGO에 대한 참여는 세계평화와 복리에 중요하다.

한국 NGO는 그동안 시민을 조직화하고 시민사회의 정치화를 통해 한국사회를 지배해온 권위주의, 이기주의, 연고주의, 냉소주의, 속도주의, 반공주의 등의 부정적 문화유산을 청산하고, 각종 사회문제에 대한 시민의 관심과 참여를 유도했다. NGO를 통한 시민참여는 선도적인 지식인과 중산층을 중심으로 광범위하게 일어나 주체의식, 권리의식, 비판정신, 공익정신을 일깨우고 강화시키는 역할을 했다. 그뿐만 아니라 한국이라는 국가적 울타리를 넘어 다른 국가 NGO들과 연대하여 국제적 이슈에 대응함으로써, 세계시민으로서 정체성을 가지고 국제변화에 대한 적응능력을 증진시킬 수 있었다. 1987년 이후 급속도로 분출한 NGO의 역할은 개인에게 자율정신과 공공문제에 대한 책임의식을 심어주었으며, 이것은 국가권력을 견제하고 공공선을 추구하는 시민사회의 능력을 강화하는 계기가 되었다.

10
NGO는 더불어 사는
공동체사회를 원한다

현대민주주의에서 자유주의는 국가폭력을 방어하고 개인의 권리를
옹호하는 데 크게 기여했다. 그러나 자유주의와 자본주의의 발달 속에
서 개인은 파편화되고 소외되면서 정체성의 갈등을 겪고 있다. 따라서
원시시대의 공동체정신을 되살려 공동체사회를 재구축하는 논의가
활발하고, 실제로 사람들은 그러한 공동체적 삶을 살고 있다. NGO는
공동체운동에 필요한 이념을 제공할 뿐만 아니라 직접 실천하는 행위
자이기도 하다.

1. 자유주의의 이념

자유주의(liberalism)는 중세의 억압에 대한 대항 이데올로기로서 성장했다. 자유주의는 신(神)과 권위에 의한 중세의 억압과 편견으로부터 벗어나 자유로운 개인의 권리와 활동을 강조했다. 자유주의는 근대사회에서 합리주의가 대두하고 산업혁명과 시민혁명을 거치면서 구체화되었고, 19세기 이후 정치·경제·사회의 주요 이데올로기가 되었다.

자유주의는 먼저 인간이라는 주체의 이성에 대한 믿음에서 출발한다. 롤스(John Rawls)가 말하는 바와 같이, 자유주의는 인간을 자신의 목적을 합리적으로 추구하는 분리되고 원자화된 존재로 본다. 그리고 자유주의는 개인을 중시한다. 개인을 국가나 사회보다 우위에 두고, 모든 개인은 태어날 때부터 절대로 침해할 수 없는 선천적인 권리를 가졌다고 본다. 국가도 이 권리를 침해할 수 없으며, 국가의 주요 목적은 개인의 권리를 보호하고 신장하는 것으로 보았다. 자유주의가 개인주의와 밀접한 연관을 가지고 있는 이유도 여기에 있다.

자유주의가 개인의 권리를 강조하기 때문에 당연히 개인의 의무에 대한 요구는 약하다. 따라서 법을 준수하고 세금을 내는 등 수동적인 의무 외에, 공동체의 일에 적극적으로 참여하는 것을 시민적 책임으로 여기지 않는다. 오히려 개인의 자유를 제한하는 공동체적 사고를 비판하고, 현대사회의 각종 복지정책도 전체주의적 위험이 있다는 이유로 반대한다. 또한 자유주의는 모든 사회에 통용되는 도덕의 보편성이 존재한다고 본다. 즉 개개인에게 최대한의 자유와 공정한 분배를 보장하는 보편적인 규범이 가능하다고 본다. 이러한 보편적인 도덕적 질서의 형성이 가능한 것은 이성적 존재로서의 개인의 능력을 믿기 때문이다.

자유주의를 옹호한 사상가로는 로크(John Locke), 밀(J. S. Mill), 칸트(Immanuel Kant), 스펜서(Herbert Spencer) 등을 들 수 있다. 이러한 사상가들의 주장은 나중에 노직(R. Nozick), 하이에크(F. Hayek), 롤스 등 자유의지론자(libertarian)의 탄생에 커다란 영향을 미쳤다.

자유주의는 여러 가지 문제를 안고 있다. 개인 간의 갈등과 불평등이 심화될 수 있고, 개인의 소외를 초래할 수 있다. 자유주의가 개인주의를 강조하며 개개인의 자율성을 강조하고 있지만, 이것은 오히려 개인의 자율을 침해할 수 있다. 개인이 파편화·원자화될 때 개인의 자유가 파괴될 수 있기 때문이다. 따라서 개인의 자유를 보장하기 위해서는 오히려 강제적인 제도가 필요하다는 주장이 제기된다. 자유주의가 주장하는 개인주의적 인간관과 도덕의 보편성에 대한 비판으로서 등장한 것이 공동체주의이다.

2. 공동체주의의 이념

공동체주의(communitarianism)의 시원은 아리스토텔레스까지 거슬러 올라간다. 아리스토텔레스는 공동체 자체를 선(善)으로 보고 공동체 없이는 인간다운 삶을 살 수 없다고 보았다. 자유주의가 초래한 개인의 파편화, 소외, 불평등 등이 문제되자 공동체주의가 부활하여 오늘날 자유주의와 공동체주의 간에 활발한 논쟁이 일어나고 있다.

공동체주의는 개인보다 사회를 중시한다. 개인은 사회를 통해 자아를 발견하고 도덕적인 판단을 할 수 있다고 본다. 공동체주의는 극단적인 공동체주의에서 현대사회의 완화된 공동체주의까지 다양하다.

극단적인 공동체주의는 공동체의 발전을 위해 개인의 충성을 강요한다. 국가의 목적은 정치공동체를 외부의 위협으로부터 보호하고 발전시키는 것으로, 공동체가 보존될 때 개인이 행복한 삶을 살 수 있다고 본다.

극단적인 공동체주의는 개인의 기본적인 자유와 사생활을 침해할 수 있다. 이러한 문제점을 해결하기 위해 공동체주의자인 헤겔(G. W. F. Hegel)은 개인의 이익과 공동체의 이익 간의 조화를 추구했다. 헤겔은 윤리적 삶의 단계를 가족단계, 시민사회단계, 국가단계로 구별하고, 국가단계에서 법과 제도가 구축되어 개인의 자유를 구체적으로 실현할 수 있다고 보았다. 따라서 헤겔은 개인의 자유와 공동체적 이익이 변증법적으로 조화를 이루는 공동체를 제안하고 있다. 현대사회에 와서는 개인의 권리를 인정하고 다양한 공동체를 인정하는 신공화주의가 주장되고 있다. 공동체주의에서 공동선(common good)은 공동체의 실천(practice)에 의해 실현되기 때문에 실천이 중요한 덕목이 된다.

공동체주의를 옹호한 사상가로는 아리스토텔레스 이래 루소(J. J. Rousseau), 헤겔 등을 들 수 있다. 그리고 마키아벨리(Niccolo di Machiavelli)와 홉스(Thomas Hobbes)도 권리보다 의무를 강조했기 때문에 공동체주의적 사고를 지니고 있었다. 이러한 공동체주의적 사상은 매킨타이어(Alasdair MacIntyre), 샌들(Michael Sandel), 왈처(Michael Walzer), 테일러(Charles Tayler) 등으로 연결되었다.

공동체주의는 가치(value)의 공동체성을 강조한다. 즉 개인의 도덕적 가치를 공동체적 가치에서 찾는다. 따라서 공동체주의는 개인의 자유를 무시하고 전체주의도 정당화할 수 있는 위험을 내포하고 있다.

과거에 개인의 자유를 말살한 파시즘이나 군국주의도 개인의 자유보다 국가의 이익을 강조한 공동체주의의 변형이라고 할 수 있다. 또한 공동체주의는 이미 통용되고 있는 공동체의 가치에 대한 비판적 기능을 배제하여 체제순응적이고 보수적인 성격을 띠게 된다. 물론 공동체주의는 자유주의가 성취한 자유와 자율성이라는 요소를 완전히 부정하는 것은 아니다. 현대사회에 와서 아무리 공동체적 가치의 회복을 강조한다고 하더라도 개인의 자유를 무시하는 것은 인권을 억압하게 되고 민주주의를 위협하게 된다.

3. 공동체사회와 공동체운동

공동체란 개인들이 가치, 규범 등을 공유하고 내재적 선(善)을 실현하기 위해 상호 협력하는 인간활동이라고 할 수 있다. 따라서 공동체사회란 일정한 지역의 사회구성원 사이에 자발적인 참여와 연대에 기초하여 공동의 문제를 함께 해결해가는 사회제도라고 할 수 있다. 우리가 바라는 공동체사회는 극단적인 자유주의(자유주의적 개인주의)나 극단적인 공동체주의(공민적 공화주의)가 아니다. 개인의 자유와 권리가 보장되면서, 다양한 가치관을 공유하는 사람들이 모여 다양한 공동체를 만들고 공통적이고 이상적인 삶을 추구하는 것이다. 시장은 재화와 용역을 배분하는 데 효율적이지만, 사회적 정의를 실현하는 데는 한계가 있다. 따라서 국가에 의한 일정한 강제와 기본적인 복지 제공이 필요하다. 그러나 국가의 개입으로 모든 것이 해결되는 것이 아니다. 인간소외, 인간의 상품화, 빈곤과 억압, 환경오염 등은 국가의

공동체사회는 공동의 문제를 해결하기 위해 시민들이 자발적으로 참여할 때 가능하다. 사진은 일산 러브호텔건축 반대시위를 하고 있는 학부모들.

능력으로도 해결하기 어렵다. 이것은 일정한 지리적 공간이나 가상적 사이버 공간에서 만들어진 다양한 소규모의 공동체활동에 의해 완화될 수 있다.

공동체사회를 지향하는 공동체운동을 크게 세 가지로 나눌 수 있다. 첫째, 지역운동을 들 수 있다. 일정한 지역을 기반으로 하여 주민의 자발적인 참여를 통해 지역문제를 해결하는 것이다. 조선시대의 두레 공동체를 비롯하여 도시공단지역의 반공해운동, 도시주민의 쓰레기 분리수거운동과 소각장설치 반대운동, 간척이나 매립지역의 매립반대운동 등을 들 수 있다.

둘째, 협동조합운동을 들 수 있다. 협동조합운동은 공동생산이나 소비를 통해 자본가와 노동자 간의 지배·착취관계를 거부하고 경제적인 이익을 얻으려는 공동체운동이다. 우리나라 역사에 나타나는 두레, 향약, 계(契)도 이러한 협동조합적 성격을 지니고 있다. 현대사회에서는 농촌의 생산자협동조합과 도시의 소비자협동조합이 이 같은 역할을 한다. 요즘은 생활협동조합도 성행하고 있는데, 이것은 생산자와 소비자를 연결하여 안전한 먹거리를 확보할 뿐만 아니라, 다국적기업에 의한 제3세계 농민의 착취와 환경파괴를 해결하기 위한 수단으로 쓰이기도 한다. 대표적인 것으로 경실련의 정농생활협동조합, 여성민우회의 생활협동조합, 한살림공동체 등을 들 수 있다.

셋째, 좀 더 근본적이고 전형적인 공동체운동으로서 소공동체운동이 있다. 소공동체운동은 일정한 지역사회에서 구성원 간의 친밀한 인간관계와 평등주의를 추구하는 자급자족운동을 말한다. 대부분의 소공동체운동은 현대 자본주의 문명을 반대하고 자연과 인간 간의 공생을 강조한다. 소공동체운동의 역사는 중세의 종교에 기반한 공동체를 들 수 있다. 현대사회에서도 미국 동부의 아미시(Amish) 집성촌이 일종의 소공동체운동이다. 우리나라에서도 경기도 화성의 야마기시 공동체, 충남 홍성의 풀무원 마을 등이 있다. 소공동체운동은 새로운 지역화폐를 사용하거나 공동노동과 공동분배를 실현하는 등 급진적인 생활방식을 실험하고 있다.

4. 공동체사회와 NGO의 역할

인간의 생활이 농경사회에서 산업사회로, 그리고 다시 후산업사회(post-industrial society)로 진행되면서 도시화가 급속도로 진행되었다.

오늘날 대부분의 사람들은 도시에서 생활하고 있다. 도시생활이 우리 생활의 주류를 이루게 되면서 공동체사회가 해체되고 개인은 원자화·파편화되었다. 이로 인하여 개인은 정체성 혼란을 겪게 되고 소외를 경험하고 있다. 물질적 가치가 강조됨에 따라 황금만능주의가 성행하고 이기주의가 만연하게 되었다. 이러한 경향은 신자유주의가 강조되면서 더욱 강화되어 자신의 생존을 확보하기 위한 '만인 대 만인의 투쟁'이 일어나고 있다. 따라서 공동체사회를 복원하자는 목소리가 높다. 공동체사회의 재구축은 사회구성원들이 '우리'라는 공동체적 신뢰와 협력 속에서 개인 간의 결속을 다지고 문화적 정체성을 가질 수 있게 한다. 공동체사회에서 개인은 자신의 역할을 재인식하게 되고 공공의 문제에 적극적으로 참여한다.

공동체사회의 성격을 강화하기 위해 공동체운동을 이끌어가고 있는 대표적인 조직이 바로 NGO이다. NGO는 시민의 자발적인 참여를 통해 개인의 자유와 권리를 획득할 뿐만 아니라, 인간적 결속과 사회적 책임을 강조하는 공동체적 사회를 지향한다. 소규모 지역사회이든, 거대한 국가공동체이든, NGO활동은 개인이 공동체의 발전을 통해 자신의 가치를 실현하고 그 속에서 개인의 존재이유를 찾도록 한다. NGO를 흔히 인간해방뿐만 아니라, 자아실현을 이루는 중요한 도구이자 사회제도로 보고 있는데, 이것은 바로 NGO활동을 통해 타인에 대한 존중과 이해, 자원봉사를 통한 삶의 의미 체득, 참여를 통한 공동의 이익추구 등이 가능하기 때문이다.

현대사회는 여러 가지 특징이 있지만, 자본주의의 발달에 따라 부의 축적과 함께 여가시간이 증가되었다. 따라서 시간을 어떻게 분배하고 관리할 것인가 하는 시간의 정치(politics of time)가 중요하다. 이러한

공동체사회는 부의 평등뿐만 아니라 시간의 평등도 중요하다. 택시 위에서 주 5일 근무를 주장하는 노동자의 모습이 굳건하다.

시간의 증가는 자칫 부의 불평등에 이어 시간의 불평등을 낳고, 퇴폐문화의 발달을 초래하여 인간을 타락시킬 수 있다. 시간의 평등과 건설적 사용을 위해서는 공동체적 문화가 발달되어야 한다. 따라서 시민사회의 자발적 단체인 NGO가 민주주의 교육, 문화행사의 개최, 재취업교육 등에 적극적으로 참여하여 공동체적 가치를 확대할 필요가 있다. 예를 들어, NGO는 야간에 지역사회의 대학 강의실을 빌려 지역노동자를 위한 무료교육을 실시함으로써 노동자의 교육수준을 높일 수 있다. 또한 지역단위로 자발적인 문화행사를 기획하고 집행함으로써 지역문화를 발굴·보존할 뿐만 아니라, 지역민의 문화주체성을 강화할 수 있다.

11
NGO는 유연한 능동사회를 만든다

현대사회에서 개인이 사회의 주체로서 자율성을 가지고 공공문제의 해결에 적극적으로 참여하는 것은 역동적인 사회를 구성하는 데 중요하다. 그리고 권력자가 자기 마음대로 국가권력을 행사하는 것이 아니라, 일정한 규칙에 의해 규제를 받고 시민사회에 의해 통제되는 것도 민주주의 원리에서 중요하다. 또한 국가공동체가 안팎에서 일어나는 변화를 파악하고 유연하게 대처하는 것도 구성원 모두의 생존과 번영을 위해 필수적이다. 따라서 한 국가가 발전하기 위해서는 개인의 자율성, 공공성의 규범, 시민사회의 능동성, 국가공동체의 사회변동 대처능력이 필요하다. 이러한 조건이 갖추어진 사회를 능동사회(active society)라고 부른다. 이러한 능동사회의 구축은 NGO의 이념 및 역할과 밀접하게 관련되어 있다.

1. 능동사회의 세 가지 차원

우리는 자주 수동적, 수동인간, 수동사회라는 말을 사용한다. 이와 반대되는 개념으로서 능동적, 능동인간, 능동사회라는 말도 있다. 능동적(active)이란 말의 뜻은 어떤 사람이 자기 자신을 주체로 인식하고, 개인의 자율성에 근거하여 어떤 일에 자발적으로 참여하고 외부 변화에 적극적으로 적응해가는 것을 말한다. 능동사회란 우선, 주체적 행위자인 개인을 기반으로 한다. 그러나 능동사회란 개인과 사회, 개인과 국가만의 관계가 아니라 다차원적이다. 능동사회는 개인의 권리, 공공성의 규범, 시민사회의 역할, 국가공동체의 변형능력 등 여러 가지 요소의 복합체이다. 따라서 자유주의와 공동체주의 간의 논쟁보다는 다차원적이다.

능동사회를 크게 세 가지 수준으로 구분하여 관찰할 수 있다. 첫째, 개인과 사회와의 관계이다. 개인이 자신의 생존을 위해 이기적으로 행동하거나 자기방어적으로 살아간다면, 사회는 공동발전을 이루기 어렵다. 또한 복지국가하에서 개인이 정부가 제공하는 서비스의 수혜자가 되어 수동적 인간이 되면 공공의 이익에 무관심하게 된다. 개인이 소외를 극복하고 자아를 실현하기 위해서는 공동체의 일원으로서 자아를 인식하고, 타자와의 관계 속에서 상호 협력하고 공생하는 삶을 추구해야 한다.

둘째, 시민사회와 국가와의 관계이다. 오늘날 국가는 전문화된 기술관료로 조직되어 기술과 정보를 독점하고 있다. 이러한 국가가 영향력을 확대하여 시민사회를 억압하고, 각종 사회문제를 해결할 수 있는 시민사회의 능동성을 무시하게 되면 국가영역이 확대되고 국가 지배

력이 강해진다. 이렇게 되면, 지배와 억압의 이념이 강화되고 시민사
회 스스로 좋은 사회를 만들어간다는 자율·자치 정신이 사라지게
된다.

셋째, 국가공동체와 사회변동과의 관계이다. 오늘날 지구화가 이루
어지면서 세계는 하나의 단위로 움직이고 있다. 정보·상품·자본·노동
이 국가의 경계를 넘어 이동하고 있다. 따라서 국가공동체가 유연하게
변형하고 창조하는 능력을 가지고 국제사회의 변화에 적응하지 못하
면, 경쟁에서 밀려나고 도태하게 된다. 국가 구성원의 생존과 발전은
세계의 정치·경제질서의 변화를 탐지하고 그 변화에 신축적으로 적응
하고 조절할 수 있는 국가의 구조와 전략에 달려 있다.

2. 능동사회의 의미

수동사회와 구분되는 능동사회의 주요 요소를 네 가지로 설명할
수 있다. 첫째, 능동사회는 모든 차원에서 개인의 자율성을 기본으로
한다. 자율적 인간은 자유로운 정신을 가지고 주체자로서의 인식과
자기정체성을 가지고 있다. 따라서 정부의 운영원리와 공동체의 발전
원리를 이해하고 스스로 사고·판단·선택할 수 있는 능력을 가지고
있다. 그뿐만 아니라 사회인으로서 권리와 의무를 자각하며, 자신의
삶을 성찰하면서 능동적이고 창의적인 삶을 살아간다. 능동사회도
근본적으로는 민주사회에서 가능한데, 민주주의의 중요한 과제는 개
인의 자유와 평등을 보장하는 것이다. 여기서 말하는 개인의 자유는
자율적인 인간에게서 가능하다.

둘째, 능동사회는 공공성(publicness)의 규범이 필요하다. 공공성이란 공공원리와 공공정신으로 표현할 수 있다. 즉 공공성이란 모든 사람이 참여하고 공개되는 영역이자, 공익에 대한 각성과 실천이 일어나는 것을 말한다. 개인의 자율성은 민주주의의 운영에 매우 중요하지만, 그것만으로는 사회에서 일어나는 경쟁과 갈등을 해소하고 조화와 공생을 이루기 어렵다. 개인이 자유롭게 사적 이익을 추구할 수 있지만, 공동체에서 일어나는 각종 문제에 대해 적극적으로 관심을 가지고 참여하는 것이 필요하다. 예를 들어, 시민들이 자원봉사활동을 통해 국가가 해결하기 어려운 각종 사회문제를 해결할 때, 사회는 더욱 아름다워지고 사랑과 복지의 공동체로 발전할 수 있다.

셋째, 능동사회가 되기 위해서는 시민사회의 능동성이 중요하다. 국가가 거대한 관료제를 통해 공공서비스 생산을 독점하고 자신의 영향력을 확대하게 되면 시민권리가 침해당할 수 있다. 그뿐만 아니라, 국가영역이 커지게 되면 관료제적 속성이 강화되어 조직이 경직되고 효율성이 떨어진다. 획일성이 사회를 지배하게 되고, 다수자의 폭력이 만연할 수 있다. 이것은 국가가 가져야 할 정당성을 훼손하여 국가의 신뢰를 떨어뜨리게 된다. 따라서 시민사회에는 다양한 자발적 결사체가 참여와 연대를 통해 국가권력을 견제하고, 국가가 할 수 없는 각종 공공서비스를 생산하는 것이 중요하다. 이렇게 될 때 개인권리를 확대할 수 있고, 인간소외를 극복할 수 있으며, 개인의 잠재력을 최대한 계발할 수 있다.

넷째, 능동사회가 되기 위해서는 국가공동체의 사회변동 적응능력도 중요하다. 한 국가 내에는 여러 집단이 존재하고 다양한 가치와 문화가 중첩되어 있기 때문에 언제나 갈등이 일어난다. 그리고 세계는

능동사회가 되기 위해서는 시민사회가 국가를 견제할 수 있어야 한다. 사진은 시위에 참여한 한 여성을 잡아가는 경찰들.

과학기술의 발달로 인해 빠른 속도로 변하고 있다. 따라서 국가공동체는 유연하고 신축적인 구조를 가지고 국민의 요구를 파악하고 국제변화에 유연하게 적응할 수 있어야 한다. 이를 위해서 개인과 사회가 자기변형능력과 창조능력을 가져야 하고, 스스로 개혁을 지속해가야 한다.

지금까지 살펴본 바와 같이 능동사회는 개인의 자율성, 공공성의 규범, 시민사회의 능동성, 국가공동체의 변형능력이 구비된 사회이다. 능동사회에서 개인은 정부와 공동체의 운영원리를 이해하고, 주체적이고 능동적으로 행동하며, 끊임없이 자기성찰을 한다. 그리고 사회질서를 지키고 타인의 의사를 존중하며 사회적 약자와 공익을 위한 각종 봉사활동에 활발하게 참여한다. 시민사회에는 각종 자발적 결사체가 공익을 증진하기 위해 활동하고, 의식의 변화와 사회개혁을 위한 시민운동이 일상적으로 일어난다. 국가는 시민의 요구에 적극적으로 반응하고 국제변화에 유연하게 적응한다. 이러한 능동사회에서는 억압, 불평등, 착취, 소외를 극복하고, 잠재력의 계발, 대의명분에 대한 헌신, 일에 대한 동기 부여, 공동체적 가치에 대한 참여가 활발하다. 따라서 능동사회에서는 우리 모두가 바라는 인간해방과 자아실현의 정치가 가능하다.

3. 한국사회의 수동성

한국은 조선시대의 절대군주체제, 일본 식민지하의 식민지전체주의, 군부정권하의 군부권위주의, 현대사회의 행정국가적 특성을 고려할 때 지금까지 수동사회였다고 할 수 있다. 즉 개인은 자율성이 약하고 소비지향적이며, 공익에 대한 참여도 활발하지 못하고 공동체의 이익에 친근하지 못하다. 국가에 대해 수혜자의식을 갖거나 심지어 강성한 국가권력을 선호하기도 한다. 국가는 과도한 권력과 역할을 수행하면서 국민의 요구에 무감각하고 외부 변화에 둔감했다.

한 국가 또는 사회가 수동적이냐 능동적이냐는 그 사회의 제도적 구조, 문화적 속성, 엘리트의 역할, 국제적 상황 등 여러 가지 요소가 영향을 미친다. 즉 수직적으로 볼 때 국가공동체를 구성하고 있는 국민의 의식뿐만 아니라 사회구조가 작용하고, 수평적으로 볼 때 한 국가 내의 상황과 조건뿐만 아니라 그 국가를 둘러싸고 있는 주변 상황도 영향을 미친다.

한국사회가 수동사회가 된 데는 여러 가지 요인이 작용했지만, 다음 네 가지를 들 수 있다. 첫째, 일본 제국주의에 의한 식민지통치의 경험이다. 일본 제국주의는 전체주의적 동원체제를 통해 개인의 자율성과 공익정신을 원초적으로 파괴했다. 그리고 회유와 협박을 통해 국민과 시민사회의 분열을 유인했다. 이로 인해 국민들은 주체의식과 권리의식을 갖지 못하고 국가에 순응하는 방식을 습득했다. 그리고 자신의 생존을 위해 불의와 타협하거나 극단적인 이기주의를 선택했다. 이러한 상황에서 공공의 이익에 봉사하거나 참여한다는 사고가 자라날 수 없었다. 이러한 식민지 지배의 경험은 오늘날에도 한국인의 권리의식, 공공의식, 참여의식 등에 부정적인 영향을 미치고 있다.

둘째, 유교적 권위주의를 들 수 있다. 유교는 오랫동안 한국사회를 지배해온 사상이자 문화이다. 유교는 개인의 자율과 권리보다는 국가에 대한 충성과 의무를 강조하고, 공익보다는 연고를 통한 인간관계와 집단이익을 중시하는 경향이 있다. 권력의 중앙집중, 철저한 신분질서, 상하 간의 위계질서, 복고적 가치관 등은 새로운 사고의 등장과 변화에 대한 적응을 방해한다. 중국과 일본이 근대화 과정에서 유교에 비판적이었던 것에 비해, 한국은 유교 고유의 원리가 왜곡된 채 엄격하게 신봉되었다. 이러한 유교의 부정적 유산은 구한말 국제정세의 변화에 대응하지 못하고 일본의 식민지지배로 전락하는 중요한 원인을 제공했고, 오늘날에도 한국사회의 수동화에 기여하고 있다. 즉 개인의 자율과 권리의식, 가족이나 연고에서 벗어나 공익에 봉사하는 정신, 국가권력을 견제하는 시민사회의 역할, 새로운 가치를 받아들이고 변화에 적응하는 사고 등을 저해하고 있다.

셋째, 국가가 주도적으로 근대화를 수행했다는 사실이다. 해방 이후

한국사회가 수동화된 데는 남북 간의 긴장과 대립도 중요한 원인으로 작용했다. 사진은 남북이산
가족 상봉을 마치고 헤어지는 모습.

자본주의가 제대로 발달하지 못한 한국은 군부세력이 자본가와 연합
하여 근대화를 추진했다. 이 과정에서 국가권력이 강성해지고, 권력이
중앙으로 집중되었다. 군부세력은 근대화를 달성하기 위해 성장 위주
의 경제정책을 신봉하면서 노동자의 권리를 무시하고, 시민사회의
발달을 억압했다. 따라서 1987년 6월항쟁으로 시민사회가 국가권력
에 저항하고 자율성을 회복하기까지 국민 사이에는 냉소와 패배의식
이 만연했다. 시민사회의 저항이 있었지만, 언제나 군대와 경찰을
동원한 국가권력에 의해 진압되었다. 따라서 강성한 국가권력을 견제
할 수 있는 시민사회가 성장하지 못했고, 시민들도 공익을 위해 참여
하거나 봉사할 수 있는 기회를 박탈당했다.

  넷째, 남북 간의 분단과 대립도 한국사회를 수동적으로 만든 중요한

요인으로 작용했다. 남북 간의 분열·전쟁·긴장·대립은 사상적 편협,
맹목적 애국, 조건 없는 희생을 강요했다. 따라서 반공주의와 안보주
의가 맹위를 떨쳤고, 국가주의가 주요한 이념이 되었다. 국가는 언제
나 북쪽에 적이 있다는 핑계로 개인의 자유를 억압하고, 시민사회의
요구를 무시했다. 남북 간의 분단과 대립은 국가권력의 강화뿐 아니라,
시민사회의 사유화(privatization)도 강화시켰다. 즉 극도의 불안과 공포
감 속에서 개인은 살아남기 위해 법과 질서를 어겨가면서까지 생존경
쟁을 벌였다. 그것은 질서를 지키다가는 굶어죽기 때문이었다. 오늘날
한국인들이 질서의식과 준법의식이 부족한 것도 부분적으로는 전쟁
과 대립이 몰고 온 불안과 혼란에 연유한다고 볼 수 있다. 따라서
사익을 넘어 공익에 참여한다는 공공의식을 가질 수 없었다.

4. NGO의 역할

능동사회를 구축하기 위해서는 개인이 자율성을 가지고 공익활동
에 활발하게 참여하고, 시민사회가 국가권력을 견제하고 각종 사회문
제를 해결하기 위해 능동적으로 참여하며, 국가공동체가 끊임없는
자기개혁을 통해 외부 변화에 적극적으로 대응해야 한다. 이러한 개인
의 자율성과 공공성, 시민사회의 능동성과 국가권력의 견제, 국가공동
체의 유연한 구조와 적응능력 등의 이념을 중시하는 것이 바로 NGO
이다. 억압, 획일성, 계층제, 다수결논리 등의 이념을 지닌 정부나
이윤추구·효율성·경쟁 등과 같은 이념을 지닌 기업과는 달리, NGO는
자율성, 다원성, 공공성, 자원성, 수평성, 연대성, 국제성 등의 이념을

가지고 있다.

시민사회에 토대를 두고 있는 NGO는 자율·참여·연대의 이념 속에서 개인 간 또는 조직 간의 의사소통을 원활히 하고, 공공의 문제해결에 대한 봉사활동과 시민참여를 강화하며, 자아의식과 공동체의식을 가진 민주시민을 재생산해낸다. 즉 NGO가 가지고 있는 의사소통·시민참여·자원주의·시민교육의 이념과 가치는 능동사회에 필요한 개인의 자율성, 공공성의 규범, 시민사회의 능동성, 국가공동체의 변형능력을 강화하는 데 기여할 수 있다.

한국사회는 해방 이전뿐만 아니라 이후에도 능동사회를 추동하는 NGO가 제대로 발달하지 못했기 때문에 수동적인 사회였다. 한국사회의 수동성은 1987년 6월항쟁 이후 군부권위주의가 쇠퇴하고 정치적 민주화가 진행됨에 따라 완화되고 있다. 개인이 자신의 존재와 권리에 관심을 가지게 되었고, 각종 공공정책이나 공익활동에 참여하려는 의식이 싹트고 있다. 시민사회의 자율성도 증대되어 국가권력을 견제하고 사회문제를 스스로 해결할 수 있는 능력이 증대되었다. 지구화와 정보화의 영향으로 세계체제에 편입되면서 외부환경에 대한 적응능력도 어느 정도 높아졌다. 한국사회가 수동성을 극복하고 능동사회로 진입하고 있다면, 이것은 1987년 이후 각종 NGO의 분출 및 이들의 적극적인 역할과 밀접한 관련이 있다. 따라서 능동사회의 구축을 통해 개인 삶의 질의 증대하기 위해서는 NGO가 더 많이 발생하여 활발하게 활동해야 한다.

12
NGO는 신뢰와 협력의 문화를 만든다

요즘 사회자본(social capital)이라는 말이 유행하고 있다. 사회자본이라는 말이 유행하게 된 데는 교육을 통한 인간능력개발이나 과학기술의 발달을 통한 경제발전으로는 사회갈등을 조정하고 각종 사회문제를 해결하는 데 한계가 있기 때문이다. 좀 더 근본적으로 인간과 조직내의 신뢰, 협력, 연대, 참여정신, 공동체정신 등과 같은 규범이나 가치를 강화하는 것이 사회발전을 이루는 데 중요하다는 신념이 보편화되고 있다. 여기서는 사회자본이란 무엇이고, 이것은 시민사회에 토대를 두고 있는 NGO와 어떠한 연관이 있는지 알아보기로 한다.

1. 사회자본의 의미

사회자본은 물적 자본(physical capital)과 인적 자본(human capital)에 상대적인 개념으로 사용되고 있다. 물적 자본이란 화폐로 전환될 수 있는 건물, 토지, 기계, 설비 등을 말하고, 인적 자본은 개인이 교육과 기술을 통해 습득한 지식, 기술, 경영능력 등을 말한다. 이에 비해 사회자본은 인간 또는 조직 간의 관계에서 발생하는 각종 규범, 가치, 그리고 네트워크를 말한다.

사회자본에 대한 학자들의 개념정의는 다양하다. 사회자본을 가장 좁게 볼 경우, 조직 내에서 개인 간의 관계에서 발생하는 규범으로 정의할 수 있다. 즉 신뢰, 협력, 연대, 존경 등을 사회자본이라고 할 수 있다. 좀 더 넓게 규정하면, 개인 간의 규범이나 조직적 특징뿐만 아니라 개인 간의 관계와 조직 그 자체를 사회자본에 포함하는 사람도 있다. 예를 들어, 기업에서 노사 간에 커뮤니케이션을 정기적으로 교환할 수 있는 관계가 제도화되어 있다면 이것도 하나의 사회자본이 될 수 있다. 그리고 시민사회에서 의사소통을 원활히 하고 협력을 촉진하는 다양한 자발적 결사체 그 자체를 사회자본으로 보는 사람도 있다.

대체로 사회자본은 긍정적인 측면을 의미하지만, 부정적 측면이 없는 것은 아니다. 사회자본의 가장 대표적인 요소로서 신뢰와 협력을 들고 있는데, 이것은 전자에 해당한다. 그러나 마피아집단과 같은 범죄집단에도 독특한 규범과 행동양식이 있는데, 이것은 부정적인 사회자본이라고 할 수 있다. 종합적으로 말하면, 사회자본은 개인이나 집단 상호 간의 관계에서 발생하는 신뢰, 협력, 상호 호혜, 정직, 공동체정신과 같은 규범이나 가치, 그리고 이러한 규범을 생산해내는 상호 관계라고 정의할 수 있다.

2. 사회자본의 효과

사회자본은 조직 내에서 여러 사람들이 공동의 목적을 달성하기 위해 서로 결속하고 함께 일할 수 있는 능력이라고 할 수 있다. 따라서 사회자본이 풍부한 사회일수록 정직한 사회이고, 부정부패나 범죄와 같은 사회병리가 적은 사회이다. 사회자본이 풍부한 사회일수록 개인 간에 의사소통과 토론이 활발하고, 협력과 유대가 원활하며, 다양한 가치관 속에서도 상호 존중하는 분위기가 만들어진다. 따라서 사회자본은 정부제도가 효율적으로 작동하고, 정부정책이 효과적으로 집행되며, 경제발전을 지속적으로 이루어가는 데 중요하다.

사회자본의 대표적 요소인 신뢰를 예로 들어 설명해보자. 『역사의 종말』을 쓴 후쿠야마(Francis Fukuyama)가 주장하듯이, 어떤 사회가 신뢰할 수 있는 사회가 되었을 때 서로 믿고 거래할 수 있기 때문에 원활하게 경제활동을 할 수 있다. 신뢰가 없으면 손해를 방지하기 위한 보증, 공증, 담보, 서약 등과 같은 각종 보완장치를 마련해야 하는데, 이것은 많은 비용이 들 뿐만 아니라 이것으로도 손해를 방지하기 어렵다. 따라서 한 국가가 민주주의를 제대로 운영하고 선진경제를 이루기 위해서는 신뢰라는 문화적인 기반이 있어야 한다. 따라서 사회자본은 국가발전에 매우 중요한 공공재(public goods)라고 할 수 있다.

사회자본은 공익활동에 대한 시민참여를 강화하고 공동체의 이익을 증진하는 역할도 한다. 개인은 누구나 사익을 극대화하기를 원하고

신뢰와 협력과 같은 사회자본은 국가발전에 매우 중요하다. 사진은 단오날 한 시민단체에서
마련한 행사에서 함께 그네를 타는 모습.

비용을 지불하지 않고 편익을 얻기를 바란다. 따라서 무임승차와 지대
추구(rent-seeking) 같은 사회문제가 발생한다.[4] 이러한 문제를 해결하
기 위해 국가가 강제력을 동원하여 세금을 징수하고 독과점과 부정을
규제한다. 그러나 사회자본이 제대로 형성되어 있지 않으면 국가가
아무리 강제력을 동원해도 법률을 효과적으로 집행하기 어렵다. 사회
자본은 자기중심적인 사고보다는 공동체의 이익과 공공의 이익에 대
한 시민참여를 강화하기 때문에 무임승차와 지대추구와 같은 사회문
제를 해결하는 기본 토대가 된다. 더구나 NGO 그 자체를 사회자본이

---

4) 무임승차란 비용을 지불하지 않고 국방·치안·환경 등과 같은 공공서비스의 혜택을 누리
   는 것을 말한다. 그리고 지대추구란 독과점이나 허가권을 가진 소수가 공급의 제한을
   통해 조직되지 않은 다수의 희생을 담보로 부당한 이익을 취하는 것을 말한다.

라고 볼 때, 자발적 참여에 의해 공익을 추구하는 NGO는 시민참여와 공익증진에 중요한 수단이 된다.

사회자본은 또한 사회적 갈등을 해결하는 데도 중요한 역할을 한다. 우리가 살고 있는 사회는 가치관과 욕구가 서로 다를 뿐만 아니라, 가치 있는 자원이 제한되어 있기 때문에 끊임없이 대립과 마찰이 일어난다. 더욱이 현대사회는 사회구조가 분화되고 개인주의가 발달하게 됨에 따라 국가, 지역, 세대, 계층, 집단 간의 갈등이 심화되고 있다. 물론 이러한 갈등은 반드시 부정적인 것만은 아니다. 갈등은 조직을 쇄신하고 창의적으로 재구성할 수 있는 좋은 기회가 된다. 그러나 갈등은 사회불안과 긴장을 조장하고 상호 간에 신뢰와 협력과 같은 규범을 와해시키게 된다. 그리고 개인과 조직 간에 의사소통이 단절되어 결국 사회기능을 마비시켜 국민의 불편을 초래하고, 전쟁과 같은 물리적 충돌을 일으키기도 한다. 조직 간에 커뮤니케이션이 원활하고, 상호 신뢰하고 협력하는 규범이 발달되어 있으며, 공동체적 정신으로 공생의 삶을 지향한다면 사회갈등은 적게 일어나고 이미 발생한 사회갈등도 좀 더 쉽게 해결할 수 있다. 대화채널, 신뢰와 협력, 공동체정신 등은 모두 여기서 말하는 중요한 사회자본이라고 할 수 있다.

3. NGO와 사회자본

NGO는 시민의 자발적 참여에 의해 결성되고 자원봉사활동에 기초하여 각종 사회문제를 해결하는 공익단체이다. NGO는 정부나 기업

NGO는 사회자본이 풍부하기 때문에 사회적 갈등해결에도 중요한 역할을 한다. 경실련 서경석 사무총장이 한약분쟁 조정 활동을 하고 있다.

에 비해 자율성이 강하고, 조직이 수평화되어 있으며, 민주적인 의사결정구조를 가지고 있다. 조직 내부에 의사소통과 토론을 중시하고, 상호 협력하고 연대하는 문화가 발달되어 있다. 그리고 NGO는 민주주의와 도덕성을 중시하고 있기 때문에 사회적 신뢰도가 높다. 실제로 한국뿐만 아니라 다른 선진국에서도 기관의 신뢰도조사에서 NGO는 70% 정도로 가장 높다. 따라서 NGO는 이념과 조직원리에서 풍부한 사회자본을 가지고 있는 조직체이고, 사회자본을 활성화하는 중요한 사회제도라고 할 수 있다.

　NGO가 발달되지 않은 사회에서는 강제성을 띤 국가의 영향력이 크거나 이윤추구 속성을 띤 시장논리가 널리 보편화되어 있다. 이러한 사회에서는 개인이 무력화되어 국가의 혜택에 수동적으로 의존하거나, 시장원리에 의해 파편화·원자화되어 공동체적 사고가 빈약하다. 그러나 NGO가 활성화되어 시민사회가 발달되어 있을 때 시민들은 사적 이익을 넘어 활발하게 공익활동에 참여한다. 시민들은 정부활동에 관심을 가지고, 공동체의 발전에 실천적으로 참여하며, 민주시민으로서 질서를 지키고 의무를 다한다. 그리고 NGO는 선거에 의해 구성되는 정부나 이윤을 추구하는 기업보다는 좀 더 장기적인 시각을 가지고 사회현상을 바라본다. NGO들이 환경문제에 관심을 가지고 지속가능한 개발(sustainable development)을 주장하는 것을 예로 들 수 있다. 그리고 사회적 약자에 대한 문제해결에서도 구조적인 개혁을 통해 제도적인 장치를 마련하는 데 관심을 가지고 있다. 따라서 NGO의 발달 그 자체가 사회자본의 발달이 된다.

갈등해결에 있어서도 NGO는 하나의 사회자본으로서 중요한 역할을 한다. 과거 한약분쟁에서 약사회와 한의사회와 정부, 그리고 의약분업 분쟁에서 의사회와 정부와 약사회 간에 갈등이 심했다. 특히 이익집단은 사적 이익의 극대화에 관심을 가지고 있었고, 갈등 당사자 간에 신뢰가 부족하고 대화의 채널이 막혀 있었다. 이러한 갈등을 조정하고 해결하는 데 경실련과 참여연대와 같은 NGO들이 일정한 역할을 수행했다. 따라서 NGO라는 사회자본의 존재는 사회갈등을 조정하고 해결하는 데 중요한 사회적 장치로서 여러 가지 역할을 하고 있다.

13
NGO는 깨어 있는
민주시민을 길러낸다

민주시민이란 민주주의의 가치를 지니고 국가공동체의 작동원리를 이해할 뿐만 아니라, 각종 사회문제에 적극적으로 참여하는 사람을 말한다. 이러한 민주시민의 존재는 역동적인 민주주의의 실현에 필수적이다. 민주시민은 체계적인 민주시민교육에 의해 양성될 수 있다. 그러나 국가장치나 정규교육에서 이러한 교육을 하는 데는 한계가 있기 때문에 시민사회에서 다양한 형태의 민주시민교육이 이루어지고 있다. NGO는 각종 시민운동을 전개함으로써 시민들에게 민주주의를 이해하고 체험할 기회를 제공할 뿐만 아니라, 시민강좌·토론광장·여성아카데미·환경캠프 등과 같은 프로그램을 통해 민주시민을 체계적으로 교육하기도 한다.

1. 민주시민의 조건

앞에서 일정한 지역이나 국가에 살고 있는, 법적 요건을 갖춘 모든 사람을 시민이라고 규정했다. 그렇다면 민주시민의 정체성은 무엇인가? 우리가 살고 있는 현대사회에는 무수한 사회적 문제가 있다. 그중에서 가장 중요한 것은 민주주의를 제대로 운영하고 이를 공고히 하는 것이다. 민주주의가 제대로 작동하지 않을 때 우리는 정치가, 법률가, 교육자 등 지도층에 있는 많은 사람들에게 책임을 지운다. 제도가 잘못되어 있고, 정책집행을 잘못하고, 교육을 잘못시켰다는 이유에서이다. 그러나 민주주의는 정치가나 관료, 법률가나 교육자가 지키는 것이 아니다. 민주주의는 바로 민주시민이 지키고 발전시키는 것이다. 따라서 아무리 지도자가 뛰어나도 깨어 있는 민주시민이 존재하지 않으면 민주주의는 살아날 수 없다.

민주시민이란 단지 상대방을 이해하고 타협과 양보의 정신을 가진 합리적 인간에 한정되지 않는다. 민주시민은 먼저 시민적 주체로서의 자각과 권리·의무의식을 가져야 한다. 민주주의를 보존하고 운영하는 주체가 바로 자신이고, 이를 위해서는 일정한 의무를 행해야 하며, 시민권리를 적극적으로 인식하고 누릴 줄 알아야 한다. 특히 군부독재 하에서 방기되었던 각종 자유권(계약의 자유, 신체의 자유, 종교의 자유, 사상의 자유, 언론의 자유, 집회 및 결사의 자유)과 정치권(선거권, 참정권)뿐만 아니라, 국가로부터 최소한의 생계를 보장받고 인간다운 생활을 할 권리에 속하는 사회권에 대해서도 자기권리를 찾는 것이 필요하다. 그리고 국가공동체의 구조와 작동원리, 민주주의와 시민사회의 가치를 이해할 수 있는 자질을 가져야 한다. 공동체의 발전을 위해 개혁지향적인 사고를 가지고 정당성이 부족한 국가권력에 대해 비판하고 저항하는 정신도 필요하다. 공공선의 증대에 적극적으로 참여하는 이타적·공동체적 의식도 필요하다. 또한 민주시민이라면 사회적 약자에 대한 애정을 가지고 더욱 평등한 사회를 구축하기 위한 각종 공익활동과 시민운동에 적극적으로 참여하는 실천규범을 지녀야 한다. 즉 민주시민은 권리와 의무에 대한 자각, 합리적 사고, 정부 운영원리에 대한 이해 외에도 주체의식, 비판정신, 참여정신, 공익정신, 공동체의식, 평등의식 등과 같은 시민의식을 가지고 실천할 수 있어야 한다.

한국에서는 1980년대 후반까지 많은 국민들이 군부정권의 억압하에서 패배주의·냉소주의적 사고에 빠져 개인의 사익 추구에 몰두했다. 특히 부패한 정권하에서 개인은 사회적 규칙을 어겨가면서까지 사적이익의 극대화에 몰두했다. 특히 가족주의, 연고주의, 권위주의, 반공주의, 속도주의, 전시주의 등과 같은 부정적 문화유산으로 인하여 개인과 가족의 테두리를 넘어서는 시민의식, 공익활동에 대한 참여의식, 국가권력에 대한 비판과 저항정신 등이 부족했다. 물론 군부정권하에서 지식인, 학생, 노동자, 전문직 등을 중심으로 부당한 국가권력에 저항하고 민주주의를 성취하기 위한 노력이 부단히 지속되었으나, 자발적인 참여를 통해 공공의 이익을 증진하고 이를 기반으로 개인의 권리를 확대하고자 하는 의식은 1987년 6월항쟁 이후 보편화되었다고 볼 수 있다. 공익을 추구하는 많은 시민운동이 활발해진 것도 이와 무관하지 않다.

2. 민주시민교육의 중요성

민주주의를 보존하고 발전시키기 위해서는 민주시민이 존재해야 한다. 민주시민은 부단한 교육을 통해 이루어질 수 있다. 교육은 공공성이 매우 높기 때문에 주로 국가의 책임하에 있다. 물론 구체적인 시행이 반드시 국가 공무원에 의해 이루어지는 것은 아니다. 많은 비영리재단이 국가와의 일정한 계약을 통해 다양한 이념하에 교육을 실시한다. 어떠한 경우라도 사회를 유지하고 계승해가기 위해서는 정규교육이 중요하다.

그러나 한국에서 정규교육은 왜곡된 측면이 많다. 일제식민지하에서는 저항세력을 잠재우기 위해 기술교육에 주력했고, 군부정권하에서는 정권의 부족한 정당성을 보완하기 위해 반공교육에 치중했으며, 오늘날에는 대학진학이나 취직을 위한 입시교육에 중점을 두고 있다. 국가권력을 감시하고 비판할 수 있는 능력, 공익활동에 참여하는 능력, 사회개혁을 지향하는 시민운동에 참여하는 능력, 공동체적 가치를 중시하고 협력하는 능력, 사회적 약자에 관심을 가지고 평등을 지향하는 능력 등에 대해서는 매우 소홀히 한다. 오로지 시험에서 좋은 성적을 거두고, 일류 대학에 입학하여, 좋은 직장을 갖거나 고시에 합격하여 이름을 날리는 것을 최고로 여긴다. 따라서 적자생존의 경쟁 속에서 성공과 출세를 지향하는 가치관을 가르치는 데 주력한다. 이러한 교육방침 속에서 길러진 인간은 오로지 출세를 통한 자기만족과 자기과시에 열중하게 된다. 우리 사회가 부정부패가 전 방위적으로 벌어지고, 사회질서와 신의가 제대로 지켜지지 않으며, 신뢰가 부족한 사회로 전락한 이유가 여기에 있다.

경쟁지향적이고 출세지향적인 교육으로는 공동체적 가치를 가지고 공익활동에 참여하는 민주시민을 양성하기 어렵다. 사진은 입시철에 벌어지는 대학 지원 현장.

　민주시민교육이란 민주사회를 구성하는 개인이 민주시민으로서 가져야 할 자질과 태도를 교육하는 의도적이고 체계적인 노력을 말한다. 즉 민주시민으로서 갖추어야 할 주체의식, 권리의식, 책임의식, 협력의식, 평등의식, 비판정신, 참여정신 등을 기르는 것이다. 물론 시민운동에서 민주시민교육은 반드시 의도적으로 이루어지는 것만은 아니다. 각종 시민단체들이 시민교육 프로그램을 만들어 교육을 할 수도 있지만, 개인은 각종 시민운동에 대한 참여를 통해 저절로 민주시민의 가치관을 학습하게 된다.

　민주주의가 보존되고 발전하기 위해서는 정치의 주체인 시민이 공공의 문제에 적극적으로 참여해야 한다. 이러한 시민참여가 없이는 역동적인 민주주의가 성립되지 않는다. 그런데 이러한 시민참여를 담보하기 위해서는 시민의식이 있어야 한다. 시민들이 공공의 문제에 대한 권리와 책임의식을 갖지 않고서는 사익을 넘어선 공동체의 문제에 참여하지 않는다. 따라서 시민의식을 기르는 것이 중요하다. 그런데 이러한 시민의식은 그저 생겨나는 것이 아니라 바로 민주시민교육에 의해 생성된다. 따라서 민주주의의 제도화는 바로 민주시민교육에서 출발한다.

플라톤(Platon)이 주장한 바와 같이 시민교육은 국가의 중요한 역할 중의 하나이다. 실제로 독일에서는 국가가 공공비용으로 광범위하게 정치교육을 실시하고 있다. 우리나라에서는 주로 중등교육에서 민주시민에 대한 내용을 교육하고 있으나, 입시교육에 밀려 주목을 받지 못하고 있는 실정이다. 민주주의를 보존하고 발전시키는 것은 국가를 운영할 엘리트의 육성만으로는 불가능하다. 훌륭한 국가지도자의 존재만큼이나 훌륭한 지도자를 알아보고 그 사람을 지도자로 선출할 수 있는 능력을 가진 유권자가 필요하다. 따라서 올바른 민주시민교육이 이루어지지 않고서는 민주주의의 가치를 보존할 수 없으며, 민주주의가 성립되지 않고서는 개인의 행복을 지키기 어렵다. 따라서 정규교육하에서도 민주시민교육이 중요하게 다루어져야 한다.

3. 민주시민의 재생산과 NGO

민주시민교육은 국가의 중요한 정책과 업무 중의 하나이지만, 이것이 국가에 의해서만 이루어질 수 없다. 그리고 정규교육 과정에서

최근 NGO들은 시민교육의 중요성을 강조하고 있다. 사진은 '지구촌 나눔운동'에서 실시하는 시민학교 입학식 모습.

만족할 만한 성과를 낼 수 있는 것도 아니다. 따라서 시민사회의 다양한 결사체는 다양한 형태의 민주시민교육을 실시하고 있다. 그중에서 가장 활발한 것이 바로 NGO를 통한 교육이라고 할 수 있다. NGO는 시민강좌, 개방대학, 청소년학교, 여성아카데미, 토론광장, 환경캠프 등과 같은 체계적인 프로그램을 통해 민주시민을 교육한다. NGO는 이러한 프로그램을 통해 민주주의의 기본가치와 운영원리를 교육하고, 체제유지와 이윤추구를 넘어서는 각종 사회적 가치와 공동체적 생활에 대해 가르친다. 이러한 프로그램 외에도 NGO가 수행하는 각종 시민운동은 사회현상과 국가원리에 대한 이해와 비판능력을 배양하는 교육의 현장이다. 개인은 NGO활동에서 벌어지는 각종 세미나, 토론회, 홍보활동, 서명운동, 캠페인, 시위와 집회 등을 통해 토론과 협력, 상호 이해와 교류, 민주적 의사결정, 리더십, 공동체정신, 비판정신 등을 배우게 된다. 즉 시민운동은 그 자체가 시민교육과 정치학습의 장으로서, 민주시민에게 필요한 참여의식과 공익정신이라는 시민성을 발양하는 사회적 메커니즘이다.

　NGO가 수행하는 민주시민교육은 권위주의 국가에 의한 체제안정이나 국가주의의 주입이 아니다. 자율과 참여의 원칙 속에서 민주시민으로서의 주체의식과 참여정신, 그리고 공익정신을 배양하는 것이다. 즉 NGO에 의한 시민교육은 개인이 자신의 이익에만 몰두하는 소극적 시민이 아니라, 적극적으로 공익활동에 참여하는 적극적 시민을 양성하는 것이다. 또한 억압적인 국가권력에 단지 복종하거나 순응하는 것이 아니라, 국가권력을 비판하고 부도덕한 정권에 저항하는 의식을 갖는 시민을 키우는 것이다. 그리고 소비자로서, 주주로서, 그리고 민주주의를 지키는 시민으로서 자신의 권리와 역할을 인식하고 정치활동에 적극적으로 참여하는 시민을 가르치는 것이다. 예를 들어, 소액주주운동은 대기업과 재벌의 힘에 무력한 주주가 아니라, 주주총회에서 당당하게 자신의 권리를 찾는 시민의 정체성을 부각하는 운동이다. 시민들은 이러한 시민운동에 참여함으로써 자신의 권리에 눈을 뜨게 되고, 잘못된 사회제도를 개혁하려는 의지를 갖게 되며, 강압적인 권력에 저항하는 의식을 키우게 된다.

　한국 NGO는 그동안 국가권력을 감시하고 비판하는 정치지향적 활동에 중점을 두고 민주시민교육에 소홀하다는 비판을 받기도 했다. 오랫동안 군부정권의 지배를 받았던 한국에서 국가권력과 경제권력을 감시하고 비판하는 것은 중요한 시민운동의 과제이다. 그러나 시민운동이 활성화되고 세대를 넘어 발전적으로 계승되기 위해서는 민주시민이 존재해야 한다. 이러한 점에서 한국 NGO는 딜레마에 처해 있다. 당장 권력을 견제하고 시민권리를 지키는 것이 중요하지만, 그것에 치중하여 민주시민교육을 소홀히 하면 시민운동은 한계에 부딪히게 된다. 그렇다고 당장 시민의 삶의 질과 관련된 권력견제와 시민권리옹호를 소홀히 할 수도 없다. 따라서 한국 NGO는 민주시민교육과 권력견제를 동시에 수행해야 하는 이중부담을 안고 있다.

14

NGO는 지방자치를
지키고 발전시킨다

오늘날 민주주의를 확산하고 공고히 하는 데 필수적인 제도가 바로
지방자치이다. 지방자치를 실시함으로써 권력이 분산되고 시민정치
의 공간이 생겨날 수 있다. 시민정치가 활성화되면 시민이 직접 참여
하여 구체적인 실천을 통해 사회문제를 해결해가는 것이 가능해진다.
이러한 시민정치 속에서 각종 아이디어가 교류되고, 공동문제를 해결
하기 위한 연대노력이 활발하며, 여러 종류의 사회자본이 생성된다.
지방자치는 지역주민이 높은 정치의식을 가지고 참여함으로써 가능
해진다는 점에서 NGO의 활동과 밀접한 관련이 있다.

1. 지방자치의 의의

지방자치란 일정한 지역을 기초로 지역주민들이 자신의 책임하에 지역의 공공사무를 처리하는 것을 말한다. 따라서 지방자치는 자치권을 가진 지방단체, 일정한 지역과 주민, 자치단체의 자기 사무 등을 구성요소로 한다. 지방자치의 주요 이념은 시민의 자율과 참여이다. 즉 지방자치는 위로는 중앙으로부터 자치권을 획득하여 자율성을 강화하고, 아래로는 지역주민이 참여를 통해 지역문제를 스스로 해결하는 것이다.

지방자치는 권력분산의 원리하에 지방정부의 능력과 지역주민의 민주의식을 결합하여 풀뿌리민주주의(grassroot democracy)를 구현하는

지방자치는 민주주의를 확장하고 시민권리를 보호하는 데 매우 중요하다. 사진은 한 지방의회의 개원 모습. 편한 복장으로 원탁에 앉아 서로 토론하는 선진국의 지방의회와 대조적이다.

것이다. 풀뿌리 민주주의가 이루어지면 지역주민이 정치 과정에 참여하여 직접 결정하고 책임지는 민주주의의 이상이 더욱 잘 실현될 수 있다. 브라이스(James Bryce)가 "지방자치야말로 민주주의의 가장 좋은 학교이며, 그 성공을 위한 확실한 보증인이다"라고 말한 것도 이 때문이다. 루소나 밀과 같은 고전 정치학자들도 지방자치를 민주주의의 중요한 장치로 보았다.

지방자치가 지역이기주의, 주민능력의 한계, 기술관료의 독점 등으로 민주주의에 제대로 기여하지 못한다는 주장도 있으나, 독재정치의 방파제, 다양성과 자유의 확대, 민주주의의 교육장이 됨으로써 민주주의의 발전에 긍정적으로 작용한다고 볼 수 있다. 우리나라는 1948년 정부 수립 직후인 1949년에 「지방자치법」이 제정되어 1952년에 실시되었으나, 1961년 5·16군사쿠데타로 잠정 중단되었다. 이후 30년이 지나 1991년에 지방의회를 구성하는 선거가 다시 실시되었고, 1995년에 지방자치단체장과 지방의회를 구성하는 선거가 전국적으로 실시됨에 따라 지방자치가 본격적으로 발달하기 시작했다. 그러나 한국의 지방자치는 짧은 역사와 지방의 폐쇄성으로 인해 중앙정부의 영향력이 강하게 작용하고, 지역기득권자가 자원을 독점하며, 주민참여공간이 제한되어 있다는 문제가 있다.

2. 주민참여의 중요성

지방자치가 제대로 운영되기 위해서는 지방정치의 주체인 지역주민이 민주주의를 이해하고, 지방정부의 정책 과정에 참여하며, 공동체적 덕성을 갖는 적극적 시민성을 지녀야 한다. 즉 지방자치는 주민참여가 없이는 성공할 수 없다. 주민참여란 시민참여가 지방 차원에서 이루어지는 것으로서, 그 지역의 주민이 정책 과정에 참여하여 욕구를 반영하고 영향력을 행사하는 것을 말한다. 시민참여가 지방 차원에서 이루어질 때, 지방정부에 대한 통제가 용이하고 정책 과정에 대한 실질적인 참여가 이루어질 수 있다. 지방단위에서는 정책문제가 상대적으로 명료하고, 정책결정자가 누구인지 파악하기 쉬우며, 이해당사자 간의 대화가 용이하기 때문이다.

자방자치가 실질적으로 이루어져 주민참여가 용이해지면 대의민주주의의 한계를 보완하고 직접민주주의의 요소를 가미할 수 있다. 직접민주주의의 요소가 강화될 때 시민이 민주주의 훈련을 받을 수 있고, 공개행정과 책임행정이 가능하다. 정책결정자 입장에서는 주민의 지식·정보·관심·이해를 파악하여 정당하고 합리적인 정책결정을 할 수 있다. 그리고 주민의 입장에서는 공공업무에 직접 참여함으로써 공익을 고려하는 생활을 할 수 있도록 하는 교육적 효과가 있다. 이것은 다른 측면에서 볼 때, 주민이 모든 것을 엘리트에게 맡기고 그냥 수동적으로 따라가는 무기력한 인간으로 남는 것이 아니라, 자신이 생활하는 지역사회의 문제해결에 직접 개입하여 실행하고 책임을 진다는 점에서 자긍심을 갖게 한다.

주민참여는 또한 제한된 지역의 동질적인 역사적 경험과 공동체 규범을 가진 사람들 간의 대면접촉과 정보교환을 촉진하기 때문에, 공동체정신을 강화하고 소외를 극복할 수 있는 계기가 된다. 그리고 지역단위의 근린조직인 반상회, 협의회, 위원회와 봉사단체, 친목단체, 종교단체 등의 네트워크를 강화하여 지역복지의 질을 높일 수 있다. 중앙정부와 지방정부가 해결할 수 없는 질병·실업·노령·빈곤 등과 같은 문제에 대한 인간적 보살핌을 지역의 다양한 단체들이 협력하여 해결할 수 있다.

물론 주민참여는 부작용도 있다. 주민참여를 회의적으로 보는 사람은 정책 과정을 이해하는 주민 자질의 한계, 참여하는 주민의 대표성 문제, 정책결정 과정의 참여자 증가로 인한 시간과 비용의 증가, 지나친 간섭으로 인한 신속한 행정의 방해, 지역·계층·집단 간의 갈등과 대립 등의 문제를 제기한다. 따라서 주민참여가 긍정적인 결과를 얻기 위해서는 이러한 문제를 해결해야 한다.

3. 지방자치의 활성화와 NGO

지방자치가 민주주의의 이상을 제대로 실현하기 위해서는 주민참여가 갖는 한계를 극복해야 한다. 지역주민이 높은 정치의식을 가지고 공익에 근거하여 지방정부를 견제하고 기득권자의 독점을 제어해야 한다. 그리고 아직 지방자치의 역사가 짧은 한국에서는 실질적인 주민 참여의 공간을 확대하고 지방의 정체성을 강화해가야 한다. 이러한 문제를 해결하고 지방자치를 활성화하기 위해서는 시민사회의 이념을 대표하여 공익활동을 하는 NGO의 적극적인 역할이 필요하다.

NGO는 지역단위에서 지방정부를 감시하고 비판한다. 지방정부가 주민의 의사를 무시하고 일방적으로 정책을 결정·시행하는 경우 행정 정보공개를 요구하고 지역주민의 여론을 결집한다. 예를 들어, 공단조성, 댐건설, 쓰레기소각장 건설, 농어촌 개발, 도심재개발, 무허가주택

NGO는 지방문화를 계승하고 발전하는 데도 매우 중요한 역할을 한다. 사진은 안동 하회탈 공연 장면.

철거 등은 이권이 개입하고 있을 뿐만 아니라, 지역주민의 생존환경과 밀접한 관련이 있다. 이러한 정책에 대해 지방 NGO는 전문적인 지식을 가지고 지방관료를 견제하고 지방의회의 이기주의를 비판한다. 나아가 지역이기주의에 근거하여 정책이 제대로 시행되지 않는 문제에 대해서도 공익차원에서 정책집행을 요구하기도 한다.

지방자치는 주민자치가 아니라 지역유지나 기득권자의 잔치가 될 가능성이 있다. 즉 지방의 정치와 경제 발전보다는 소수에게 이권을 주거나 이익을 분배하는 패권주의가 되기 쉽다. 이것을 견제하고 감시하는 것도 NGO의 중요한 역할이다. 특히 지방정부, 지방경제, 지방언론 등이 권력유착을 통해 카르텔을 형성하고 지방권력을 독점하는

<図>

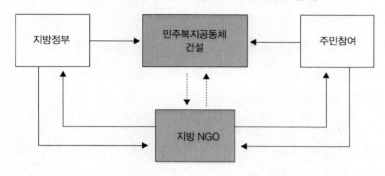

<그림 6> 지방자치와 지방 NGO의 친화적 관계

구조적인 패권주의를 감시하고 견제한다. 나아가 이러한 지방권력 독점은 지역주민의 방관 속에 각종 이익집단이나 어용조직의 개입에 의해 가능하기 때문에, NGO는 지역주민의 정치의식을 고양함과 아울러 각종 이익집단의 집단이기주의를 견제하는 역할을 한다. 이를 위해 다양한 형태의 민주시민교육을 실시하고 선거 과정에 개입하여 정책선거를 유도하기도 한다.

지방 NGO의 활동은 지방문화와 지역경제의 활성화에도 중요하다. 각 지방은 지방고유의 문화를 계승·발전하여 지역의 정체성을 강화하고 지역경제의 활성화로 연결하는 것이 필요하다. 그런데 문화행사란 시민의 자발적 참여가 있을 때 성공할 수 있기 때문에 지방자치단체가 지방 NGO와 파트너십을 통해 함께 기획하고 시행하는 것이 중요하다. 따라서 지방문화를 보존하고 이를 보급하여 지방의 정체성을 강화하고, 나아가 지방경제를 활성화하는 데도 지방 NGO가 중요한 역할을 수행할 수 있다.

지방자치가 성공하여 민주복지공동체를 건설하기 위해서는 지방정

부의 능력만큼이나 주민참여가 필요하다. 지방정부는 주민투표·주민
발안·주민소환과 같은 제도뿐만 아니라, 감사청구·옴부즈맨제도와 각
종 공청회·심의회·위원회 등을 통해 주민참여를 강화해야 한다. 그리
고 주민은 공공활동에 대한 참여를 통해 민주시민의식을 높이고 지방
정부의 정책정당성을 강화해야 한다. 그러나 <그림 6>에서 보는
바와 같이, 지방정부와 주민참여가 상호 교호활동을 통해 민주복지공
동체를 건설하기 위해서는 지방 NGO의 매개적 역할이 필요하다.
조직화된 전문능력을 가진 NGO가 주민의 무관심을 타파하고, 사적
이익을 추구하는 권력을 견제하며, 지방정부를 감시하는 활동을 적극
적으로 하지 않으면 민주복지공동체를 건설하기 어렵다. 따라서 지방
자치가 제대로 실시되어 주민의 삶의 질을 높이기 위해서는 지방
NGO가 적극적으로 활동해야 한다.

15
NGO는 여성의 권리를 신장한다

여성은 오랫동안 남성 중심의 가부장제도와 성별분업을 통해 차별을
받아왔다. 그러나 민주주의가 발전하고 시민운동이 활성화됨에 따라
과거처럼 성적 차별을 하는 것이 불가능하게 되었다. 더구나 21세기는
감성과 미시적인 생활을 중시하게 됨에 따라 여성적 가치가 새롭게
조명되고 있다. 이러한 변화를 주도하는 것이 바로 NGO가 중심이
되어 벌이는 각종 여성운동이다. 여기서는 여성권리에 대한 인식의
변화, 여성운동의 이슈, 그리고 NGO의 역할 등을 차례로 살펴보기로
한다.

1. 여성권리에 대한 새로운 인식

인류 역사에서 여성은 오랫동안 남성 중심의 가족구조와 사회제도 속에서 억압과 차별을 받아왔다. 여성은 가부장제가 지배하는 가정과 사회에서 남성의 지배를 받아왔다. 그리고 여성은 성별분업의 구조하에서 주로 소비영역에서 부수적인 노동을 담당해왔다. 이러한 가부장제와 성별분업은 사회전반에 걸쳐 여성을 차별하고 억압하는 기제로 작용해왔다. 이러한 기제하에서 여성은 제대로 교육을 받지 못했고 각종 정치·사회·경제적 권리를 박탈당했다. 여성은 매우 제한된 영역에서만 사회활동이 허용되었고, 그나마 그 허용된 영역에서도 고용·임금·승진 등에서 불이익을 당했다. 여성에 대한 차별은 절대왕정에 대한 저항이 일어나고 민주주의가 확산되는 19세기에도 당연한 것으로 여겨졌다. 예를 들어, 근대 자유주의 사상가인 로크나 루소조차도 남성이 여성보다 이성적으로 우월하기 때문에 남성지배체제를 당연한 것으로 여겼다.

여성에 대한 억압·차별·무시에 대해 여성은 끊임없이 문제를 제기하고 평등한 권리를 요구했다. 그러나 시민권리가 점진적으로 발전하는 과정에서도 여성의 요구는 묵살되거나 억압당했다. 1789년 프랑스혁명 이후 구즈(Olympe de Gouges)와 같은 여성지도자가 여성참정권을 주장했다가 단두대의 이슬로 사라졌다. 1840년대 이후 미국에서 노예해방이 선언되었지만 남성 흑인에게만 투표권이 주어졌고, 1910년대 일단의 여성지도자들이 여성참정권을 주장했다는 이유로 투옥되기도 했다. 심지어 1960년대 민권운동이 진행되는 과정에서도 여성권리에 대해서는 둔감했다. 여성권리를 주장하는 페미니즘운동은 프랑스혁명 이후 산발적이고 제한된 영역에서 진행되다가 20세기에 들어와서 조직적이고 체계적으로 추진되었다. 그리고 20세기 후반에는 여성의 식의 증대와 단결, 다른 사회운동과의 연계, 진보적 남성의 참여에 의해 급속도로 발전했다.

오늘날 여성운동은 여성을 억압하고 차별하는 각종 이데올로기와 사회제도로부터 해방을 요구하고 있다. 생물학적 성(sex)을 넘어 사회적 성(gender)을 차별하는 사회적 관습과 제도의 철폐와 개정을 요구한다. 이를 통해 사회적 구조뿐만 아니라 가치체계의 변화를 도모하고 있다. 따라서 여성운동은 억압과 차별로부터 여성을 해방하고 구제한다는 차원에 머무르지 않고 여성의 권리보장과 신장을 통해 역사의 진보를 담보하고 좋은 세상을 만들겠다는 방향으로 나아가고 있다. 특히 물질주의, 경쟁, 효율성의 원리가 인간성을 훼손하고 생명, 감성, 도덕, 생태, 평화 등과 같은 가치가 새롭게 요구되고 있는 상황에서, 이러한 가치와 밀접한 관련이 있는 여성성(feminality)에 대한 관심이 늘어나고 있다. 21세기 우리가 바라는 대안사회가 한 측면에서는 여성적 가치가 존중되는 사회라는 점에서 여성의 요구는 중요한 의미를 지닌다.

2. 여성운동의 주요 이슈

여성운동은 초기 여성해방과 차별철폐에 역점을 두었다. 여성이 가정이나 사회에서 각종 폭력으로부터 해방되고 가사노동에서 벗어나 사회노동으로 진출하는 것을 모색했다. 그리고 남성과 동등한 교육

NGO 내에서 양성평등을 주장하는 여성운동도 활발하다. 사진은 한 여성단체가 가정폭력방지법 제정을 촉구하는 캠페인을 벌이고 있는 모습.

기회를 가지고 각종 시민권리를 행사하는 것을 요구했다. 물론 낙태문제나 성전환에서 여성의 선택권을 강조하는 급진적인 측면도 있었다. 여성운동은 최근 성주류화(gender mainstreaming)에 초점이 맞추어져 있다. 성주류화는 여성이 사회 모든 주요 영역에 참여해 목소리를 내고 의사결정권을 가질 수 있는 사회시스템의 변화를 추구한다. 이것은 1995년 중국 베이징에서 열린 유엔 세계여성대회에서 채택된 여성운동의 주요 흐름으로서, 국가정책이나 사회생활에서 양성평등적인 시각이 구체적으로 투입되어 그야말로 남녀가 평등한 권리를 갖는 사회를 지향한다.

여성의 해방과 주류화가 여성운동의 전반을 대변하고 있는 상황에서 우리나라 여성운동에서 나타나는 주요 이슈를 다음 몇 가지로 정리할 수 있다. 첫째, 성폭력, 가정폭력, 성 상품화에 대한 반대이다. 지난 30년 동안 군사정권의 폭력성과 퇴폐문화의 발달로 인하여 강간, 성희롱, 아내구타, 매매춘, 인신매매 등이 우리 사회에 만연되어 있다. 이러한 여성에 대한 폭력과 성 상품화를 방지하고 억제하기 위한 의식변화나 법률제정 및 개정은 여성운동의 가장 중요한 과제이다.

둘째, 고용안정과 고용평등에 대한 요구이다. 우리나라 여성은 경제 활동 참가율이 50% 이하로서 매우 낮고, 그나마 5인 미만의 영세사업 장 취업율이 60%를 넘는다. 기업들은 여성의 임신·출산·육아 때문에 정규직 고용을 꺼리고 인력구조를 조정할 때 여성을 먼저 해고의 대상으로 간주한다. 여성을 고용하는 영역이 매우 제한되어 있거나 아예 거부하는 영역도 있다. 임금과 승진에서도 불이익을 당하고 있다. 따라서 여성운동은 여성이 남성과 동등한 고용·임금·승진의 기회를 가질 수 있는 제도적 장치와 의식의 변화를 요구한다.

셋째, 여성의 정치·경제적 참여와 지위 보장이다. 우리나라 여성은 최근 국회의원의 비율에서 과거 2~3%에서 14%로 급상승하기는 했 지만, 여전히 고급공무원, 기업의 CEO, 전문직 종사자 등에서 낮은 수준에 있고, 남성 임금의 60% 수준에 있다. 즉 한국의 사회구조가 남성 위주로 되어 있고, 중요한 정책결정도 남성이 하도록 되어 있다. 따라서 여성운동은 정치·사회·경제 등의 영역에서 더 많은 고용과 결정권을 요구한다.

넷째, 여성복지에 대한 요구이다. 여성고용을 확대하고 사회적 참여 를 강화하기 위해서는 보육시설 확충, 학교급식 확대, 공동육아를 위한 휴가제도, 여성장애와 질병에 대한 지원 등 정부의 구체적인 국가정책이 필요하다. 특히 산모, 이혼녀, 모자가족에 대한 수준 높은 복지정책을 요구한다.

다섯째, 여성문화에 대한 것이다. 여성이 상식을 넓히고 문화생활을 즐길 수 있는 환경이 매우 제한되어 있다. 특히 가정주부는 가정에서 소외되고 있을 뿐만 아니라, 사회에서도 '아줌마'라는 부정적인 이미지로 덧칠되어 있다. 이를 방지하고 여성의 잠재력을 계발하기 위한 신문, 잡지, 연극, 영화, 미술, 문학 등에서 여성문화의 활성화를 촉구한다. 특히 농촌지역의 여성은 경제적 지위를 제대로 확보하지 못하고 장시간 노동에 시달릴 뿐만 아니라, 문화의 사각지대로 남아 있다. 따라서 여성운동에서는 여성문화를 지역적으로 확산하는 것도 강조한다.

3. 여성운동에서 NGO의 역할

오늘날 지구화와 정보화의 확산, 경제구조와 노동력의 변화, 새로운 세대의 등장과 가족 가치관의 변화 등으로 인하여 여성에 대한 시각이 변하면서 여성에 대한 억압과 차별이 줄어들고 있다. 그러나 여성에 대한 억압 철폐, 남녀차별 방지, 여성의 복지향상 등 일련의 변화는 여성운동을 주도하는 NGO의 입법활동, 저항운동, 의식개혁 등 실천적인 활동이 있었기에 가능했다.

여성이 남성 중심의 가부장제와 사회제도로 인한 억압과 차별에서 벗어나 해방을 성취하고 나아가 자아를 실현하기 위해서는 이러한 사고를 가진 사람의 세력화를 통해 운동으로 발전해야 한다. 그리고

남녀불평등은 고용과 승진에서도 나타난다. 정리해고 시에도 여성을 먼저 해고하는 경향이 있다. 사진은 여성해고를 반대하는 한 여성의 삭발 장면.

이러한 여성운동은 여성만의 몫이 아니라 평등사회를 지향하고 인간다운 사회를 건설하려는 진보적 남성의 참여와 연대투쟁이 필요하다. 따라서 여성차별을 철폐하고 여성권리를 증진하는 것은 각종 NGO에 의해 주도되는 시민운동에 의해 가능하다.

성폭력, 가정폭력, 매매춘 등을 방지하고 여성의 정치·경제적 참여와 결정권을 보장하기 위해서는 우선 법적 장치가 필요하다. 성폭력방지, 가정폭력방지, 매매춘방지, 상속과 호주제 개선, 남녀고용평등과 관련된 각종 법률의 제정 및 개정은 모두 여성 NGO가 중심이 되어 입법청원운동을 한 결과에 의한 것이다. 물론 남녀평등과 여성권리의 증진은 법적 장치만으로 되는 것이 아니다. 법적 장치를 제도적으로 보완하기 위한 정부지원이 필요하다. 여성부의 설치, 여성담당관의

배정, 예산의 확보 등과 같은 일련의 제도적 장치도 여성 NGO의 주장에 의해 실현되었다. 나아가 여성의 권리신장과 평등사회의 구현은 뿌리 깊은 가부장적 사회분위기를 바꾸고 성차별 관행과 문화를 개조하는 의식운동이 뒤따라야 한다. 각종 여성 NGO는 캠페인, 교육 프로그램, 상담 프로그램, 문화행사 등을 통해 사회분위기의 쇄신과 의식의 전환을 추구하고 있다.

여성운동은 남성편향적인 사회를 개혁하는 것이다. 이것은 여성만의 문제도 아니고, 여성운동에 한정된 문제도 아니며, 한 국가 내의 문제만도 아니다. 따라서 여성운동은 남성의 참여를 촉구하고 남성과 연대해야 한다. 그리고 여성운동이 성공하기 위해서는 단순히 가부장적 사회구조를 비판하는 데 그치지 않고 대안사회의 모델을 제시하고 선도적으로 실천해야 한다. 따라서 여성운동은 인권·환경·평화·문화·노동 등 다양한 영역의 운동과 연대해야 한다. 또한 다른 국가의 시민운동과 연대하여 평등한 사회를 구현하기 위한 국제적 시민운동을 전개해야 한다. 따라서 여성이 원하는 사회는 소수의 여성에 의해 이루어지는 것이 아니라, 여성 다수의 세력화에 의한 시민운동으로 발전해야 한다. 이러한 운동을 구체적으로 추진하는 조직이 바로 NGO이다.

16
NGO는 시민운동을
주창하고 선도한다

다원화된 현대사회에서 각종 사회문제를 정부와 기업이 해결하는 데
는 한계가 있다. 시민들은 선호가 다양할 뿐만 아니라, 좀 더 인간적이
고 고차원적인 것을 추구하는 욕구를 가지고 있다. 따라서 시민들은
삶의 질을 높이기 위해 자율적으로 결사체를 구성하여 국가와 시장을
견제하고, 생활세계의 다양한 문제를 직접 해결하고 있다. 이러한
일련의 과정을 시민운동이라고 한다. 오늘날 NGO는 시민운동에 필
요한 이념·지도자·연결망·자금 등을 제공하고 시민운동을 실질적으
로 이끌어가는 주체라고 할 수 있다.

1. 시민운동의 보편화

오늘날 시민운동은 우리 생활에 아주 가깝게, 그리고 일상적으로 이루어지고 있다. 시민들이 생활주변의 각종 문제를 해결하기 위해 자율적으로 나서서 해결하고 있기 때문이다. 생활주변의 작은 문제는 정부가 모두 해결할 수 없을 뿐만 아니라, 정부가 모든 문제를 해결하는 것은 바람직하지도 않다. 따라서 시민들이 각종 문제를 해결하기 위해 직접 나서서 토론을 하고, 조직을 만들고, 실행에 옮긴다. 쓰레기 분리수거, 등산객에게 쓰레기봉지 나눠주기, 등교시간 횡단보도 교통정리, 야생동물 먹이주기, 소년소녀가장 자매결연, 비행청소년 상담, 건축부지 도로교통 개선 요구, 상수도 수원지 감시, 지역사회의 전통 문화 보존 등 생활주변에서 일어나는 시민운동만 해도 다 나열할 수 없을 정도로 많다.

시민운동이 이렇게 시민생활에 가까이 다가온 이유는 크게 보아 정부실패와 그 맥을 같이한다. 제2차 세계대전 이후 선진자본주의에서는 포드주의 생산방식에 따른 기계자동화에 의해 괄목할 만한 부를 축적하고, 자본가와 노동자 간에 협약을 통해 복지국가의 기초를 마련했다. 그러나 1970년대 이후 세계적인 경제위기에 직면하여 생산성 증가의 한계, 관료조직의 비효율성, 국민국가 조정시스템의 한계로 복지국가가 위기에 봉착하게 되었다. 이렇게 하여 1930년대 이후 경제학에서 주류를 이루었던 케인스적 개입주의가 위기를 맞게 됨에 따라 정부실패가 일어났다. 이로 인해 많은 문제를 정부가 책임지고 해결하는 것은 한계에 부딪히게 되었다.

정부개입이 한계에 부딪히게 된 것은 다른 측면에서 보면 후산업사

오늘날 시민운동의 존재는 우리의 삶의 질 향상에 매우 중요하다. '안전한 먹거리 캠페인'에서 한 어린이가 피켓을 높이 들고 있다.

회의 사회구조 때문이기도 하다. 오늘날 사회는 분화되고 전문화되어 있으며, 개인은 스스로 결정권을 가지고 자신의 개성을 추구한다. 즉 현대인의 다양하고 복잡한 욕구를 획일적인 관료제로 구성된 정부가 충족시키는 것이 불가능하게 되었다. 이러한 경향은 1968년 프랑스 드골 정권하에서 일어난 5월혁명 이후 더욱 강화되었다. 시민들은 개인의 정체성, 자기결정권, 공공문제에 대한 참여 등을 원하고 있다. 따라서 환경보호, 반핵운동, 전쟁반대, 여성권리, 동성애자권리, 소비자권리 등 거의 모든 분야에서 개인의 자율과 참여를 요구하면서 시민운동이 활성화되었다.

또한 시민운동의 등장은 1980년대 이후 국가의 민주화를 지향하고 시장주의에 저항하는 일련의 운동과 관련이 있다. 1980년대와 1990년대에서 제3세계를 비롯하여 많은 국가에서 민주화가 진행되면서 국가를 감시하고 비판하는 활동이 활발했다. 이러한 활동은 기존의 견고한 전국적인 조직 대신에 NGO와 같이 산발적인 다양한 조직에 의해 수행되었다. 그리고 지구화의 확산과 다국적기업의 영향력이 강화됨에 따라 기업의 영향력에 저항하여 인간성을 보존하려는 활동이 활발했다. 이러한 활동은 직접 기업을 감시하고 불매운동을 전개할 뿐만 아니라 생협운동이나 먹거리운동에서 나타나는 바와 같이, 기존의 자본주의 생산방식이나 거래방식과는 다른 방식으로 자본주의를 순화하는 운동으로 발전했다. 이러한 시민운동 또한 다양한 이슈와 주제를 가지고 조직된 각종 NGO에 의해 수행되었다.

2. 시민운동의 변화

국가영역 밖에서 국가의 결정에 영향을 미치고 기존의 정치질서와 가치를 변혁하려는 의도적인 집단행동을 사회운동이라고 한다. 사회운동은 전형적으로 특정한 계층이 주체가 되어 주로 물질적인 분배에 초점을 두는 노동운동이 대표적이었다. 제2차 세계대전 이후 1970년대 초기까지 서구 선진국은 높은 수준의 경제성장, 자본가와 노동자 사이의 합의에 의한 부의 분배, 민주주의의 발달에 따른 안정의 지속 등으로 일관되는 시기였다. 따라서 이 시기에 사회적 갈등은 대부분 물질적 보상과 분배에 관한 문제였다. 따라서 사회운동은 주로 산업사회에서 자본가와 노동자 간의 계급적 대립으로 표출되었다. 계급운동인 노동운동은 생산관계에서 부의 분배와 관계되는 것이므로 생산영역에서 일어났고, 그 주체는 당연히 노동자였다. 노동자는 전국적인 조직화를 통해 중앙집권적인 조직을 형성하고 정부와 자본가와 협상했다. 노동자의 궁극적인 목적은 물질적 분배에서 평등의 이상을 실현하는 것이었다.

그러나 1960년대 후반 또는 1970년대 초반부터 기존의 노동운동과는 달리, 생활세계의 다양한 이슈를 가지고 기존의 합의체제에 저항하는 운동이 일어났다. 개인은 자신의 정체성과 자율성을 주장하며 기존의 정치질서에 도전했다. 이러한 일련의 운동을 노동운동으로 대표되는 구사회운동에 대비하여 신사회운동(new social movement)이라고 한다. 신사회운동은 계층을 초월하여 생활영역의 각종 탈물질적인 가치에 대한 투쟁에 집중했다. 따라서 인권, 환경, 평화, 여성해방, 소수자 권리 등 다양한 영역에서 집단행동이 활발하게 전개되었다.

신사회운동은 제2차 세계대전 이후 민주주의와 자본주의가 안정적으로 발전하는 과정에서 물질주의, 성장주의, 소비주의가 생활세계를 황폐화시킴에 따라, 이에 저항하여 인간의 주체성과 정체성을 회복하고자 하는 집단운동이라고 할 수 있다. 따라서 신사회운동은 개인의 정체성과 주도권, 탈물질적인 가치, 기술관료의 비판, 사회적 연대 등을 강조한다. 새로운 사회운동은 인권, 환경, 평화, 여성, 문화 등과 같은 단일 쟁점에 대해 신중간계층이 주도하고 소규모의 느슨한 조직체계를 선호한다. 그리고 매우 급진적 방법을 사용하여 사회변혁을 추구하기도 하지만, 권력을 장악하는 것이 목적이 아니다.

한국에서는 1990년대 이후 운동의 목표, 이슈, 조직, 전략 등에 있어서 서구의 신사회운동과 반드시 동일한 것은 아니지만, 비슷한 형태의 운동이 진행되고 있다. 한국에서는 이러한 운동을 시민운동이라고 지칭한다. 물론 한국의 시민운동은 합법적인 공간에서 평화적인 방법으로 진행되고, 물질적인 분배에도 관심을 가지며, 계몽적 성격도 강하게 띠고 있다. 그리고 한국의 시민운동은 서구의 신사회운동보다 훨씬 넓은 의미로 사용된다. 앞서 지적한 바와 같이, 쓰레기 분리수거와 같은 일상생활의 작은 문제를 해결하는 집합행동을 포함하기도 한다.

3. 한국의 시민운동

1987년 이전까지 한국 사회운동의 주류는 학생운동과 노동운동이라고 볼 수 있다. 민중운동이라고 표현할 수 있는 양자는 군부정권에 저항하여 민주화를 이루어내는 것이 당면과제였다. 그러나 근본적인 목적은 자본주의의 모순을 극복하고 물질적 소유의 재구조화를 위한 체제변혁이었다. 따라서 민중운동은 비합법적·반합법적인 과격한 방법까지 사용했고, 학생, 노동자, 농민, 도시빈민 등 민중계급 또는 민중지향적 의식을 가진 지식인이 주체가 되었다. 이러한 민중운동은 지배계급과 치열하게 충돌하면서 재야라는 세력으로 성장했으나, 1987년 6월항쟁 이후 쇠퇴하기 시작했다. 군부정권의 항복 이후 정치적 민주화가 진행되면서 급진적인 운동에 대한 중산층의 견제가 나타났고, 소련과 동유럽에서 사회주의국가가 붕괴하면서 사회주의의 성취라는 목표가 흔들리게 되었다.

민중운동의 쇠퇴와 함께 시민운동이 급속도로 성장하기 시작했다. 한국에서 시민운동이 발달하게 된 것은 정치적 민주화로 인한 권위주의 지배구조의 쇠퇴, 자본주의의 발달로 인한 중간계급의 성장, 일상적 삶의 질에 대한 욕구의 강화, 서구 신사회운동의 이슈와 전략의 소개 등을 들 수 있다. 특히 1989년 경실련을 필두로 하여 많은 시민단체들이 결성되어 시민의 적극적인 참여를 통해 사회를 변혁하고 공공선을 증대하려고 시도하면서 시민운동이 폭발적으로 증가했다. 시민단체들은 지식인의 참여와 전략적 연대를 통해 정부의 부정부패를 감시하고, 기업의 기회주의적 행태를 비판했으며, 시민권리를 적극적으로 주장했다. 나아가 이익집단의 분출에 따른 사회적 갈등의 조정, 총체적인 정치개혁, 시민복지의 강화를 주장했다. 이러한 활동은 도시에서 먼저 시작되었으나 지방으로 확산되었고, 국제적인 연대로 이어졌다.

한국의 시민운동은 과거의 민중운동과는 달리 민중계급이 아니라 계급적 테두리를 벗어난 탈계급적·초계급적인 성격을 띠고 있다. 전문직·사무직·학생·자영업자 등 신중간계층이 중심이지만, 다양한 계급이 참여한다. 그리고 운동방법도 합법적인 공간에서 평화적 방법을 사용한다. 또한 자본주의를 인정하기 때문에 혁명적인 변화가 아니라 개량적으로 자본주의의 모순을 치유하는 것이 주목적이다. 국가권력을 비판하고 감시하는 활동도 중요하지만, 국가권력과는 무관하게 일상생활에서 삶의 질을 향상시키고 사회적 약자에게 서비스를 제공하는 등 다양한 이슈와 목표를 가지고 진행되고 있다. 오늘날 한국의 시민운동은 활동영역에 있어서 분화를 거듭하여 인권, 환경, 평화, 여성, 복지, 문화, 교육, 경제정의 등의 영역뿐만 아니라, 교통, 주택, 기부, 국제원조, 소수자권리 등의 영역에서도 활발하게 전개되고 있다.

4. 시민운동 추진체로서의 NGO

서구사회이든, 한국사회이든, 오늘날 각종 시민운동을 주도하는 것은 시민사회의 다양한 자발적 결사체인 NGO이다. 생활주변에 인간의 삶과 관련된 문제가 나타나고 사람들이 이에 관심을 갖거나 불만을 갖는다고 해서 자동적으로 시민운동이 일어나는 것은 아니다. 소수의 뜻있는 사람이 문제의 현장으로 달려간다고 하더라도 일정한 불만 표출과 소란이 있을 수는 있지만, 이것을 시민운동이라고 하기는 어렵다. 시민운동이란 사회를 변화시키기 위한 목표를 가지고 이러한 목표를 달성하기 위한 집단행동이 조직적이고 지속적으로 진행되는 것이다. 따라서 시민운동이 진행되기 위해서는 사회변혁의 목표를 설정하고, 목표를 달성하기 위한 전략을 개발하며, 이 전략에 따라 행동할 성원을 조직화하여 실천할 수 있는 조직이 필요하다. NGO가 바로 이러한 일련의 과정을 진행할 수 있는 조직이다. NGO는 각종 사회문제를 해결하고 사회변혁을 지향하는 공동의 목표에 동의하는 사람들이 모인 조직체이다. NGO는 시민운동을 이끌어 갈 지도자, 행동할 성원, 내부 토론을 위한 소통망, 다른 단체와의 연결망, 구체적인 전략과 자금을 갖추고 있다. 따라서 시민운동이 구체화되기 위해 필요한, 목표에 대한 공감, 참여자 사이의 정서적 유대, 구체적인 행동이 가능해진다.

시민운동은 국가와 시장을 견제하고 정책변화를 추구하는 제도개혁에만 치중하지 않는다. 시민운동은 근본적으로 말해서 시민의 자율·참여·연대에 의해 개인의 삶의 질을 증대하는 것이라고 할 수 있다. 이러한 목표를 달성하기 위해서는 시민의 주체적 의식과 자발적인

시민사회에서 시민운동을 이끌어가는 대표적인 단체가 바로 NGO이다. 사진은 2000년 총선시민연대가 주도한 낙선운동 캠페인의 한 장면.

참여 그리고 실천하는 행동 속에 가능하다. 따라서 시민을 조직하고 활발한 토론을 진행하며 공동행동을 추진하는 핵심 추진체가 필요하다. 이러한 임무를 수행하여 시민운동이 발흥하고 지속하도록 하는 조직이 바로 NGO이다. 오늘날 NGO는 시민사회에서 시민의 생활주제에 밀착하여 개인의 삶의 질을 증대하기 위한 다양한 운동을 전개하고 있다. 인권운동, 환경운동, 소비자운동, 여성운동, 교육운동, 복지운동, 문화운동, 소수자권리운동 등 다양한 시민운동이 NGO에 의해 진행되고 있다.

N G O 를 알면 세상이 보인다

시
민사회 흑
은 비영리섹터는 채
재유지를 목적으로 하는 국가
와 이윤추구를 목적으로 하는 시장 사이
에 존재하는 제3의 영역이다. 여기에는 비영리병
원, 사립학교, 복지관, 박물관, 미술관, 환경단체, 여성단체,
종교단체, 직능단체, 친목단체 등 다양한 단체들이 활동하고 있다. 우리
가 NGO라고 부르는 단체도 여기에 속한다. 시민사회는 국가와 시장과는 달리 자율
성, 자원성, 다양성, 연대성, 수평성 등의 이념을 지니고 있다. 즉 시민들이 자율적으로 참여하
여 스스로 사회적 가치를 추구한다. 그리고 조직이 정

제3부 NGO와 자원봉사활동

부나 기업에 비해 훨씬 수평화되어 있어서 권위적인 명령보다는 합의와 타협을 중시한다. 시민사회는 개인과 조
직 간에 의사소통과 토론이 활발하고, 상호 존중과 친밀감이 강하다. 그리고 사회적 약자에 대한 관심과 자원봉
사활동도 활발하다. 신비감, 종교, 비술(秘術) 전통·취미·사교·놀이 등 정신에 대한 탐사와 오락도 대부분 여
기서 이루어진다. 시민사회는 국가권력이   국가가 제공하지 못하는 각종 공공
재를 생산하기도 한다. 예를 들어, 의료·교육·복지·환경 등에 대한 서비스의 상당 부분이 국가와 시장이 아닌

17 ◉ 자원봉사활동이란 무엇인가

비영리병원, 사립학교, 복지관, 환경단체   데 중요한 민주시민

18 ◉ 현대사회에서 자원봉사활동은 왜 필요한가

육도 시민사회에서 일어나는 각종 시민운동과 시민의 자발적 참여를 통해 이루어진다. 상호 원조, 공동체정신,

19 ◉ NGO에서 자원봉사활동은 어떤 의미를 갖는가

간적 교류, 환경보호 등 국가와 시장   들을 시민사회
서 해결할 수 있다.

20 ◉ 한국의 자원봉사활동은 어디쯤 와 있나

먼저 국가와 시장 간의 관계를 살펴보자. 국가(정부)는   시장(기업)의 질서를
립한다. 그리고 상품구매와 공적 투자를 통해 시장의 활성화를 돕는다. 반면에 기업은 정부에 세금을 내고 정부
필요한 상품과 서비스를 생산한다.
둘째, 국가와 시민사회 간의 관계에서 국가는 각종 법률과 규칙을 통해 시민사회를 통제하거나 여론을 조성한다
그런가 하면, 각종 공공서비스의 생산을 비영리단체(NPO)에 위임하고 자금을 지원한다. 예를 들어, 국립병원도
있지만, 비영리병원인 사립대학병원이나 종합병원이 의료서비스를 제공한다. 마찬가지로 국립고등학교나 대학
〈그림 3〉 국가, 시장, 시민사회 간의 관계
도 있지만, 비영리교육기관인 각종 사립고등학교와 대학교가 교육서비스를 제공한다. 이와 같이 의료나 교육은
공공재의 성격이 강하기 때문에 시장에 위임하면, 환자나 학생이 원하는 수준의 서비스를 받기 어렵고, 돈이 없
는 가난한 자는 제대로 서비스조차 받지 못한다. 한편 시민사회의 입장에서는 정부가 위임한 각종 공공재를 생
할 뿐만 아니라, 정부가 무시한 각종 공공서비스를 직접 생산하기도 한다. 예를 들어, 환경·인권·여성·교
통·문화 등과 같이 정부의 재정부족과 책임의 한계로 제대로 관심을 쏟지 못하고 있는 분야에
서 각종 비영리단체들이 나서서 환경을 지키고, 인권을 보호하고, 여성권리를 증대하
는 활동을 한다. 그리고 시민사회의 각종 단체는 국가의 지배정당성을 뒷
받침함과 동시에 권력이 시민을 억압하거나 부패할 경우 이를
비판하고 견제하는 역할을 한다.
끝으로 시장과 시민사회 간의 관계를
살펴보자. 시장의 기업은
상품생산이나

17
자원봉사활동이란 무엇인가

인류는 오랜 옛날부터 상호 협력과 원조를 통해 공동의 위기에 대처하고 문명을 발전시켜 왔다. 자원봉사활동은 대가를 바라지 않고 타인의 삶에 적극적으로 개입하여 삶의 질을 높이는 것과 밀접한 관련을 가지고 있다. 그러나 우리가 말하는 자원봉사활동은 근대사회 이후, 특히 미국에서 체계적으로 발달하기 시작하여 오늘날 전 세계적으로 보편화되었다. 여기서는 자원봉사활동이 인간의 삶에 어떠한 의미를 지니는지 살펴본 후, 그 역사와 이념에 대해 고찰한다.

1. 자원봉사활동의 의의

인간은 매일 수많은 종류의 상품과 서비스를 소비한다. 음식, 옷, 집, 신발, 교통수단 등과 같은 생활필수품이 없으면 하루도 살아가기 힘들다. 그러나 대부분의 사람들은 이런 것을 직접 만들지 않는다. 대신 다른 사람이 만든 것을 시장에서 구매하여 사용한다. 그렇지만 생활에 필요한 모든 것을 시장에서 구매할 수 없을 뿐만 아니라, 그렇게 하는 것은 바람직하지도 않다. 시장은 구매력을 가진 자에게만 판매한다. 돈이 없는 사람은 시장에서 필요한 물품을 구입할 수 없다. 즉 시장은 본질적으로 불평등의 모순을 안고 있다. 한편 국가도 생활에 필요한 모든 서비스를 제공할 수 없다. 아무리 현대사회에서 복지국가가 발달했다고 하더라도 국가가 모든 국민의 모든 욕구를 충족시키는 것은 불가능하며, 또한 바람직하지도 않다.

인간은 오랫동안 공동체사회를 형성하여 긴밀한 사회관계를 유지하며 상호 협력과 원조를 통해 공동의 위기를 대처하고 생활의 불편을 극복해왔다. 인간이 상호 협력하고 사회적 약자를 보살피는 것은 인간 본성에 내재한 본능이라고 할 수 있다. 프랑스의 성직자 프랜시스(G. R. Francis)가 주장하는 바와 같이, 인간은 본래부터 사회적 속성을 가지고 서로 교류하고, 무엇을 성취하여 인정받고, 타자에 대해 사회적 책임을 지고, 새로운 경험을 해보고자 하는 자원봉사의 욕구가 있다. 이러한 상호 원조와 이타주의 정신이 파괴되고 이기주의와 물질주의가 팽배하게 되면, 사회는 정글과 같이 약육강식의 원칙만 존재하고 만인 대 만인의 투쟁이 벌어지는 장으로 변하고 만다.

자원봉사(활동)란 강제에 의하거나 보상을 바라지 않고 타인이나

자원봉사활동은 자발성에 기초하여 공공의 이익을 추구하는 활동이다. 사진은 영월 동강댐건설반대 캠페인을 벌이고 있는 환경단체 회원들.

공익을 위해 조직적으로 시간과 노력을 제공하는 활동을 말한다. 좀더 자세히 규정하면, 공동체의 사회문제를 예방하거나 해결하기 위해 외부의 강제나 영리적 반대급부를 바라지 않고, 자발성과 인간존중의 정신에 따라 타인이 필요한 서비스를 조직적으로 제공하는 활동이라고 할 수 있다. 따라서 자원봉사활동은 사회적 약자에 집중되기는 하지만, 그것에만 한정되는 것이 아니라 사회구성원 전체의 행복을 위한 것이다. 그리고 자원봉사활동은 주로 지역사회의 공동복지를 향한 노력이지만, 복지분야를 벗어나 다양한 영역을 포괄하고 국가적·국제적 차원까지 확대된다. 또한 시간과 노력을 들이는 활동은 직접적인 대면뿐만 아니라 인터넷과 같은 통로를 통한 활동도 포함한다. 자원봉사활동은 반대급부를 받지 않는 활동이지만 약간의 실비를 받는 것은 가능하다.

자원봉사는 여러 영역에서 다양한 유형으로 이루어지고 있다. 자원봉사의 영역은 크게 전통적인 사회복지시설이나 의료기관에서의 활동, 정부기관에서 공공문제를 예방하거나 해결하기 위한 활동, 전문가를 중심으로 한 정책 과정 참여활동, 국경을 넘어선 국제적 교류 및 지원활동, 인터넷을 통한 활동 등 5개 영역으로 구분할 수 있다. 그리고 자원봉사의 유형은 크게 세 가지로 나눌 수 있다. 첫째, 노인·장애인·청소년·아동·여성·소수민족·알코올중독자·재소자 등 사회적 약자를 위한 대인지원활동이 있다. 둘째, 환경보호·청소년선도·교통소통·교육·범죄예방·위생활동 등 사회지원활동이 있다. 셋째, 국제사회에서 전쟁방지·난민구호·빈민구제·사회개발 등과 같은 국가지원활동이 있다. 그리고 자원봉사는 시간을 내어 노력봉사를 할 수도 있고, 시간이 없을 경우 기부금이나 성금을 제공할 수도 있다. 또한 장기기증·헌혈·입양 등과 같은 차원 높은 봉사가 있다.

2. 자원봉사활동의 역사

인류역사에서 볼 때, 자원봉사라는 용어가 생기기 이전부터 인간은 이웃을 돕고 사회적 약자를 보살피는 등 각종 봉사활동을 수행해왔다. 고대사회에서도 인간은 가족이 없는 환자를 돌보고, 굶주리는 이웃에게 먹을 것을 주고, 남의 집에 불이 나면 함께 불을 껐다. 자원봉사의 기원은 고대 로마사회의 교회활동에서 찾을 수 있다. 로마 교회는 노예·환자·빈민·고아를 돌보고 사회적 약자의 고통을 완화하기 위해

체계적이고 조직적인 봉사활동을 했다고 한다. 여기서는 세계에서 가장 봉사활동이 활발한 미국을 중심으로 한 서구사회와 한국 자원봉사의 역사를 살펴보기로 하겠다.

서구사회에서는 근대 이후에 기독교 사상이 널리 전파되고 민주주의가 발전함에 따라 자원봉사활동이 활발하게 되었다. 뱅상 드 폴 (Vincent de Paul) 신부가 1617년에 '자선부인단'을, 그리고 1633년에 '자선자매단'을 결성하여 여러 가지 자선활동을 했다는 기록이 있다. 19세기에 들어와서는, 1864년에 결성된 세계적십자사(the Red Cross) 가 전쟁의 상처를 돌보기 위한 각종 자원봉사활동을 벌였다.

미국은 1877년 자선조직협회(Charity Organization Society)가 결성되어 빈곤문제를 구조적으로 해결하기 위한 정부지원과 시민참여를 촉구했는데, 이것이 근대적 자원봉사의 원형이라고 볼 수 있다. 1919년 보스턴에 최초의 자원봉사 사무국(Volunteer Bureau)이 세워졌고, 1933년에는 '사회사업자원봉사자전국위원회'가 결성되었다. 1938년에는 지금도 활동하고 있는 소아마비환자 구호를 위한 모금단체인 마치 오브 다임스(March of Dimes)가 결성되어 자원봉사활동이 일반인으로 확산되었다. 제2차 세계대전 중에는 미국 연방정부가 시민방위청(Office of Civilian Defense)을 조직하여 전국적인 봉사활동을 전개했다. 1961년에 와서 케네디(John Kennedy) 대통령이 후진국의 사회개발을 돕기 위한 평화봉사단을 창설했고, 1964년에는 존슨(Lindon Johnson) 대통령이 고도성장에 따른 빈부격차를 해결하기 위해 미국자원봉사자모임(VISTA)이라는 자원봉사조직을 결성했다.

오늘날 미국에서는 매우 조직적이고 전국적인 규모로 자원봉사활동이 전개되고 있는데, 1990년 부시(George Bush) 대통령 시절 촛불재단(Points of Light Foundation)이라는 자원봉사 전문기관이 설립되어 미국 전역의 자원봉사센터에 기술적 원조를 하고 있다. 그리고 1993년 클린턴(Bill Clinton) 대통령이 국가봉사단(Cooperation for National Service)을 설립했고, 2000년에는 부시 대통령이 미국자유봉사단(USA Freedom Corps)을 설립했다.

유엔(UN)에서는 21세기 첫 해인 2001년을 '세계 자원봉사자의 해(IYV: International Year of Volunteers)'로 정했다. 이에 따라 많은 국가에서 IYV위원회가 조직되어 자원봉사활동을 장려하고 있다. 그리고 유엔은 매년 12월 5일을 '국제 자원봉사의 날'로 정하여 정기적으로 자원봉사활동의 실천을 유도하고 있다.

우리나라에서도 삼한시대부터 상부상조를 위한 계(契)가 발달했고, 신라시대에는 상호 협력과 감찰을 위한 주민협동체인 두레가 조직되었다. 계와 두레는 자발적이기는 하지만, 일종의 경제적 부조의 성격이 강했기 때문에 현대적 의미의 자원봉사라고 보기는 어렵다. 국가적 차원에서 볼 때는 고구려의 진대법, 고려의 의창·제위보, 조선의 상평창·사창 등 각종 구빈제도가 있었다. 민간에서는 고려시대 불교단체가 보(寶)를 만들어 가난한 자와 재난을 당한 자를 구제하는 활동을 했다고 한다.

20세기에 들어와서 1903년 대한YMCA가 결성되고 1905년 대한적십자사가 정부 주도로 설립되면서 봉사활동이 시작되었고, 1921년 태화기독교사회관에서 여성계몽과 아동건강을 위한 봉사활동을 시행했다는 기록이 있다. 초기 단계에서는 기독교의 전파가 조직적인 봉사활동에 커다란 영향을 끼쳤다. 해방 이후에는 대학의 농촌봉사, 농촌 내에서의 4H활동 등이 있었다. 우리나라에서 자원봉사활동이 활발해지고 시민의식이 새로워진 계기는 바로 1986년 아시안게임과 1988년 서울올림픽 및 장애인올림픽게임이다. 이후 많은 자원봉사단체가 생겨 1991년에 한국자원봉사연합회가 결성되었고, 1994년 한국자원봉사단체협의회가 조직되었다. 이후 1995년부터 초등학교와 중등학교에서 자원봉사활동이 구체적으로 시작되었고, 1996년 한국대학사회봉사협의회가 발족되었다. 2002년 한·일 월드컵에서는 자원봉사에 대한 각성과 실천이 더욱 확산되었고, 이후 2002년 루사 태풍 때는 강원도·경북지역 태풍 및 수해지역에 연인원 70만 명이 넘는 자원봉사자가 활동하기도 했다.

오늘날 한국에는 자원봉사를 전문적으로 수행하는 각종 NGO가 생겨나고 있고, 지방자치단체에 많은 자원봉사센터가 건립되어 있다. 그리고 자원봉사에 대한 정부지원을 구체화하기 위한 법률도 제정되었다. 법원은 자원봉사를 통한 사회복귀를 학습시키기 위해 집행유예를 선고받은 범법자에게 자원봉사 명령을 부과하기도 한다. 나아가 한국사회가 민주화되고 경제력이 증대함에 따라 국가적 차원을 넘어 제3세계에 대한 봉사활동이 활발하게 전개되고 있다.

3. 자원봉사활동의 이념

인류역사 이래로 자원봉사는 끊임없이 있어왔기 때문에 시대를 초월하여 자원봉사를 관통하는 윤리 또는 기본정신이 존재한다. 자원봉사는 단순히 가진 자가 자혜심에서 일시적으로 베푸는 것을 의미하지 않는다. 인간존중 정신과 민주주의 철학을 기반으로 복지사회를 실현하기 위한 자발적 협동과 실천이라는 정신을 내포하고 있다. 자원봉사는 가장 동기 부여가 강한 행동으로서 타인의 행복을 추구하는 이타주의의 극치이며, 자신의 잠재력을 개발하는 최고의 수단이다. 자원봉사를 가리켜 '타인의 욕구를 지향하는 인류애의 가장 고귀한 충동이며, 문명의 가장 위대한 약속'이라고 하는 이유도 여기에 있다. 자원봉사의 주요 이념으로는 자발성, 무보수성, 이타성, 복지성, 지속성 등을 들 수 있다.

첫째, 자원봉사는 자발적인 활동이다. 자원봉사는 평등한 인간관계를 기초로 타인을 돕거나 공익을 증진하고자 하는 개인의 자유로운 의지의 발로이다. 따라서 자원봉사는 외부의 강제나 명령, 자신의 체면이나 의무감에 의해서 하는 활동이 아니다. 자원봉사는 공동체사회의 여러 문제를 외면하지 않고 자신의 문제로 자각하여, 이웃의 불행과 공동체의 위기를 극복하겠다는 실천행동이다.

둘째, 자원봉사는 무보수의 원칙 속에서 이루어지는 활동이다. 자원봉사는 선한 의지에 따라 타인의 고통을 덜어주기 위한 행동으로 금전적 보수나 대가를 목적으로 하지 않는다. 물론 약간의 경비를 지급하는 것은 가능하다. 자원봉사는 봉사자에게 기쁨과 보람을 주고 정신적인 희열을 가져다준다. 화재현장에서 위기에 처한 어린아이를 구해낸 청년의 행동은 돈으로 계산할 수 없는 정신적인 만족감을 준다. 따라서 대학입시에서 높은 점수를 받고 취업에서 유리하다는 목적으로 하는 활동은 엄밀한 의미에서 자원봉사라고 하기 어렵다.

셋째, 자원봉사는 자신의 이익이나 목적을 달성하기 위한 것이 아니라, 타인의 행복을 고려하여 타인의 욕구를 충족하기 위한 활동이다. 따라서 자원봉사를 할 때는 인간에 대한 한없는 존중, 타인의 불행을

자아실현은 타인의 행복, 특히 사회적 약자의 행복을 고려하는 자원봉사활동에 참여할 때 가능하다. 장애인 미팅에 참여한 두 청춘의 모습이 해맑다.

염려하는 마음, 사회전체의 이익에 대한 고려, 모두가 행복하게 사는 공존에 대한 철학을 가져야 한다. 이러한 이유로 기업의 목적에 부합하는 활동이나 사회적으로 정의롭지 못한 활동은 자원봉사가 아니다.

넷째, 자원봉사는 지역사회와 인류공동체의 복지를 향한 인간적인 활동이다. 자원봉사는 이웃이나 이웃국가가 하나의 공동체라는 의식에 근거하기 때문에 단순히 남을 돕는 행동이 아니라, 공동체의 복지 향상에 실천적으로 참여하는 지원활동이라고 할 수 있다. 자원봉사를 달리 자원복지라고 부르는 이유도 여기에 있다.

다섯째, 자원봉사는 마음 내키는 대로 즉흥적으로 하는 일시적인 행동이 아니라, 일련의 목적을 달성하기 위한 지속적이고 계획적인 행동이다. 자원봉사가 자아실현의 장이자 복지공동체를 만들어가는 중요한 수단이기 때문에 이는 끊임없이 지속되어야 한다. 따라서 아무리 자발적인 동기에서 시작된 것이라고 하더라도 조직적이고 계획적으로 지속되지 않는 일시적인 행동은 자원봉사라고 하기 어렵다.

18
현대사회에서 자원봉사
활동은 왜 필요한가

문명이 고도로 발달하고 국가의 역할이 확대된 오늘날에도 자원봉사
활동은 다양한 사회문제를 해결하고 인간적인 삶을 영위하는 데 절대
적으로 필요하다. 인간이 자율성의 원칙에 의해 타인의 삶에 적극적으
로 개입하여 일정한 책임을 수행하는 것은 더불어 사는 공동체사회의
실현뿐만 아니라, 개인의 정체성 발견, 잠재력의 계발, 그리고 자아를
실현하는 데 매우 중요하다. 나아가 오늘날 지구사회에서 일어나는
각종 지구적인 문제를 해결하는 데는 UN이나 국가의 역할뿐만 아니
라, 국경을 넘어 이루어지고 있는 다양한 자원봉사활동이 중요하다.

1. 자원성의 개발

현대사회에서 자원봉사활동은 매우 중시되고 활발하게 이루어지고 있지만, 여러 집단으로부터 비판도 제기되고 있다. 이를테면 좌파는 국가가 사회적 약자에 대한 복지책임을 자원봉사단체에 떠넘기고 있다고 지적한다. 좌파는 국가를 국민의 복지를 실현할 수 있는 가장 효율적인 장치로 보기 때문에, 그들의 시각에서는 자원봉사자의 출현이 이러한 국가시스템의 발전을 방해하는 것이 된다. 자유주의자는 거대한 재단들이 자원봉사자의 도움으로 기부금을 모아 이를 배분하는 과정에서 자신의 영향력을 행사하면서 권력화되고 있다고 주장한다. 진보적 시민운동가는 국가가 자원봉사활동을 강조하고 이와 관련된 활동에 재정을 지원함으로써 사회의 근본질서를 개혁하고자 하는 시민운동의 효과를 분산시킨다고 비판한다. 여성단체는 여성이 자원봉사자의 대부분을 차지하고 있는데, 무보수의 원칙으로 인해 여성노동이 제대로 보상받지 못하고 있으며, 전문성도 부족하기 때문에 남녀차별이 심화될 수 있다고 반발한다. 공공부문 노동조합은 자원봉사자가 공무원을 대체하기 때문에 자원봉사의 강조가 자신들의 실업을 초래한다고 반대한다. 즉 지하철역 근처의 주민이 자원봉사를 통해 지하철역을 청소한다면, 청소를 담당하는 기능공의 일부는 일자리를 잃게 될 것이다.

자원봉사에 대한 이러한 비판에도 불구하고 많은 사람들은 민간영역의 자원성을 개발하여 이를 적극 활용할 것을 주장한다. 즉 자원봉사가 인간에게 필수적인 서비스를 제공하고, 사회적 평등을 촉진하며, 인간의 자율성을 높일 수 있다고 보는 것이다. 더구나 물질주의의 심화로 인간성이 메마르고 신자유주의의 부상으로 정부역할이 축소되는 상황에서 자원봉사활동은 오히려 유급직원보다도 좋은 결과를 낳을 수 있다. 즉 자원봉사활동은 전문성과 애정이 조화된 인간적 서비스를 제공할 수 있다.

자원봉사활동의 활성화를 주장하는 사람들은 자원봉사활동이, 정부 역할이 축소되고 있는 현대사회에서 사람들이 의지할 수 있는 최후의 대안이라고 주장한다. 그리고 자원봉사가 정부보다 더 효과적으로 사회문제를 해결할 수 있다고 주장한다. 타운젠트(Kathleen K. Townsend)는 자신이 체험한 두 하숙집을 예로 든다. 공무원이 관리하는 하숙집은 퀴퀴한 소변 냄새, 희미한 전등 불빛, 흐트러진 소파와 의자, 깜박이는 TV 등으로 불결하고 불편하기 짝이 없었다. 그러나 자원봉사자가 운영하는 무주택 여성보호소는 우아한 꽃 장식, 깨끗한 탁자, 신선한 커피 등으로 편안하고 깨끗했다. 즉 자원봉사자에 의해 운영되는 집이 더 좋은 환경을 유지했던 것이다.

문명이 고도로 발달한 현대사회에서도 빈부격차가 심하고 빈곤문제가 중요한 이슈로 대두되고 있다. 전 세계에서 하루 1달러 미만으로 살아가는 사람이 12억 명에 달하고, 매년 3,000만 명이 기아로 죽어가고 있다. 미국과 같은 선진국에서도 수천만 명의 아동이 빈곤에 시달리고 있다. 더구나 리프킨(Jeremy Rifkin)의 말처럼 기계가 발달하여 노동을 대체함에 따라 대량실업이 발생하고 사회적 불평등이 심화되고 있다. 사회적 불평등의 심화는 지식정보사회의 출현으로 더욱 악화될 것으로 보인다. 이렇게 되면 경찰과 감옥이 늘어나고, 결국 강한 국가를 초래하여 다시 권력에 의한 억압이 강화된다. 이것은 지금까지 쌓아온 민주주의를 위협하게 된다. 따라서 국가와 시장 바깥의 시민사

자원봉사활동은 전문성과 애정이 조화되어 좋은 결과를 가져온다. 사진은 장애인 학교의 교사와 학생들의 밝은 모습.

회를 활성화시키고 여기에서 일어나는 자원봉사활동의 활성화를 통해 모두가 공생할 수 있는 공동체사회를 형성하는 것이 중요하다.

저소득층 아파트의 보수, 노약자와 에이즈 환자 돌보기, 알코올중독자와 전과자 갱생, 소년소녀가장 지원, 무료 탁아소 운영, 가출청소년 상담, 폭력피해 여성과 아동의 보호, 에너지 절약, 동물보호, 환경보호, 자원재생, 예술활동, 재난구조 등 자원봉사활동이 미칠 수 있는 영역은 끝이 없다. 이러한 문제를 자원봉사자에 의존하지 않고 국가나 시장에 맡기면 비용이 높을 뿐만 아니라 인간적인 서비스를 제공하기 어렵다. 따라서 미래사회에는 국가안전과 복지사회의 성공이 자원봉사라고 하는 민간에너지를 얼마나 잘 이용하는가에 달려 있다고 할 수 있다.

2. 자원봉사활동의 필요성

현대사회는 산업화의 진전으로 대부분의 사람들이 익명성이 높은 도시에서 생활하고 공동체사회가 해체되었다. 자본주의체제가 보편화되어 경쟁·성장·물질이 강조되면서 인간성의 상실, 도덕과 윤리의 쇠퇴, 빈부격차의 확대, 소외의 증대, 범죄와 사회적 일탈의 증가, 자원의 과소비 등과 같은 문제가 발생하고 있다. 가족제도가 핵가족화되면서 이기주의와 가족주의가 발달한 반면, 이타주의가 쇠퇴하고 상호 협력과 공존의 정신이 사라지고 있다. 기계가 발달하고 지식사회가 도래함에 따라 생산성은 높아졌으나, 인간주체성이 왜곡되고 사회적 불평등이 심화되고 있다. 미국을 중심으로 한 강대국의 횡포로 전쟁의 공포가 일상화되고, 민족·인종·종족·종교 간의 유혈분쟁이 도처에서 일어나고 있다. 나아가 개인의 욕구는 다양화되고 기대심리가 높은 반면, 이를 충족시킬 수 있는 국가능력은 한계가 있다.

현대사회의 이러한 병리현상 이면에는 사랑의 결핍, 교육의 형식화, 가족의 해체, 물질주의 만연과 같은 구조적인 문제가 도사리고 있다. 이것을 해결하기 위해서는 정신적 가치를 회복하고, 협력과 공존의 문화를 회복시키며, 개인의 사회적 책임을 강화해야 한다. 자원봉사는 바로 이러한 가치를 생성시키는 인간의 자발적이고 자유로운 활동으로서, 인간유대를 강화하고 삶의 질을 높이는 중요한 수단이 된다. 파편화된 현대사회에서 자원봉사활동은 소외를 극복하고, 공동체를 복원하며, 사회통합을 이루는 중요한 사회적 자산이라고 할 수 있다.

이에 덧붙여 자원봉사의 필요성에서 인구 구성의 변화가 가지는 의미를 언급할 필요가 있다. 현대사회에서는 소득의 증대, 적절한 영양분의 섭취, 의료기술의 발달 등으로 인해 인간수명이 크게 증가했다. 대부분의 선진국에서는 65세 이상의 노인 인구가 전체 인구의 15%를 넘어섰다. 따라서 노인의 사회적 역할을 모색하고 삶의 질을 증대하는 것이 아주 중요한 사회문제로 등장했다. 노인은 각종 질병, 신체적 노화, 부부간의 이별, 소득의 축소 등으로 인해 사회에서 소외될 뿐만 아니라, 스스로 자신의 존재가치를 부정하고 절망하는 경우가 허다하다. 이러한 상황에서 자원봉사활동은 노인으로 하여금 자기 자신이 사회에서 어떤 존재의미를 가진 인간임을 인식하도록 하는 정체성의 발견에 촉발적인 역할을 한다. 따라서 자원봉사활동은 노인에게 정신적·육체적 활력을 가져다주고 삶의 만족도를 높여준다.

3. 자원봉사활동의 기능

자원봉사는 사회적으로 여러 가지 기능을 한다. 이를 크게 개인적 기능, 사회적 기능, 전 지구적 기능으로 나눌 수 있다.

첫째, 자원봉사는 다양한 개인적 기능을 한다. 개인은 자원봉사활동에 참여함으로써 타인과 교류하고, 각종 사회적 경험을 하며, 다양한 지식과 기술을 획득할 수 있다. 그리고 자원봉사는 개인에게 자유를 체험하고 사회적 시각을 확대하는 학습 과정이라고 할 수 있다. 특히 개인은 자원봉사를 통해 자아실현의 기회를 가질 수 있다. 즉 개인은 자원봉사활동을 함으로써 사회적 존재로서 자신의 정체성을 발견하고 자신감과 잠재력을 계발할 수 있다. 나아가 사회 참여와 인간 상호 간의 연대를 통해 삶의 보람과 성취감을 느끼고, 인격의 성숙을 도모할 수 있으며, 정신건강을 향상시킬 수 있다. 우울증과 고독감을 호소하는 환자에게 정신과 의사가 자원봉사를 하도록 처방하는 것도 이 때문이다. 프랑스의 문호 빅토르 위고(Victor Marie Hugo)가 말한 바와 같이, 어떠한 것이 반사되면 그것은 엷어지게 되지만, 다른 사람에게 준 기쁨은 더욱 커져서 자신에게 되돌아온다.

둘째, 자원봉사는 다양한 사회적 기능을 한다. 먼저 자원봉사는 필요한 사람에게 각종 인간적인 서비스를 제공한다. 자원봉사는 국가의 한계를 보완하여 고객의 특정 욕구에 시의 적절하고, 유연하고, 인간적으로 대응한다. 그리고 자원봉사는 사회적 약자를 지원함으로써 사회통합에 이바지하는 기능을 한다. 자원봉사를 통해 사회적 약자가 사회에서 포기되거나 낙오자가 되는 것이 아니라 사회의 일원으로 소속하게 된다. 또한 자원봉사는 지역사회를 활성화하는 기능을 한다. 자원봉사는 지역사회에서 상호 원조, 공동체정신, 사회적 연대, 공동책임 등을 확대함으로써 지역사회의 각종 문제를 해결할 수 있다. 지역사회에서 봉사활동이 활발하게 이루어짐으로써 지역문화가 활성화되고 좀 더 인간적인 사회로 변모할 수 있다. 나아가 자원봉사는 여가를 선용하는 기능을 한다. 과학기술이 발달하고 소득이 증대함에 따라 여가가 늘어났지만, 물질문명의 발달로 퇴폐문화, 범죄, 마약, 알코올중독 등이 늘어났다. 자원봉사는 남는 시간을 타인의 고통 제거와 공공선의 증대에 투자함으로써 건전한 문화와 건강한 공동체의 발달에 기여하게 된다. 마지막으로 자원봉사는 민주시민교육을 활성

자원봉사활동은 인류공영과 번영을 향하여 국경을 넘어 진행된다. 사진은 아프리카 기아아동 돕기에 나선 배우 김혜자와 아프리카 어린이들.

화하는 기능을 한다. 신자유주의의 주류화 속에서 개인은 경쟁에 내몰리고 경쟁에서 살아남기 위한 게임에 중독되어 있지만, 자원봉사를 통해 인간존중, 상호이해, 관용과 양보, 공동체의식, 사회적 연대 등과 같은 민주시민의 소양을 체험할 수 있다.

셋째, 자원봉사는 국경을 넘어 빈곤·질병·전쟁·재해로부터 인간의 고통을 구제하고 생존을 보존하기 위한 다양한 기능을 한다. 오늘날 제3세계에서 살고 있는 사람들의 삶의 안전을 보장하기 위해서는 유엔이나 개별국가의 노력만으로는 불가능하다. 이들을 구제하기 위해서는 국경을 넘어 자유롭게 상호 지원하는 범세계적 차원의 시민연대와 실행이 필요하다. 실제로 자국에 의해 인종청소를 당하거나,

강대국의 군대에 의해 무자비하게 학살당하는 세계 곳곳에서 인간의
안전과 복리를 담당하는 것은 바로 각종 국제 NGO에 의해 이루어지
는 자원봉사활동이라고 할 수 있다.

19

NGO에서 자원봉사활동은
어떤 의미를 갖는가

현대사회에서 각종 사회문제를 해결하고 인간적인 사회를 실현하는 데 자원봉사활동이 중요한 역할을 한다. 그런데 이러한 자원봉사활동을 구체적으로 실현하는 단체가 바로 NGO이다. 물론, 자원봉사활동은 종교단체를 비롯하여 다른 비영리단체에서 계획하고 조직하기도 하지만, 대부분은 NGO에 의해서 수행된다. 그런가 하면 NGO에서 자원봉사활동은 NGO의 개념틀을 구성하는 핵심적인 요소이다. NGO란 달리 말해 시민의 자발적 참여와 자원봉사활동을 통해 공공의 문제를 해결하는 시민사회의 결사체이다. 따라서 자원봉사활동이 없는 NGO는 그야말로 활동이 지지부진하거나 명목상의 단체에 지나지 않는다. 여기서는 자원봉사활동과 NGO 간의 상호 관계를 알아보고, NGO 내의 자원봉사활동 과정에서 일어나는 갈등관리에 대해 살펴보기로 한다.

1. 자원봉사에서 NGO의 역할

자원봉사활동을 조직적으로 기획하고 실행하는 단체가 바로 NGO 이다. 물론 선진국에서는 벨 전화사, 펜암 항공사, 도요타 자동차, 노키아 등과 같은 대기업체가 조직적으로 자원봉사활동을 전개하기도 한다. 그리고 우리나라에서도 유한킴벌리, 삼성전자, 현대자동차, 이랜드 등이 기업 내에 자원봉사 사무국을 두거나 직원의 자원봉사활동을 유도하고 있다. 정부영역에서도 지방자치단체가 자원봉사기구를 설치하여 자원봉사를 실행하기도 한다. 그럼에도 불구하고 자원봉사는 주로 정부나 기업이 아닌 시민사회영역에서 일어나고, 이를 구체적으로 실행하는 조직이 바로 자원봉사를 전문으로 하는 NGO이다.

21세기에는 생산성의 증가와 여가시간의 확대, 탈물질적 가치에 대한 관심의 증대, 노인인구의 증가, 청소년의 사회적 역할 확대, 국제교류와 원조 증대 등으로 인해 자원봉사활동이 활발해질 것이다. 그리고 자원봉사가 노인, 아동, 청소년, 여성, 장애인, 알코올중독자, 에이즈환자, 재소자 등과 관련된 각종 사회문제를 해결하는 중요한 사회적 장치가 될 것이다. 자원봉사가 시민의 자발적 참여에 의해 이타주의를 실천하고 각종 사회문제를 예방·해결하는 생산적인 에너지가 되기 위해서는 전문기관이 자원봉사활동을 조직화하고 시민이 자원봉사활동을 일상적으로 실천해야 한다. 이것은 자원봉사를 전문으로 하는 각종 NGO가 중추적인 역할을 수행해야 함을 의미한다.

현대사회에서 자원봉사활동은 사회적 약자에게 복지서비스를 제공하는 것에만 그치지 않는다. 자원봉사활동은 사회구조를 개혁하고 시민문화를 정착하기 위한 조직적이고 지속적인 시민운동으로 전환되고 있다. 더구나 자원봉사활동이 지역사회나 주권국가의 범위에 머무르지 않고 국경을 넘어 인간의 고통을 구제하기 위한 활동으로 확장되었다. 이러한 의미에서도 자원봉사활동은 단순히 서비스를 제공하는 데 그치지 않고 지구촌 시민, 특히 제3세계 구성원의 불행을 초래하는 사회구조를 개혁하는 전 지구적인 시민운동과 연계되어야 한다. 이러한 시민운동을 추진하는 조직이 바로 NGO이다. 따라서 자원봉사활동에서 NGO의 역할은 매우 중요하다.

2. NGO에서 자원봉사의 의미

NGO를 달리 자원조직(voluntary organization)이라고 하는데, 이것은 NGO가 시민이 자발적으로 참여하여 주로 자원봉사활동에 의해 사업을 수행하는 조직이기 때문이다. 실제로 자원봉사활동은 NGO의 개념을 구성하는 중요한 요소이기도 하다. 자원봉사활동이 없는 NGO는 생존할 수 없고, 생존한다고 하더라도 효과적으로 시민운동을 전개하기 어렵다. 자원봉사활동이 없는 NGO는 그야말로 관료화된 조직이거나 명목상의 조직에 지나지 않는다. 적십자사, 소비자단체, 환경단체, 모금단체 등에서 활동하는 사람은 회원이든 비회원이든 대부분 자원봉사자이다.

자원봉사활동은 NGO에 세 가지 중요한 의미를 지닌다. 첫째, 자원봉사활동은 NGO의 중요한 재정적 자원이다. NGO에서 자원봉사활동은 기부금보다 더 큰 재정적 역할을 한다. 미국에서 1992년 조사된 바에 의하면, 모금을 전문으로 하는 NGO의 경우 전체 직원의 78%가

시민운동에서 시민단체의 회원이 자원봉사자로 참여하는 것이 중요하다. 시민단체 회원들이 퍼포먼스를 통해 새만금의 강행은 밑 빠진 독에 물 붓기와 같다는 것을 보여주고 있다.

자원봉사자였다. 실제로 NGO에 자원봉사자가 없다면 조직이 추구하는 목적을 달성하기 어렵다. 자원봉사자가 하는 일을 모두 직원을 고용하거나 임금노동으로 대체해야 한다면 NGO는 심각한 재정위기에 봉착하게 될 것이다. 심지어 NGO에서 자원봉사자는 상근자에 버금가는 전문성을 가지고 시민운동에 기여하기도 한다.

둘째, 자원봉사활동은 기부금에도 긍정적인 영향을 미친다. 전 세계적으로 조사된 바에 의하면 자원봉사 경험이 있는 사람일수록 기부금을 더 많이 내는 것으로 나타났다. 미국에서는 1999년 독립섹터(Independent Sector)의 조사에서 자원봉사자가 그렇지 않은 사람보다 평균적으로 2.5배나 많은 기부금을 내는 것으로 나타났다. 한국에서도 2001년 '아름다운재단'의 조사에서 자원봉사자가 그렇지 않은 사람

한국에서 복지공동체 구축에 대한 신념을 가지고 자원봉사활동에 참여하는 고등학생이나 대학생은 드물다. 사진은 환경단체 집회에 참여한 학생들.

보다 평균적으로 2배나 많이 기부활동에 참여하는 것으로 나타났다.

셋째, 자원봉사활동은 NGO에 대한 시민참여를 촉진한다. 전 세계적으로 시민참여의 부족은 재정부족과 함께 NGO활동의 가장 큰 장애요인인데, 자원봉사활동이 활발할 때 NGO는 회원을 모집하기 쉽고, 각종 프로그램에 대한 시민참여도 늘어난다. NGO에서 자원봉사활동은 그 자체가 상호 만남을 통해 협력의 규범을 학습하고 NGO에 대한 이해도를 높여준다.

NGO란 시민의 자발적 참여와 자원성에 근거하여 각종 공익활동을 추구하는 단체이다. 곧 시민의 자발적 참여, 자원봉사활동, 공익추구 등이 NGO의 기본이념이다. 자원봉사활동이 없는 NGO활동은 시민의 자발적 참여를 촉진하기 어렵고 공익활동을 전개하기도 어렵다. 따라서 자원봉사활동이 없는 NGO활동은 곧 동력(動力)을 잃어버리고 형식적이고 지리멸렬한 운동으로 전락하고 만다. 그만큼 NGO활동에서 자원봉사활동은 핵심적인 요소라고 할 수 있다.

3. 자원봉사의 갈등관리

NGO는 자원봉사자의 도움이 절실히 필요하다. 그러나 자원봉사자가 NGO활동에 참여함으로써 조직 내에서 여러 가지 갈등이 일어나게 된다. NGO활동의 자원봉사 과정에서 나타나는 갈등은 크게 자원봉사자와 상근자, 자원봉사자와 자원봉사자, 자원봉사자와 클라이언트(client) 간의 갈등으로 나눌 수 있다.

첫째, 자원봉사자와 상근자 간의 갈등은 NGO 내의 자원봉사활동에서 나타나는 가장 중요하고 심각한 문제이다. NGO에서 양자 간의 갈등은 조직의 이미지·역량·전략에 중요한 영향을 미친다. 양자 간의 갈등은 상근자의 입장에서 볼 때 자신의 위치에 대한 불안감, 자원봉사자가 제공하는 서비스의 질, 지도에 대한 불이행에 따른 불만에서 발생한다. 자원봉사자의 입장에서 볼 때는 교육의 부족, 성취감의 상실, 흥미의 상실, 인정(認定)에 대한 인색 등이 문제가 된다. 양자 간의 갈등을 해결하기 위해서는 자원봉사자에 대한 상근자의 인식전환이 필요하다. 자원봉사자를 단순한 업무보조나 조력자가 아니라 시민운동의 동반자로 인식하고 대우해야 한다. 따라서 자원봉사자를 단순히 전화 받고 복사하는 등의 잡무를 하는 사람으로 인식하는 것이 아니라, 그들에게 일정한 지위·권한·책임을 부여하고 각자의 잠재력을 계발할 수 있는 기회를 부여해야 한다. 자원봉사자의 입장에서도 자원봉사관리자의 전문성을 인정하고 책임있게 행동하는 것이 봉사의 효과를 높이고 자기계발의 목적을 달성할 수 있음을 인식해야 한다.

둘째, 자원봉사자와 자원봉사자의 갈등은 주로 인간관계나 경쟁심리에서 발생한다. 동일한 업무에 비슷한 교육을 받고 배치되었지만, 다양한 성격을 가진 사람들 간에 인간관계의 문제가 발생할 수 있다. 따라서 조직 내에서 개인 간의 상호 유대관계를 강화하는 각종 프로그램을 운영하거나 협력문화를 형성하는 것이 중요하다. 자원봉사자 간의 경쟁심리는 자원봉사자가 스스로 자제해야 하고, 관리자가 경쟁보다는 협력과 연대의 가치가 중시되는 조직문화를 형성해야 한다. 사실 자원봉사는 활동을 통해 성과를 내고 인정을 받고 성취감을 갖는 것도 중요하지만, 인간적 가치가 실현되는 과정 그 자체가 중요한 의미를 갖는다.

셋째, 자원봉사자와 클라이언트 간의 갈등은 주로 서비스제공형 NGO에서 자원봉사자의 클라이언트에 대한 무지와 자만, 자원봉사자의 능력 한계, 활동의 일과성과 피상성에서 발생하거나, 클라이언트의 자기중심적 태도, 과도한 요구, 감사하는 마음의 부족 등에서 발생한다. 이와 관련된 갈등을 해결하기 위해서는 자원봉사자가 적절한 교육과 훈련을 통해 자원봉사의 정신을 이해하고, 직무지침에서 제시한 행동요령을 따라야 한다. 그리고 자원봉사관리자는 클라이언트와의 갈등에 대해 수시로 상황을 파악하고 일정한 조정활동을 해야 한다. 특히 클라이언트의 불만을 줄이기 위해서는 자원봉사자의 능력에 맞는 적절한 배치가 중요하다.

20
한국의 자원봉사활동은
어디쯤 와 있나

한국은 오늘날 자원봉사활동의 이념적 토대로서 전 세계에서 보편적
으로 받아들일 수 있는 홍익인간의 이념을 가진 나라이다. 그러나
오랫동안 가난에 시달리고 군부독재의 억압을 받으면서 이러한 이념
을 제대로 실천할 수 있는 시민사회가 발달하지 못했다. 한국의 자원
봉사활동은 1980년대 이후 각종 국제행사의 개최, NGO의 발달과
함께 급격하게 성장하고 있으나, 선진국에 비해 여전히 낮은 수준에
있다. 여기서는 한국 자원봉사활동의 현황과 아울러 문제점을 살펴보
고, 이를 해결하여 자원봉사활동을 활성화할 수 있는 방안을 알아본다.

1. 국가 주도의 근대화

단군신화에 나타난 홍익인간(弘益人間)은 널리 인간을 이롭게 한다는 뜻으로 자애(慈愛), 이타(利他), 공생, 복지 등의 이념을 내포하고 있다. 현대적으로 해석하면, 민주복지사회를 구현하기 위해 공동으로 참여하는 실천윤리를 담고 있는 것이다. 이것은 구체적으로 자원봉사활동에 의해 가능하다. 그러나 이러한 유구한 전통에도 불구하고 우리나라의 자원봉사활동은 매우 빈약하다. 시민은 공공선을 위해 스스로 참여하고 봉사한다는 의식이 부족하고, 정부는 이러한 시민참여를 유도하는 정책개발에 무관심했다. 그 이유는 무엇일까?

한국은 서구사회와는 달리, 국가 주도로 근대화가 이루어졌고 근대화의 진전에 따라 '위에서 아래로'의 방식으로 시민사회가 형성되었다. 즉 한국의 시민사회는 서구사회와 같이 절대체제에 대한 시민혁명을 통해 발전한 것이 아니다. 따라서 국민들은 강력한 국가권력의 억압 아래 각종 사회문제의 해결에 대한 주체의식이 빈약할 수밖에 없었다. 또한 혹독한 일제식민지 통치, 파괴적인 한국전쟁, 억압적인 독재정권하에서 살아남기 위한 이기적 생존본능이 강했기 때문에, 공공의 이익에 대한 참여와 사회적 책임에 대한 의식이 제대로 발달하지 못했다. 생계조차 유지하기 어려운 가난을 오랫동안 겪은 것 또한 시민들로 하여금 공익의식을 갖는 것을 어렵게 만들었다. 근대화가 진척되고 자본주의가 발달했지만, 왜곡된 자본주의 문화로 인해 황금만능주의가 팽배했고, 한국사회를 지배했던 가족주의·연고주의·배타주의 등의 왜곡된 유교적 가치관 때문에 공공의식이 부족할 수밖에 없었다. 그리하여 시민사회에서 공동체의식이 빈약했고 자신의 이해

한국의 유교적 가치는 공공의식을 크게 중시하지 않았다. 사진은 전통유교 교육을 받고 있는 어린이들.

관계와 부합할 때에만 공익에 관심을 보이는 경향이 강했다. 예를 들어, 동창회·향우회·종친회 등 1차적인 집단(Gemeinschaft)의 활동은 매우 활발했으나, 자원봉사활동을 구체적으로 조직하고 시행하는 결사체는 매우 적었다.

자원봉사활동에 대한 정부의 인식 또한 부족했다. 많은 사회적 문제를 시민들의 자발적인 조직활동에 의해 해결할 수 있음에도 불구하고, 정통성과 정당성이 빈약했던 정권은 시민사회의 단체활동이 정권에 대한 도전으로 전환되는 것을 우려했다. 따라서 국가는 자원봉사에 대한 제도를 완비하고 홍보와 교육을 통해 이를 활성화하기보다는 각종 사회문제를 직접 국가통제하에 두거나, 민간의 도움이 필요할 때는 국가의 강압에 의해 국민을 동원했다. 따라서 국민들은 강제가 없으면 자신의 직접적인 이해와 관계없는 활동에는 무관심했고, 강제에 의해 사회문제를 해결하는 공익활동에 참여할 때에도 대부분 타성적으로 움직였다. 비록 해방 이후 종교단체와 상류층을 중심으로 자원봉사활동이 존재해왔다고는 하지만, 지금처럼 범시민적으로 활성화되기 시작한 것은 1990년대에 들어와서이다. 그러나 아직도 한국의 자원봉사활동은 미국과 같은 서구 선진국뿐만 아니라, 비슷한 문화권에 있는 이웃 일본에 비해서도 턱없이 저조하다.

2. 한국의 자원봉사 현황

세계에서 자원봉사활동이 가장 활발한 미국은 1994년 18세 이상 성인의 약 48%가 일주일에 평균 4.2시간의 자원봉사활동에 참가했다고 한다. 이것은 연간 8,900만 명이 195억 시간을 봉사한 것으로서, 공식적인 시간인 150억 시간만 계산해도 880만 명의 풀타임(full-time) 고용가치에 해당하고, 화폐가치로는 1,820억 달러에 달했다. 이것은 미국에서 1년 동안 개인·재단·기업 등 민간영역에서 제공하는 전체 기부금보다 높은 가치로서, 미국 국내총생산(GDP)의 2%에 해당했다. 1999년 조사에서는 자원봉사 참가율이 56%로 높아졌다. 그리고 연간 통계치로서 75세 이상 노인의 43%가 자원봉사에 참가했고, 청소년의 70%가 자원봉사를 경험했다고 한다.

한국은 1990년대에 들어와서 자원봉사활동이 활성화되기 시작했다. 그러나 <그림 7>에서 보는 바와 같이, 한국의 자원봉사는 2000~2001년을 기준으로 할 때 아직도 다른 선진국보다 매우 낮은 수준에

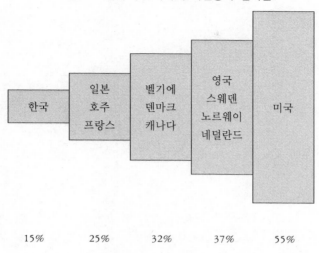

<그림 7> 세계 주요국가의 자원봉사 참가율

한국	일본 호주 프랑스	벨기에 덴마크 캐나다	영국 스웨덴 노르웨이 네덜란드	미국
15%	25%	32%	37%	55%

있다.

'볼런티어21'이라는 자원봉사 교육전문 NGO가 2002년 전국(제주제외) 20세 이상 성인 1,512명을 대상으로 조사한 바에 의하면, 한국인은 1년간 전체 성인의 16.3%가 주당 평균 1.9시간 동안 자원봉사활동에 참가한 것으로 나타났다. 이것은 전체적으로 550만 명이 5억 3,200만 시간 동안 활동한 것에 해당하고, 2002년 한국 남녀의 시간당 평균임금을 6,799원으로 계산하면 3조 6,200억 원의 화폐가치에 해당한다. 이것은 2001년 한국 국내총생산(GDP)의 0.7%에 해당했다. 2002년 한국의 자원봉사 현황을 정리하면 <표 5>와 같다.

한국의 자원봉사자를 구체적으로 분석해보면, 대체로 성별로는 남성보다 여성의 참여가 활발했고, 연령별로는 40대의 참가율이 가장

<표 5> 2002년 한국 자원봉사 현황

주요 내용	정도
평균 자원봉사 참가율(성인)	16.3%
평균 자원봉사 시간(주간)	1.9시간
총 참가자 수	550만 명
총 자원봉사 시간	5억 3,200만 시간
총 화폐가치	3조 6,200억 원
GDP 대비 비율(2001)	0.66%

높았다. 그리고 기혼자가 전체 참가율의 75%를 차지할 정도로 매우 높게 나타났고, 학력이 높을수록 대체로 참가율이 높은 것으로 나타났다. 직업별로는 가정주부와 자영업자의 참가율이 높았다. 그리고 다른 선진국에서와 마찬가지로 자원봉사자의 73%가 종교를 가진 것으로 파악되었다. 또, 부모의 자원봉사 참가경험과 가난한 가정에서의 성장 경험이 자원봉사 참가율에 중요한 영향을 미치는 것으로 나타났다. 자원봉사 참가 이유에 대해서는 여가선용과 도덕적 의무가 가장 높게 나타났다.

한국에서는 거의 모든 NGO들이 자원봉사자를 환영하지만, 대표적인 자원봉사단체로는 볼런티어21, 부름의전화, 불교자원봉사연합회, 사랑실은교통봉사단, 섬기는사람들, 생명의전화, 자원봉사애원, 한국국제기아대책기구, 한국시민자원봉사회, 한국자원봉사단체협의회, 세계청년봉사단(KOPION) 등을 들 수 있다.

3. 문제점과 활성화 방안

한국은 자원봉사에 대한 의식과 문화가 빈약하다. 이것은 인권이 존중되고 시민참여가 활성화되는 민주주의와 중산층의 증대를 가져오는 근대자본주의가 늦게 발달했기 때문이기도 하다. 이에 더하여 다른 선진국과는 달리 자원봉사에 대한 기본법이 늦게 제정되었다. 자원봉사의 전문학자와 현장활동가가 수십 년 동안 자원봉사에 대한 입법청원을 했으나, 2005년에야 겨우 국회에서 법률이 제정되었다. 자원봉사에 대한 법률이 제정되긴 했으나 아직 전국적인 총괄기구의 설치, 전문가의 양성, 자원봉사 교육 등이 제대로 이루어지지 않고 있다.

한국에서 자원봉사에 대한 각종 문제를 극복하고 자원봉사를 활성화하기 위해서는 지도층의 인식 제고, 정책의 수립과 정부지원, 학교와 기업의 연계망 구축, 전문가의 양성, 전국적인 총괄기구의 설치, 국제자원봉사의 활성화 등이 필요하다. 특히 자원봉사가 주로 지역사회를 중심으로 이루어진다는 점에서 지방정부의 역할이 중요하다. 지방정부와 지방시민사회가 상호 협력하여 지방수준에서 자원봉사가 활성화될 수 있도록 유인해야 한다. 정부나 기업에서도 자원봉사활동에 대한 보상제도를 강화하고 이를 경력으로 인정해주는 시스템을 만들어야 한다. 사회지도층 인사는 솔선수범하여 기부와 자원봉사에 나섬으로써 청소년들에게 지도자가 되기 위해서는 자원봉사를 생활화해야 함을 보여주어야 한다.

자원봉사는 청소년시절부터 교육받고 체험해야 하기 때문에 이에 대한 학교교육을 강화할 필요가 있다. 자원봉사에 대한 교육은 민주주

자원봉사활동이 활발해지기 위해서는 공공언론의 역할도 중요하다. 사진은 언론의 편파보도에
항의하는 시민단체 회원들의 행진 모습.

의의 발전을 위해 반드시 필요하기 때문에, 시민교육에서 중요한 항목
으로 포함되어야 된다. 타자에 대해 일정한 사회적 책임을 지고 공동
체사회의 공익활동에 참여하는 경험은 청소년시절부터 실천을 통해
이루어져야 한다. 청소년은 자원봉사활동 과정에서 토론과 협력문화
를 익힐 뿐 아니라, 사회인으로서 개인의 정체성과 주체성을 확고히
하게 된다. 이것은 나중에 성인이 되어 사회에 적응하는 데도 도움이
된다.

　이에 덧붙여 자원봉사에 대한 언론의 역할, 특히 공영방송의 역할을
지적해야 할 것 같다. 한국에서 가장 영향력이 있는 기관을 꼽으라면
그것은 KBS라고 할 수 있다. 가장 짧은 시간에, 가장 많은 사람에게,

가장 많은 정보를 전달할 수 있는 기관이기 때문이다. 자원봉사활동의 빈약을 비롯하여 한국사회가 안고 있는 모순을 논한다면, 우선 공영방송으로서 KBS의 책임이 매우 크다고 할 수 있다. 공영방송으로서 KBS 외에 MBC나 다른 방송국도 있지만, 적어도 광고주의 영향을 받지 않는 KBS(1TV)는 좋은 프로그램을 만들어 각종 공익활동이 활성화되도록 할 수 있는 능력과 의무를 지니고 있다. 따라서 KBS는 심층적인 취재, 전략적인 프로그램 제작, 공익광고 등을 통해 시민운동이 활발히 일어나도록 홍보·교육·설득해야 한다. 책을 많이 읽는 나라, 질서를 잘 지키는 나라, 범죄가 없는 나라, 인권을 중시하는 나라, 물질 외에도 정신을 존중하는 나라, 국민이 부패를 고발하고 감시하는 나라, 지도자를 제대로 뽑는 나라, 자연과 환경을 소중히 하는 나라, 공동체의식이 살아 있는 나라를 만들기 위해 공영방송이 할 수 있는 일과 해야 할 일이 너무 많다. 따라서 자원봉사활동의 활성화에 대해서도 공영방송의 역할이 요망된다.

NGO를 알면 세상이 보인다

국
제적으
로도 마찬가지이
다. 1838년에 영국에서는 노
예제도를 반대하는 반노예협회(British
Anti-Slavery Society)가 설립되었고, 1864년에
결성된 세계적십자사(Red Cross)가 중립의 원칙 속에서 인도
적인 실천활동을 벌였다. 그리고 1892년 시에라클럽(Sierra Club)이 미
국에서 결성되어 환경운동을 시작했고, 영국의 아동구호기금(Save the Children
Fund)이 1919년에 설립되어 전쟁 후에 고아가 된 아동을 보호하는 활동을 했다. 그러나 이러
한 단체를 않았다.

제4부 NGO와 국제사회

NGO라는 용어가 국제사회에 등장하게 된 것은 대체로 제2차 세계대전 이후라고 볼 수 있다. NGO는 1945년
엔(UN: United Nations) 헌장 제71조에 등장함으로써 공식적으로 사용되었다. 이후 1950년 개정을 통해 UN
산하에 경제사회이사회(ECOSOC: Economic and Social Council)에 협의적 지위(consultative status)를 갖
게 되었다. 이때 UN에서는, 정부 이외   연대와 공공의 목적을
현하기 위한 자발적 공식조직을 가리켜 NGO라고 했다. 즉 NGO는 비정부성, 공익성, 연대성, 자원성, 공식성,

국제성의 특성을 가진 민간단체를 의미   에서 개별 국가나 각종
제기구가 해결하지 못하는 국제적 문제를 해결하기 위해 만든 것을 의향으로 활동는 소극적인 개념이었다.
우리나라에서 NGO라는 개념이 보편   6월항쟁을 통해 군부
정권이 물러가고 정치적 민주화가 진행되에 따라 시민들은 스스로 국가와 자본을 견제하고 시민권리를 옹호하
기 위한 각종 단체를 결성했다. 이러한   리우환경개발회의 등 각
종 NGO 국제대회가 국내에 소개되면서 등장하게 된 NGO라는 개념과 비슷한 의미로 자리 잡게 되었다. 오늘날
NGO의 개념은 점점 범주가 확대되고 의미도 적극적으로 변하고 있다. 즉 NGO는 시민들의 자발적인 참여와 연
대를 통해 각종 국제적인 영역뿐만 아니라, 주권국가 내의 문제나 지역사회 문제를 해결하는 단체도 포함하고 있
다. 그뿐만 아니라, 초창기 국가나 국제기구에 협조하여 국제문제를 해결한다는 소극적인 의미에서 벗어나, 독
적으로 시민권리를 옹호하고 국가권력과 국제사회의 강대국을 견제하는 단체로 인식되고 있다.
NGO가 국가나 시장이 아닌 시민사회에서 자원활동을 통해 각종 사회문제를 해결하는 결사체로서 그 개념이 정
립되어 있기는 하지만, 그 범위에 있어서는 국가마다 다르다. 미국이나 일본에서는 NGO를 NPO의 일부로서 환
경 · 개발 · 인권 · 여성 · 구호 등과 같은 공공의 이익을 추구하는 자발적 결사체, 특히 국제원조에 참여하는 단
체를 말한다. 예를 들어, 미국에서 의회감시단체인 커먼코즈(Common Cause)와 국제구호단체인 케어(CARE)
가 대표적인 NGO라고 할 수 있다. 미국에서는 오랫동안 NGO를 사적자원조직(PVO: private voluntary
organization)이라고 불렀으나, 최근에는 NGO라는 명칭을 점점 많이 사용하고 있다. 일본의
NGO로는 난민보호협회, 지뢰피해 아동을 돕는 모임, 아프리카 교육기금 등을 예로
들 수 있다. 유럽에는 다양한 국가가 있어 차이가 있지만, NGO를 NPO
와 같은 영역으로 넓게 보기도 한다. 따라서 대학, 복지관, 오
케스트라, 변호사협회와 같은 단체들도 NGO에
포함시키는 경향이 있다.
우리나라에서 NGO가 무
엇인가를 정의

21

UN은 NGO의 협력 없이
움직일 수 없다

오늘날 통신기술의 발달과 세계화의 진행으로 각종 국제문제가 바로 국내문제로 연결된다. 따라서 각종 국내 NGO들이 국제문제에 관심을 가지고 대응할 뿐만 아니라, 국제문제를 다루는 다양한 국제 NGO들이 설립되어 활동하고 있다. 이러한 NGO의 국제활동은 필연적으로 주권국가의 연합체로서 대표적인 국제기구인 UN과 상호 작용하게 된다. NGO는 UN이 설립될 때부터 UN과 관계를 맺어왔다. 오늘날에도 양자는 각종 국제문제를 해결하기 위해 서로 협력하고 있다.

1. UN과 NGO의 관계

UN은 1945년 10월 51개국이 회원으로 가입하여 주권국가의 독립성 유지와 국제분쟁의 평화적 해결이라는 원칙하에 국제평화와 안보를 유지하기 위한 목적으로 설립되었다. 유엔은 2003년 현재 191개국이 회원으로 가입되어 있고, 내부에 안전보장이사회, 총회, 경제사회이사회, 신탁통치이사회, 국제사법재판소, 사무국 등 다양한 조직을 거느리고 있다. 그리고 유엔개발계획(UNDP), 유엔아동기금(UNICEF), 국제노동기구(ILO) 등 많은 전문상설기구를 두고 있다. UN은 오늘날 가장 포괄적인 국제기구로서 국가 간의 이해관계를 표출하고 조정하며 다자주의를 실현하는 대표적인 국제포럼이다.

UN은 1945년 설립 때부터 NGO와 밀접한 관계를 가져왔다. 1945년 4월 미국 샌프란시스코에서 51개국 대표들이 모여 UN 창설을 논의할 때, NGO 대표들도 참여하여 국제평화를 구축하기 위해 노력했다. 그 대표적인 것이 UN헌장의 인권조항이다. 미국 NGO 대표들은 세계평화를 위해 UN헌장에 인권조항을 삽입하도록 압력을 가하여 이를 관철시켰다. UN이 설립된 후, NGO는 UN헌장 제71조에 의해 경제사회이사회(ECOSOC: Economic and Social Council)와 협의적 지위(consultative status)를 가지고 각종 국제활동에 대해 발언을 하거나 의견을 제시할 수 있게 되었다.

경제사회이사회는 UN의 기구 중에서 가장 광범위한 활동을 하고, 가장 재정이 많이 투입되는 곳이다. 내부에 9개의 기능위원회와 5개의 지역경제위원회가 있고, 그 밖에 여러 상설위원회와 전문가위원회를 두고 있다. UN에서 사회개발, 인권, 여성, 복지, 마약, 지속가능개발,

<표 6> UN 경제사회이사회에서 NGO의 협의적 지위

지위	NGO 권한	가입 단체 수	가입한 한국 NGO
포괄적 협의지위	의제 제안, 회의출석 발언, 의견서 제출	국제로타리클럽, 국제상공회의소 외 130여 개	굿네이버스, 세계평화여성연합
특별 협의지위	회의 출석 발언, 의견서 제출	앰네스티 인터내셔널, YMCA 외 1,300여 개	밝은사회국제클럽, 한국여성단체협의회, 환경운동연합, 한국자유총연맹, 참여연대 등
명부상 협의지위	요청 시에 발언 및 의견서 제출	아시아태평양청년 연합 외 1,000여 개	새마을운동중앙협의회, 소시모(소비자문제를 연구하는 시민의 모임)

인구, 과학기술 등과 같은 주요 의제는 주로 경제사회이사회에서 다룬다. NGO는 1946년 4개의 단체가 경제사회이사회에서 협의적 지위를 획득한 이후, 국제적인 이슈의 증가로 NGO의 역할이 중요해지자 그 수가 계속 증가해왔다. 오늘날 NGO는 경제사회이사회와 다양한 협력을 통해 각종 국제문제를 해결하는 데 크게 기여하고 있다.

NGO는 경제사회이사회에 세 가지 종류의 협의적 지위를 갖는다. 첫째, 포괄적 협의지위(General Consultative Status)이다. 이 지위를 가진 NGO는 경제사회이사회와 그 산하기관에 의제를 제안할 수 있고, 회의에 출석하여 발언하거나 문서로 의견을 제출할 수 있다. 둘째, 특별 협의지위(Special Consultative Status)이다. 이 지위를 가진 NGO는 의제 제안권이 없지만, 회의출석 발언권과 의견 제출권을 가진다. 셋째, 명부상 협의지위(Roster Consultative Status)이다. 이 지위를 가진 NGO는 경제사회이사회나 그 산하기관이 요청할 경우 발언하거나 의견서를 제출할 수 있다. 2004년 현재 경제사회이사회에 협의적

오늘날 인권은 주요한 국제적 이슈이다. 정리해고에 반대하는 시위에서 한 노동자가 피를 흘리고 있다.

지위를 가진 NGO는 2,400여 개에 달하고, 한국에서도 수십 개의 NGO가 각종 협의적 지위를 가지고 있다. 경제사회이사회에 협의적 지위를 가진 NGO는 집단적인 힘을 강화하고 유엔과의 관계를 향상 시키기 위해 1948년 NGO 협의체인 NGO회의(CONGO: Conference on Nongovernmental Organization)를 결성하여 오늘날까지 활동하고 있 다. 이상의 내용을 정리하면 <표 6>과 같다.

 NGO는 UN 사무국의 공보국(DPI)과도 1968년 경제사회이사회의 결의안에 따라 공식적인 관계를 맺어왔다. 2004년 현재 공보국과 공식적인 관계를 맺고 있는 NGO는 전 세계에 걸쳐 2,000여 개에 이른다. 공보국과 공식적인 관계를 맺고 있는 NGO는 규칙적인 정보 획득, 지구문제 회의 참가, 유엔 NGO자원센터(NGO Resource Center)

<표 7> 주요 NGO 국제회의

연도	장소(도시)	회의 이름
1992	리우데자네이루	환경개발회의
1993	비엔나	세계인권회의
1994	카이로	인구개발회의
1995	코펜하겐	사회개발세계정상회의
1995	베이징	세계여성대회
1996	이스탄불	인간주거회의
1996	로마	세계식량정상회의
1999	서울	NGO세계대회
2000	뉴욕	새천년포럼
2001	더반	세계인종회의
2002	요하네스버그	지속가능발전세계정상회의
2003	제네바	정보사회세계정상회의

이용 등과 같은 혜택을 누린다. NGO는 유엔 조직 중에서 가장 중요한 총회와 안전보장이사회와는 공식적인 관계를 맺고 있지 않다. 그러나 가끔 총회 산하의 위원회나 안전보장이사회의 요청에 의해 회의에 참석하여 의견을 표명하기도 한다.

NGO는 또한 UN과의 관계에서 UN을 견제하기도 하고 공동으로 국제회의를 개최하기도 한다. NGO는 UN이 가진 한계를 극복하기 위해 UN의 개혁을 요구한다. UN헌장의 개정은 총회에서 회원국 2/3의 찬성과 안정보장이사회 상임이사국 5개국의 동의를 얻어야 하기 때문에 매우 어려운 과제이다. 그러나 강대국의 영향력을 제한하고 국가 밖의 각종 자발적 결사체인 NGO의 영향력을 강화하기 위해서는 시민사회의 연대를 통한 아래로부터의 저항이 필요하기 때문에 NGO의 요구는 계속될 것으로 보인다. NGO는 1972년 스웨덴 스톡

홀름에서 열린 UN인간환경회의(UNCHE)에 참여하여 정부대표들과는 별도로 회의를 열고 UN을 압박했다. 이후 UN이 개최하는 각종 정부간회의(intergovernmental conference)에는 대규모의 NGO 병행회의(parallel conference)가 열리게 되었다. 1992년에는 브라질의 리우데자네이루에서 유엔환경개발회의(UNCED)가 열렸는데, 여기에는 전 세계 수만 명의 NGO 활동가들이 참여하여 UN을 압박했을 뿐만 아니라, UN과 함께 회의를 준비하고 진행하기도 했다. <표 7>은 1992년 리우데자네이루에서 열린 환경개발회의 이후에 열린 각종 NGO 국제회의를 정리한 것이다.

2. 글로벌 거버넌스와 NGO의 중요성

UN은 주권국가가 주요 행위자인 국제정치의 장이다. 따라서 각국의 대표로서 정부가 독점적인 의사결정권을 행사하고, 특히 강대국 중심으로 국제정치가 운영되기 때문에 정부 밖에 있는 NGO는 대표성과 전문성이 없다는 이유로 무시되었다. 그러나 1990년대 이후 국제환경이 변화했다. 정치·군사문제와 같은 강성정치(hard politics)보다는 환경·인권·평화·문화·여성 등과 같은 연성정치(soft politics)가 강조되었다. 그리고 인권·마약·부패·범죄·난민 등 개별국가나 국가연합만으로는 해결하기 어려운 다양한 국제문제가 등장했다. 이에 편승하여 각종 NGO들이 지구시민의 삶의 질과 관련된 각종 이슈를 제기하고 직접 문제를 해결하는 능력을 보여주었다. 따라서 국제정치에서 NGO가 중요한 행위자로 부상하게 되었다. 오늘날 NGO가 단독으로 각종 국제문제를 해결한다는 것은 분명 불가능하다. 그러나 NGO의 도움 없이 개별국가나 UN 단독으로 각종 국제문제를 효율적이고 효과적으로 해결하기 어렵다는 것은 부정할 수 없다.

현대사회의 국제관계는 과거처럼 국가 중심의 강성정치만이 중요한 것이 아니다. 연성정치와 관련된 각종 이슈에 대해 개별국가나 UN 외에 다양한 행위자가 참여하여 의제를 제안하고 문제를 공동해결하는 시대이다. 이른바 글로벌 거버넌스(global governance)가 중시되고 있는 것이다. 글로벌 거버넌스는 거버넌스가 지구적으로 확대된 것으로서, 이것은 국제사회에서 국가가 유일한 행위자가 아니고, 국가 단독으로 각종 국제문제를 해결할 수 없으며, 패권적인 지배가치가 아니라 다양한 세계관과 문화가 공존하고 있음을 함축한다. 즉 복잡한 국제문제를 개별국가나 국가연합인 UN 단독으로 해결할 수 없고, NGO나 기업 그리고 매스미디어와 같은 다양한 행위자의 협력이 필요함을 의미한다.

오늘날 UN헌장에서 공언하고 있는 세계평화와 복리는 결코 일국 내에서의 정부의 노력이나 국제사회에서 국가 간의 타협만으로는 성취하기 어렵다. 인권보호, 환경보호, 빈곤구제, 난민구호, 질병예방, 사회개발 등과 같은 국제문제는 결코 개별국가나 UN의 힘만으로 해결될 수 있는 것이 아니다. 이러한 문제는 NGO가 가지고 있는 아이디어, 주민근접성, 실행능력, 전문성, 여론형성, 감시능력 등을 필요로 한다. UN이 일정한 계획과 예산 아래 어떤 문제해결을 위해 실행하고자 할 때, UN기구의 관료나 각국 정부의 공무원으로 해결할 수 없는 경우가 너무나 많다. 전 세계에서 평화와 복리와 관련된 문제를 해결하기 위해서는 관련 정책의 현장상황을 잘 이해하고, 소외된

인권의 보호를 위해 UN과 NGO는
상호 협력하고 있다. 사진은 외국인
노동자의 권리를 주장하는 시위 모습.

집단의 목소리를 반영해야 하며, 전문적인 정보수집과 분석능력을
가져야 한다. 그리고 근본적으로 정의·인권·윤리와 같은 가치에 기초
하여 문제에 접근해야 한다. 이러한 가치와 현장성, 그리고 실행능력
을 가진 조직이 바로 NGO이다. 따라서 국제사회에서 복잡하고 다양
한 문제를 효율적이고 효과적으로 해결하기 위해서는 NGO의 협력이
필수적이다.

　NGO의 중요성이 강조된 것은 각종 국제문제의 성격의 변화에도
기인하지만, 본질적으로 UN의 한계에서 오는 것이기도 하다. UN은
제2차 세계대전 이후 전쟁 승전국의 이익에 따라 국가 중심으로 만들
어졌다. 따라서 UN의 한계는 국내문제에 간섭할 수 없거나 독자적인

군대를 가지고 있지 않다는 문제에서 끝나지 않는다. UN에서는 강대국이 안전보장이사회에서 거부권을 행사함으로써 중요한 영향력을 행사한다. 특히 미국은 세계의 초강대국이자 UN 정규예산의 22%를 담당하고 있기 때문에 유엔의 위상과 역할에 커다한 영향을 미친다. 예를 들어 2003년 미국은 유엔의 반대에도 불구하고 이라크를 침략함으로써 유엔을 무력화시켜 버렸고, 지금도 대인지뢰·지구온난화·국제형사재판소 등에 관한 국제협약에 서명하는 것을 거부하고 있다. 따라서 NGO는 소속한 자국의 정부에 압박을 가하고, 미국을 비롯한 세계 강대국의 이기주의를 견제하기 위해 중요한 역할을 한다.

UN은 국제사회에서 NGO와의 협력을 강화하기 위해 1995년 산하에 글로벌거버넌스위원회(Commission on Global Governance)를 설치했다. 그리고 코피 아난(Kofi Annan) 유엔 사무총장은 1998년 「유엔체계의 모든 활동에서 NGO와의 상호 작용을 위한 제도적 정비와 실천」이라는 특별보고서에서 글로벌 거버넌스에 대한 전 세계 NGO의 참여와 역할을 강조했다. 이후 2000년 미국 뉴욕에서 열린 새천년포럼에서 UN은 NGO의 역할과 영향력을 인정하고 유엔체계에서 NGO의 참여를 활성화하도록 제도를 개선하겠다고 선언했다. 유엔이 비폭력, 지속가능개발, 민주주의, 책임성, 인권 등과 같은 가치를 실현하기 위해서는 NGO의 가치, 신념, 전문성이 투입될 필요가 있다. 따라서 UN의 거의 모든 활동에서 NGO의 적극적인 참여와 지원이 필요하다. 2007년부터는 한국의 반기문이 유엔 사무총장을 맡게 됨에 따라 한국 NGO도 적극적으로 국제문제를 해결하기 위한 노력에 동참하게 될 것으로 보인다.

22
시민사회는 전 지구적으로
확대되고 있다

오늘날 시민사회가 한 국가의 영역을 넘어 전 지구적으로 확대됨에 따라 글로벌 시민사회(global civil society)가 형성되고 있다. 따라서 각국 NGO들이 국제연대를 형성하거나 다양한 국제 NGO가 등장하여 개별국가나 국제기구가 해결하지 못하는 환경, 인권, 평화, 주거, 난민보호, 구호 등과 같은 문제를 해결하기 위해 활동하고 있다. 이제 지구촌의 안녕과 번영은 NGO의 도움 없이 성취하기 어려운 시대가 되었다. 터키와 인도네시아에서 지진이 일어났을 때, 동티모르와 코소보에서 대량난민이 발생했을 때, 아프리카에서 홍수가 일어났을 때, 고통받는 인간을 구제하기 위해 가장 먼저 현장으로 달려가 구호활동을 펼친 것은 바로 NGO이다.

1. 글로벌 시민사회의 등장

시민사회는 원래 일국적 개념으로 등장했다. 근대국가의 발달과 함께 등장한 시민사회는 국가로부터 개인의 자유와 권리를 보장하는 것이 주요 과제였기 때문에 시민사회는 국가의 대척지점에 위치했다. 그러나 19세기 후반에 이르러 시민사회는 국가의 경계를 넘어 활동하기 시작했다. 예를 들어, 1855년에 결성된 세계YMCA연맹은 국제적인 상호 교류를 통해 문화를 전파하고 시민의식을 고취했다. 그리고 1864년에 결성된 국제적십자사는 국적에 관계없이 전쟁터에서 부상자를 치료함으로써 국제적인 구호활동을 전개했다. 이후 20세기에 들어와서 각종 국제 NGO들이 결성됨에 따라 국제회의를 개최하고 국제평화나 아동구호와 같은 공동문제를 해결하기 위해 상호 협력했다. 나아가 제2차 세계대전 이후 UN이 결성됨에 따라 NGO의 국제활동이 더욱 활발하게 되었다. 각국의 NGO들은 UN에 참여하여 각종 의제를 제안하고 세계 각국 시민의 여론을 전달했다. 이를 위해 NGO들은 연대기구를 만들고 공동으로 행동하게 되었다. 그리고 각국 NGO들은 UN이 해결하지 못하는 각종 국제문제를 서로 협력하여 해결하기도 했다.

시민사회가 국제적으로 확장되어 NGO의 국제활동이 본격적으로 활성화된 것은 1980년대 이후이다. 1980년대 아시아, 아프리카, 동유럽 등에서 독재정권에 저항하여 민주화운동이 진행됨에 따라 국경을 넘어선 시민사회의 연대가 이루어졌다. 그리고 1990년대에 들어와서 소련과 동유럽에서 사회주의체제가 무너지고 개방이 진행됨에 따라 많은 NGO들이 결성되었다. 또한 제3세계에서도 민주주의가 발전함에 따라 여러 분야에서 다양한 NGO들이 생겨났다. 이러한 NGO는 국경을 넘어 인권, 환경, 평화, 사회개발, 난민, 자연재해 등 각종 문제를 해결하기 위해 서로 연대하여 활동했다. 글로벌 시민사회는 이처럼 국가와 시장 밖의 시민사회가 지구적으로 연결되어 공동의 목적을 달성하는 결사체의 연합과 그 활동을 말한다.

현대사회에서 시민사회는 본질적으로 국가를 초월하지 않을 수 없다. 예를 들어, 지구온난화의 문제나 원자력발전소의 사고는 국민국가의 경계를 넘어선 문제이다. 이러한 문제는 개별국가가 해결할 수 없을 뿐만 아니라, NGO들도 국가적 차원에서 해결할 수 있는 것이 아니다. 따라서 세계의 NGO들이 상호 연대하여 글로벌 시민사회를 형성하고 함께 해결해야 한다. 즉 시민사회는 지구적 교류와 연대를 통해 민주주의, 인권, 자유, 평화와 같은 보편적 가치를 확산하고 지구적 공공선을 증대하고 있다. 시민사회가 이렇게 지구적으로 연결되어 네트워크가 강화되고 있는 데에는 여러 가지 요인이 작용한다. 교통통신기술의 발달에 따른 교류와 협력의 증대, 지구적 문제의 증대와 개별국가의 대처능력의 한계, 국가주의의 후퇴와 시민참여 욕구의 증대, 국제 NGO의 증가와 지구적 네트워크의 형성, 세계시민의식의 확대와 지구문화의 창출 등과 같은 요인을 들 수 있다.

2. 글로벌 시민사회에서 NGO의 역할

글로벌 시민사회는 다양한 행위자들이 참여하여 갈등하고 협력하는 역동적인 정치의 장이다. 여기에는 개인, NGO, 노동조합, 종교단

<표 8> NGO의 세계 및 지역사회포럼의 예

연도	주요 사회포럼 행사
2001	포르투 알레그레(브라질) 제1차 세계사회포럼
2002	포르투 알레그레 제2차 세계사회포럼 바마코(말리) 제1차 아프리카사회포럼 플로렌스(이탈리아) 제1차 유럽사회포럼
2003	포르투 알레그레 제3차 세계사회포럼 아디스아바바(에티오피아) 제2차 아프리카사회포럼 파리(프랑스) 제2차 유럽사회포럼 하이드라바드(인도) 아시아사회포럼 밴쿠버(캐나다) 북미사회포럼 웰링턴(뉴질랜드) 오세아니아사회포럼 벨렘(브라질) 제2차 팬아마존사회포럼
2004	뭄바이(인도) 제4차 세계사회포럼 퀴토(에콰도르) 아메리카사회포럼 바르셀로나(스페인) 지중해사회포럼 시우다드(베네수엘라) 제3차 팬아마존사회포럼
2005	포르투 알레그레 제5차 세계사회포럼

체, 이익집단, 매스미디어 등 다양한 행위자들이 있다. 그러나 글로벌 시민사회에서도 역시 NGO가 중추적인 행위자라고 할 수 있다. 각국의 NGO들은 국경을 넘어 상호 교류하고 연대하면서 이슈를 제기하고, 여론을 형성하며, 각종 가치와 규범을 창출한다. 오늘날 지구적 차원에서 나타나는 국제분쟁, 인권유린, 환경파괴, 자연재해, 빈곤과 불평등 등과 같은 문제는 상당 부분 각국 NGO의 연대활동에 의해 해결되고 있다. <표 8>은 21세기에 들어와서 세계의 각국 NGO들이 추진한 사회포럼의 예이다. 이처럼 NGO들은 각종 국제회의나 연대기구를 통해 서로 정보를 교환하고 문제를 제기하며 해결책을 모색한다.

글로벌 시민사회의 주요 행위자인 NGO 중에서 여러 국가의 시민이 회원으로 참여하고 각종 초국적 문제에 대응하는 NGO를 국제 NGO라고 한다. 국제 NGO의 기원은 1838년에 설립된 영국의 반노예협회(British Anti-Slavery Society)라고 할 수 있다. 이후 1930년대에 와서 수백 개의 국제 NGO가 결성되었고, 2001년에는 4만 7,000여 개의 국제 NGO가 있다고 보고되었다. 우리나라에서도 굿네이버스(Good Neighbors), 세계평화여성연합, 밝은사회국제클럽, 아레나(ARENA: Asian Regional Exchange for New Alternatives) 등과 같은 국제 NGO의 본부가 있다. 글로벌 시민사회에서는 각종 국제 NGO를 중심으로 한 연대기구가 중요한 역할을 수행한다.

글로벌 시민사회에서 NGO는 크게 보면 다음 세 가지의 위상을 가지고 있다. 첫째는 압력단체로서의 위상이다. NGO는 상호 연대를 통해 개별국가에 압력을 넣거나 직접 국제기구에 압력을 행사하여 자신의 목적을 달성한다. 둘째는 대체세력으로서의 위상이다. NGO는 국제적 연대를 통해 환경, 인권, 빈곤, 개발, 평화 등 개별국가나 국제기구가 해결하지 못하는 문제를 대신 해결한다. NGO는 기본적으로 힘의 관계인 국가 간의 관계와 달리, 이슈를 중심으로 하여 서로 친화성을 가지고 있다. 예를 들어, 제2차 세계대전 당시 일본군대의 정신대문제를 다루는 일본의 NGO는 자국 정부보다 한국의 NGO와 더 가깝다. 셋째, 협력체로서의 위상이다. 각종 NGO는 다양한 국제문제를 해결하기 위해 개별정부나 국제기구와 협력한다. 즉 지구적 차원의 거버넌스에서 NGO의 연대활동이나 연대기구가 중요한 행위자로 일정한 역할을 하게 된다.

글로벌 시민사회에서 NGO는 이러한 위상에 걸맞게 다양한 기능을

NGO는 국적에 관계없이 추구하는 목적에 따라 친화성을 가지고 있다. 사진은 일본 정신대 문제를 공동대처하고 있는 세계 여성 NGO 지도자들.

한다. 첫째, 이슈의 공론화 기능이다. NGO는 인간의 생존 및 삶의 질과 관련되는 이슈를 제기하고 여론을 형성하여 각 국가와 국제기구가 관심을 갖도록 촉구한다. 예를 들어, 1997년 노벨평화상을 받은 대인지뢰금지운동이라는 국제 NGO는 대인지뢰금지에 대한 세계 여론을 조성하여 14개월 만에 122개국이 서명하도록 했다. 이 외에도 NGO는 각국 정부나 국제기구의 정책과 결정을 비판하고 대안을 제시함으로써 시민참여를 촉구하고 국제기구의 행동변화를 유도한다. NGO는 각국 시민을 회원으로 하여 전 지구적으로 네트워크를 형성하고 있고 발달한 통신기술을 적절하게 이용함으로써 이러한 이슈를 공론화시키는 데 매우 유리한 위치에 있다.

둘째, 교육기능이다. NGO는 필요한 정보를 수집하여 개인에게

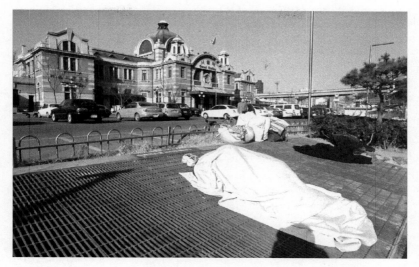

재해를 당한 사람이나 사회적 약자에 대한 인도적 지원도 NGO의 중요한 기능 중의 하나이다. 겨울철 서울역 앞에서 한 노숙자가 따뜻한 히터가 나오는 철망 위에서 잠자고 있다.

전달하고, 각종 캠페인과 회의를 통해 주요 이념을 전파한다. 그리고 국제회의에 참여하여 국제조약이나 협약이 제정될 수 있도록 각국 정부 지도자나 국제기구 담당자에게 정보를 제공한다. 예를 들어, 1919년에 결성된 아동구호기금은 다른 NGO와 연합하여 1959년에 UN이 아동권리선언문을 채택하고 1989년에 이 선언문이 강제성을 가질 수 있도록 하는 과정에서, 각종 자료를 제공하고 각국 대표들을 직접 설득했다. 또한 NGO는 국제기구의 활동과 결정을 시민에게 홍보하고 대중적 지지를 이끌어냄으로써 각종 정책의 집행 실효성을 높인다.

셋째, 집행기능이다. 국제 NGO는 국제사회에서 개별국가나 국제 기구가 해결하기 어려운 각종 국제문제를 독자적인 전문지식과 조직을 활용하여 해결하거나, 각국 정부나 국제기구와의 협력을 통해 문제를 해결한다. 이러한 역할은 긴급구호나 원조와 같이 봉사활동을 통해 인도적 지원을 하는 것이 있는가 하면, 사회개발이나 경제개발과 같이 장기적인 안목에서 문제를 해결하는 방식도 있다. NGO는 이러한 집행 과정에서 상호 연대하여 공동으로 행동하고, 이 과정에서 각국 정부나 국제기구로부터 자금을 지원받기도 한다.

23
NGO는 세계화의
부정적 측면을 저지한다

오늘날 세계화라는 말이 유행처럼 번지고 있다. 전 세계가 인적·물적 교류가 활발하여 서로의 삶에 영향을 미치고 하나의 사회공간으로 재편되고 있는 현상을 세계화 혹은 지구화(globalization)라고 한다. 현대사회에서 세계 각국 사람들은 교통·통신기술의 발달에 힘입어 활발하게 서로 교류한다. 따라서 인구·자본·지식·노동·문화가 초국적 성격을 띨 뿐만 아니라, 심지어 무기·마약·범죄까지도 국경을 넘어 활발하게 이동하고 있다. 이러한 세계화는 그 자체로서 NGO의 국제적 교류와 연대활동을 유인할 뿐만 아니라, 자본의 힘을 기초로 강대국이 커다란 영향력을 행사한다는 점에서 이에 대항하는 NGO의 지구적 시민운동과 밀접한 관련이 있다.

1. 세계화 현상

세계사에서 볼 때 국가의 정치적 의도에 의해 자유시장을 구축하려는 시도는 과거에도 있었다. 16세기 유럽에서는 국민국가의 경계를 넘는 지역경제가 시작되었고, 19세기 후반에는 영국이 주축이 되어 유럽과 다른 대륙을 잇는 자유방임적 자본주의가 활발하게 전개되었다. 그러나 1980년대 이후 미국의 헤게모니에 의해 진행되고 있는 전 지구적 자유시장은 그 범위나 강도에 있어서 과거와 비교가 되지 않는다. 1980년대 이후 냉전체제가 해체되고 자본주의체제가 세계적으로 확산되면서 전 세계가 단일시장으로 재편되었다. 1990년대에 들어와서는 우루과이라운드(UR) 협상이 타결되고 이를 이행하기 위한 세계무역기구(WTO: World Trade Organization)가 출범했다. 세계화는 그야말로 자본주의체제의 세계화이다. 자본은 본질적으로 자기팽창적 성격을 가지고 있기 때문에 자본주의는 일국의 경계를 넘어 새로운 잉여원천과 축적기회를 찾아 움직이게 된다.

세계화는 특히 경제의 세계화, 그중에서도 금융의 세계화가 주축이다. 전 세계가 자본주의체제로 단일화되어 하루에도 수조 달러에 달하는 돈이 거래되고 있다. 이 과정에서 초국적기업, 주식중개인, 채권거래자 등이 커다란 영향력을 행사한다. 물론 세계화는 경제영역이나 금융영역에만 있는 것은 아니다. 세계화는 정치, 군사, 문화, 종교, 환경 등의 영역까지 포괄하는 복합적인 현상이다. 그야말로 거의 전 분야에 걸쳐 하나의 지구촌이 형성되고 지구적 상호 작용이 심화되고 있는 것이다. 이러한 세계화는 오늘날 국제사회뿐만 아니라 지방사회까지도 변화의 중심축으로 작용하여 인간을 둘러싼 가치관, 인간관계,

조직원리, 산업구조, 사회제도의 변화에 기여하고 있다.

세계화는 여러 가지 특징을 지니고 있다. 국민국가의 쇠퇴, 자본의 급격한 이동, 생산체제의 지역적 분산, 노동력의 재배치 등을 들 수 있다. 여기서는 글로벌 경제체제와 신자유주의적 시장주의 두 가지에 집중하여 살펴보기로 한다. 세계화는 시장개방을 강요하기 때문에 전 세계가 단일시장으로 전환되는 글로벌 경제체제를 구축하게 된다. 물론 이것은 선진국을 중심으로 한 자본이 주도한다. 따라서 세계화로 인한 글로벌 경제체제에서는 각종 글로벌 경제주체의 권한이 강해지고, 1648년 베스트팔렌조약(Peace of Westfalen) 이후 일정한 영토 내에서 신체적 안전, 경제적 복지, 문화적 정체성을 책임져왔던 국민국가의 주권이 약화되었다.

세계화는 신자유주의에 의해 추동됨으로써 시장의 논리가 사회질서를 주도하는 특징을 지닌다. 신자유주의는 1970년대 이후 영국의 대처(Margaret Thatcher) 수상과 미국의 레이건(Ronald Reagan) 대통령에 의해 파급되기 시작한 시장근본주의의 정치이데올로기이다. 따라서 경쟁, 효율성, 반개입주의, 민영화, 작은 정부 등을 지향한다. 특히 고전적 자유주의가 독과점을 배척하는 데 비해, 신자유주의는 독과점을 자유로운 시장행위로 간주하기 때문에 공정한 시장경쟁을 초월한다. 그리고 신자유주의하에서는 시장의 논리가 국가영역까지 침투한다. 신자유주의에 의해 추동되는 세계화에서는 국가정책이 이익은 추구하면서 책임은 지지 않는 국제금융자본에 취약하게 된다.

2. 세계화의 영향

세계화는 단순히 국가 간 인적·물적 교류가 확대되는 데 그치는 것이 아니다. 전 세계가 자본주의 단일시장으로 재편되고 신자유주의적 시장원리가 전 분야로 확대되는 것이다. 이러한 세계화로 인해 자원이 효율적으로 배분되고 문화다원주의가 발달하게 되는 이점이 있다. 그리고 제3세계의 경제성장을 촉진하고 민주주의의 원리가 전파되는 경향이 있다. 나아가 환경, 인권, 평화, 문화 등에 대한 국제레짐(international regime)의 발달로 지구적인 공통규범이 형성되는 효과도 있는데 인권레짐(human rights regime)을 그 예로 들 수 있다.

그러나 세계화는 많은 문제를 동반한다. 첫째, 세계화는 개인 간 및 국가 간에 부의 집중과 경제적 불평등을 초래한다. 세계화는 생산시설의 자유로운 이동과 노동력의 유연화를 지향하기 때문에 노동자 간의 경쟁이 심화된다. 따라서 노동자, 특히 비숙련노동자의 실질임금이 하락하게 된다. 이로 인해 빈곤이 늘어나고 전문직과 비숙련노동자 간의 불평등이 심화되고 있다. 인구의 20%만이 좋은 일자리와 안정된 생활을 하고 나머지는 실업, 임시직 등으로 불안하게 되는 '20 대 80의 사회'로 나아가고 있다. 그리고 세계화는 선진국, 특히 미국의 경제적 이해를 극대화하는 방향으로 추진되고 있다. 개발도상국가는 선진국의 거센 개방압력의 수용과 불안한 금융시장으로 인해 경제위기를 겪게 된다. 1997년 한국의 IMF 경제위기를 비롯하여 아시아와 남미 각국의 경제위기도 세계화의 영향에 따른 것이다. 선진국의 패권주의는 경제분야뿐만 아니라 문화영역에서도 나타난다. 선진국은 세계화의 구조하에서 자국의 문화를 전파하고 이를 제3세계 국가들에게

세계화는 강대국, 특히 미국의 이익
에 따라 진행되고 있다. 한 여성이
미군 범죄의 심각성을 알리기 위해
모형 대포를 전시하고 있다.

강요하는 문화제국주의가 나타나고 있다.

둘째, 세계화로 인해 국민국가에 기초한 복지정책이 위협받고 있다.
세계화시대에는 국경을 넘어 시장논리가 적용되고 다국적기업 또는
초국적기업의 영향력이 강하기 때문에 국민국가의 권한이 줄어들 수
밖에 없다. 세계화의 소용돌이 속에서 정부는 주권자인 시민보다 외국
투자자, 국제통화기금(IMF), 세계은행(World Bank) 등에 더 민감하게
반응한다. 세계화의 논리에서는 노동부문에 대한 국가의 보호를 거부
하기 때문에 고용불안, 노동조건의 악화, 대량실업 등이 일어난다.
그리고 세계화는 정부의 복지지출을 억제하는 논리를 강요하기 때문

에 사회적 약자에 대한 복지가 줄어들게 된다. 이로 인해 건전한 민주주의에 필요한 중산층이 붕괴되고 국민의 기초적인 삶이 위협받게 된다.

셋째, 세계화는 근본적으로 민주주의를 위협한다. 세계화는 시장원리를 강조하고 이것이 정부영역에 침투하여 평등원리를 강조하는 민주주의의 이념을 위협한다. 따라서 의회, 정당, 선거 등과 같은 민주제도의 역할이 크게 축소되고 그 대신 경쟁, 효율성, 실적주의 등과 같은 경제원리가 중요해지고 있다. 또한 세계화는 초국적 통합에 영향을 미치기도 하지만, 종족적·종교적·지방적 분리운동을 야기시키기도 한다. 심지어 각종 범죄조직이나 테러조직이 지구화의 공간에서 기생하고 있다. 세계화에 의해 이익을 보지 못하고 소외된 자는 본원적 정체성을 찾아 과거지향적·지방적 피난처로 회귀하거나 무장투쟁이나 테러에 가담하기도 한다. 따라서 지역·언어·종교·종족을 달리하는 세력들은 분열되어 종족주의, 종교적 근본주의, 지방주의의 이념에 따라 피비린내 나는 갈등을 겪고 있다.

3. 지구적 시민운동과 NGO

오늘날 교통·통신기술이 급속도록 발달하고 전 세계적 자본주의체제가 구축된 상태에서 '명예로운 고립'을 선택하지 않는 한, 당분간 세계화를 거역하기는 어려울 것으로 보인다. 그렇다고 세계화의 조류 속에서 강대국이 약소국을 지배하고 시장원리가 민주주의와 공동체 의식을 파괴하면서 인간의 삶을 유린하는 것을 가만히 보고 있을

세계화로 인해 상품과 서비스가 국가 간의 경계를 자유로이 넘나들고 있다. 사진은 미국 영화에 대한 스크린쿼터제의 폐지를 반대하는 영화인들의 시위 모습.

수만도 없다. 그러나 이에 대해 주권국가가 할 수 있는 일은 한계가 있다. 따라서 각종 NGO들이 지구적인 연대를 통해 시민운동을 전개함으로써 세계화의 부정적인 측면에 저항한다. 특히 세계화를 추동하는 정보화는 이 세계화에 저항하는 NGO의 국제적 연대활동이 용이하도록 하는 데도 기여하고 있다.

세계화에 대한 NGO의 저항은 1990년대 말부터 본격화되고 있다.

<표 9> 세계화에 대한 NGO의 저항

연도	주요 세계화 회의
1999	시애틀(미국) WTO 제3차 각료회의
2000	방콕(태국) 유엔무역개발회의(UNCTAD) 회의 워싱턴(미국) 세계은행/IMF 총회 프라하(체코) 세계은행/IMF 총회 서울(한국) ASEM 회의
2001	도하(카타르) WTO 제4차 각료회의 다보스(스위스) 세계경제포럼 제노아(이탈리아) 선진8개국(G8)정상회의
2002	로마(이탈리아) 세계식량정상회의
2003	제네바(스위스) G8정상회의 칸쿤(멕시코) WTO 제5차 각료회의
2004	다보스 세계경제포럼

1998년 프랑스의 NGO는 정부와 연대하여 문화와 교육의 완전개방을 추구하는 다자간투자협정(MAI)을 거부했다. 금융투기과세운동연합(ATTAC)이라는 국제 NGO는 자본의 회전속도를 완화시켜 세계화의 속도를 늦추기 위해 국제자본 거래에 토빈세(Tobin's Tax)를 매기자는 시민운동을 전개했다. 토빈세란 1972년 노벨경제학상을 받은 미국예일 대학의 토빈(James Tobin) 교수의 주장을 그대로 따온 데서 나온이름이다. 이후 1999년 미국의 시애틀에서 전 세계의 NGO들이 연대하여 지적 재산권과 생명특허권 보장, 농산물 및 서비스 시장의 자유화를 추진하고, WTO 규칙을 국내법보다 상위에 두고자 하는 뉴밀레니엄 라운드를 무산시켰다. 2000년 이후에는 세계화를 추진하는 다보스 세계경제포럼, 세계은행/IMF 총회, WTO 각료회의 등이 NGO의

저항을 받았다. <표 9>는 1999년 미국 시애틀의 WTO 각료회의에 대한 저항 이후 각종 세계화 국제회의에 대한 NGO의 저항을 정리한 것이다.

세계화의 부정적 측면에 대한 NGO의 역할은 다음 몇 가지로 정리할 수 있다. 첫째, NGO는 세계화로 인해 국내적으로는 정당성이 하락하고, 국제적으로는 자율성이 쇠퇴하는 국가에 대해 한편으로는 강대국으로부터 자국을 방어하고, 다른 한편으로는 국가의 한계를 보완하여 문제를 해결한다. 전자의 경우 NGO는 강대국의 요구에 저항하여 자국의 이익을 보호한다. 후자의 경우 NGO는 국내적으로는 정부를 대신하여 사회적 약자의 이익을 대변하고 각종 공공서비스를 생산하고, 국제적으로는 다양한 분야에서 국제레짐을 조직하여 지구적 차원의 제도와 규범을 확립한다.

둘째, NGO는 시장주의로부터 민주주의를 보호한다. 세계화로 인해 시장원리가 국가영역과 시민사회영역에 침투함에 따라 자본이 권력화되고 문화가 상품화되는 상황에서 NGO는 민주주의와 공동체정신을 방어하는 역할을 한다. 특히 NGO는 국제적인 연대와 지구적 시민운동을 통해 미국을 비롯한 강대국의 투기성자본이 국경을 넘나들면서 자국의 경제를 유린하고 인간정신을 파괴하는 것에 대해 이슈를 제기하고 여론을 환기시킨다.

셋째, NGO는 세계화에 저항하여 새로운 제도를 창출한다. 지역적인 공간에서 협동조합, 생산공동체, 신용공동체, 소공동체를 형성하여 이를 초국적 차원으로 확대한다. 예를 들어, 일본의 생활협동조합은 필리핀의 무공해 바나나를 비싼 값으로 사들여 일본 소비자의 건강을 보호함과 동시에 필리핀 생산자를 다국적기업의 착취로부터 보호한다. 나아가 NGO는 세계자본주의를 통제하고 세계민주주의(cosmo-politan democracy)를 방어하기 위한 세계정부를 논의하기도 한다. 세계정부는 현실적으로 가능성이 낮지만, 전 세계 시민의 참여 확대와 결정권 강화를 통해 권력의 책무성을 강화하려는 것으로서, 이에 대한 담론의 형성과 실질적인 결정권 행사에 NGO가 중요한 역할을 한다.

넷째, 세계화가 빈부격차를 심화시키고 개인의 정체성에 혼란을 초래하고 있는 상황에서 NGO는 다원적 정치와 문화의 공간을 제공한다. 세계화에 의해 정체성의 혼란을 겪거나 경쟁에서 패배한 사람들은 근본주의나 과거로 회귀하는 퇴행성을 갖게 된다. 이들은 쉽게 무력에 의존하여 저항하거나 극단적인 테러를 하기도 한다. 이때 NGO는 사회적 약자나 소수자를 이해하고 이들이 스스로 정치공간을 형성하고 자기문화를 구축해갈 수 있는 기회를 제공한다. 이러한 운동은 자국의 NGO뿐만 아니라, 많은 국제 NGO들이 연대하여 지원하기도 한다.

24
주요 국제 NGO에는
어떤 것이 있나

국제 NGO에도 여러 종류가 있다. YMCA, YWCA, 라이온스클럽, 로타리클럽과 같이 종교적 전파나 사교를 목적으로 조직되어 문화를 교류하고 시민의식을 고양하는 NGO가 있다. 또한 아동구호기금, 옥스팜(OXFAM), 케어(CARE), 국경없는의사회(MSF)와 같이 빈곤, 질병, 재해, 전쟁 등으로부터 고통받는 인간을 구제하기 위해 전문적인 기술과 조직을 갖추고 활동하는 NGO가 있다. 그리고 앰네스티(Amnesty International), 그린피스(Greenpeace), 대인지뢰금지운동(ICBL)과 같이 인권, 환경, 평화, 여성권리 등을 보존하고 확대하기 위해 국가권력을 견제하고 새로운 질서를 모색하는 NGO가 있다. 여기서는 활동이 활발하여 세계에 널리 이름이 알려져 있는, 각 분야의 대표적 국제 NGO 10개를 소개하기로 한다.

[인권] 앰네스티(Amnesty International)

앰네스티(국제사면위원회)의 인권운동은 1961년 포르투갈 학생 2명이 한 술집에서 "자유를 위하여!"라고 건배했다는 이유로 파시스트 정권에 의해 투옥되어 감옥에 있다는 사실을 안, 영국의 변호사 피터 베네슨(Peter Beneson)이 쓴 "잊힌 수인들"이라는 칼럼이 영국의 ≪옵서버≫와 프랑스의 ≪르몽드≫에 동시에 게재되면서 시작되었다. 앰네스티는 세계인권선언에 규정된 인권수준이 전 세계에서 준수되는 것을 목적으로 하고 있다. 국가, 반군단체, 전통적 공동체, 기업 등에 의해 개인의 인권이 침해되는 것을 보호한다. 물론 인권침해에 대한 대응뿐만 아니라, 인권침해를 예방하고 인권을 신장하기 위한 제도구축에도 노력한다. 인권을 보호하기 위해 편지쓰기, 구명활동, 대중홍보, 정책제안 등 다양한 방법을 사용한다. 이 외에도 인권에 대한 조사연구, 문서기록, 기금조성 등과 같은 활동을 한다. 앰네스티는 전 세계 140여 개국에 걸쳐 100만 명 이상의 회원이 가입되어 있고, 60여 개국에 지부를 두고 있다. 본부는 영국 런던에 있다. 1977년에 정치범 석방과 인권개선에 대한 그동안의 공로로 노벨평화상을 받았다.

▸http://www.amnesty.org

[환경] 그린피스(Greenpeace)

그린피스는 1971년 캐나다 밴쿠버에서 12명의 환경운동가가 미국 알래스카의 암차카 섬 핵실험 반대시위를 하면서 시작되었다. 그린피스는 생물의 다양성을 지키고, 토양·대기·해양·하천 등 모든 종류의 오염을 방지하며, 지구상에서 모든 핵위협을 종식시키고 평화를 증진

그린피스는 세계적인 환경단체이다. 특히, 대만 핵폐기물을 북한으로 반입하려는 것을 국내 환경단체와 연대하여 저지하기도 했다.

하는 것을 목적으로 한다. 지금은 거의 모든 환경분야에 걸쳐서 활동하는 종합적인 환경단체이지만, 초창기에는 주로 핵폐기물 처리와 핵실험 반대에 집중하여 활동했다. 그린피스의 도전적 활동에 힘입어 '환경'이라는 전 지구적 문제가 크게 부각되었고, 기업의 경영원리에 큰 영향을 끼쳐 환경친화적 회사와 제품이 생겼으며, UN에서 1996년 포괄핵실험금지조약(CTBT)이 통과될 수 있었다. 그린피스는 40여 개국에 지부를 두고 있고, 자체 소유의 선박을 가지고 있으며, 연간 예산이 1억 달러가 넘는 큰 단체이다. 본부는 네덜란드 암스테르담에 있다.

▶ http://www.greenpeace.org

[아동보호] **아동구호기금(SCF: Save the Children Fund)**

아동구호기금은 1919년 제1차 세계대전이 끝난 후 유럽의 기아문제, 특히 아동의 기아를 해결하기 위해 어린이 권리선언을 작성한 에글란타인 젭(Eglantyne Jebb)에 의해 창립되었다. 아동구호기금은 어린이를 빈곤, 질병, 전쟁, 폭력, 차별, 노동으로부터 해방시켜 행복하고 건강하며 안전한 삶을 살 수 있도록 하는 것을 목적으로 한다. 아동의 건강·교육·복지를 증진하기 위해 연구, 홍보, 캠페인, 감시, 구호활동 등과 같은 활동을 전개한다. 1923년 아동구호기금이 추진한 아동권리에 대한 「제네바 선언문」이 나중에 유엔총회에서 「유엔아동권리협약」으로 채택되기도 했다. 제2차 세계대전 당시 유럽 8개국 난민 아동을 원조하는 활동을 했고, 1948년부터는 미국에서 인디언 아동을 돕는 활동을 했다. 1950년대부터는 단순한 구호 외에도 도로건설, 식수개선, 위생 프로그램 등 지역사회개발을 위한 활동도 하고 있다. 오늘날에는 아시아와 아프리카에서 어린이의 에이즈 예방과 치료활동을 하기도 한다. 아동구호기금은 전 세계 70여 개국에 지부를 두고 있고, 본부는 영국 런던에 있다.

▶ http://www.savethechildren.org.uk

[소비자권리] **국제소비자연맹(Consumers International)**

국제소비자연맹은 1960년 지역 및 국가 간의 연대를 통해 개인의 힘을 규합하여 소비자의 권익을 보호한다는 목적으로 전 세계 소규모 소비자단체들이 모여 조직되었다. 전 세계에 걸쳐 소비자의 권익을 보호하기 위해 상품, 환경, 건강, 사회정책 등 다양한 이슈를 제기하고 캠페인, 감시, 조사, 연구, 정책제안 등과 관련된 활동을 한다. 그리고 각국 소비자단체들의 활동을 지원하고, 소비자권리에 대한 정책을 제안하기도 한다. 여기에는 상품 성능시험 기술지원, 소비자단체 설립 지원, 유해상품 규제 및 불매, 유아식품 보호 등과 같은 활동이 포함된다. 특히 선진국의 기업이 후진국의 소비자에게 유해한 상품을 판매하거나 후진국의 환경을 파괴하는 행위를 통해 이윤을 추구하는 것을 감시하기 위해 활발한 국제연대활동을 전개한다. 국제소비자연맹은 전 세계 100여 개국의 240여 개 소비자 NGO가 회원으로 가입되어 있고, 본부는 영국 런던에 있다.

▶ http://www.consumersinternational.org

[의료지원] 국경없는의사회(MSF: Médecins Sans Frontières)

국경없는의사회는 1968년 나이지리아 비아프라 내전에서 100만 명이 기아로 숨져가는 충격적인 모습을 본 프랑스 적십자사 소속 의사들에 의해 결성되었다. 그 후 베르나르 쿠시네 등이 주축이 되어 방글라데시의 홍수 구호활동에 참여했던 의사들을 중심으로 1971년에 정식으로 결성되었다. 국경없는의사회는 자원봉사, 양질의료, 독립 유지라는 3대 원칙 속에서 인도주의적 이념에 따라 차별 없는 의료지원을 하는 것이 주요 목적이다. 매년 80여 개국에 2,000여 명의 의사를 자원봉사자로 파견한다. 1988년 이란·이라크전쟁 때 이라크의 화학무기 사용을 국제사회에 폭로했고, 1991년 걸프전쟁 때는 무려 60여 대의 전세기를 동원하여 7만여 명의 난민을 구출하기도 했다. 그리고 1995년 10월 북한에 홍수가 발생했을 때, NGO로서는 유일하게 의료 진을 파견하여 100만 달러의 의약품과 의료장비를 기부하고 각종 구호활동을 벌였다. 국경없는의사회는 전 세계 20여 개국에 지부를 두고 있고, 6,000여 명의 의사와 간호사가 회원으로 등록되어 있으며, 70여만 명이 후원자로 가입되어 있다. 본부는 벨기에 브뤼셀에 있다. 1999년에 그동안의 인도적 구호활동에 대한 공로로 노벨평화상을 받았다.

▸ http://www.doctorswithoutborders.org

[평화] 대인지뢰금지운동(ICBL: International Campaign to Ban Landmines)

대인지뢰금지운동은 대인지뢰를 지구상에서 영원히 추방한다는 목표 아래 1991년 미국의 '베트남참전용사회'와 독일의 '메디코인터내셔널'이 모여 결성된 국제 NGO이다. 이 단체는 지뢰의 위험성과 피해상황을 널리 알리고 각국 정부에 대인지뢰 사용을 금지하도록 압력을 넣어 지구상에서 지뢰를 추방하는 것이 주요 목적이다. 이러한 목적을 달성하기 위해 지뢰위험성 홍보, 지뢰제거 촉구, 지뢰피해자 원조활동 등을 하고 있다. 때로는 목숨을 걸고 지뢰 매설지역에 들어가 지뢰매설 현황을 조사하기도 했다. 전 영국 왕세자비인 다이애나가 앙골라와 보스니아를 방문하여 지뢰문제를 국제이슈로 부각시켰고, 이 단체를 적극 지원하기도 했다. 대인지뢰금지운동은 1997년 노르웨이 오타와에서 122개국이 합의한 대인지뢰금지협약을 탄생시키는 데 결정적인 공헌을 했다. 특히 인터넷과 같은 사이버 네트워크를 통해 파장을 일으키고 단시간에 세계적인 협조를 얻어내는 방법을 사용하고 있다. 대인지뢰금지운동은 오늘날 전 세계 90여 개국 1,300여 개의 의료·군축·환경·여성·종교단체가 가입된 국제 NGO로 발전했다. 본부는 미국 워싱턴에 있다. 세계평화와 안보에 기여한 공로로 1997년 이 단체의 주요 활동가인 조디 윌리엄스(Jody Williams)와 공동

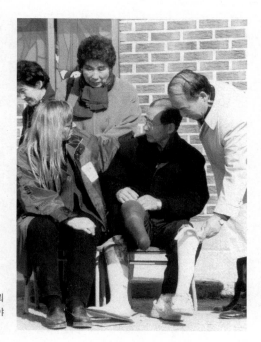

대인지뢰금지운동의 지도자가 지뢰
에 의해 발목이 잘려나간 시민과 이야
기를 나누고 있다.

으로 노벨평화상을 받았다.

▶ http://www.icbl.org

[반부패] **국제투명성기구(TI: Transparency International)**

국제투명성기구는 부패가 비용의 상승, 정책우선순위의 왜곡, 자원
의 비효율적 배분, 경제·사회발전의 왜곡, 공공기관의 신뢰성 하락,
사회의 원만한 운영의 왜곡 등을 가져온다고 보고, 부패를 척결하고
공정한 사회를 건설하기 위해 1993년 독일에서 설립된 국제 NGO이
다. 공정하고 정의로운 사회를 위해 캠페인, 감시, 조사, 세미나 개최,
연구 및 보고서 발간 등과 같은 활동을 한다. 세계의 유명한 기업과

재단이 비용을 제공하고 독일 대통령을 지낸 바이체커, 평화연구가인 요한 갈퉁 박사 등이 여기서 활동하고 있다. 지금까지 많은 연구보고서를 출간했고, 매년 각국의 부패정도를 조사·발표하여 각국 정부가 투명성을 강화하도록 영향력을 행사한다. 국제투명성기구는 전 세계 80여 개국에 지부를 두고 있고, 본부는 독일 베를린에 있다.

▶ http://www.transparency.org

[여성권리] 세계여성기금(GFW: Global Fund for Women)

세계여성기금은 경제와 교육에서 여성의 자주성을 높이고 여성에 대한 각종 폭력과 차별을 척결하기 위해 설립되었다. 여성의 권리와 경험에 대한 올바른 평가와 사회적 평등에 대한 대안을 통해 평등하고 정의로운 사회를 실현하는 것을 목적으로 한다. 이러한 목적을 달성하기 위해 여성의 경제적 독립기회 제공, 교육의 증대, 건강과 분만, 관습과 폭력 반대, 정치참여 강화, 레즈비언 권리 강화, 정보기술에 대한 접근, 장애여성의 평등권 등과 관련된 다양한 사업을 벌인다. 제3세계 여성단체에게 현장 프로그램 실행을 위한 재정지원도 하고 있다. 세계여성기금은 전 세계 150여 개국의 3,700여 그룹으로부터 기부금을 받는다. 본부는 미국 캘리포니아 팔로앨토(Palo Alto)에 있다.

▶ http://www.globalfundwomen.org

[난민구호] 옥스팜(OXFAM: Oxford Committee for Famine Relief)

옥스팜은 제2차 세계대전 당시 나치정권하에서 동맹국의 봉쇄로 기아에 허덕이는 그리스 거주민을 돕기 위해 1942년 영국의 옥스퍼드에서 설립된 NGO이다. 1995년 11개 NGO가 모여 국제적인 개발

NGO로 발전했다. 옥스팜은 재난 피해자나 난민 구호를 목적으로 하는 단체로서, 오늘날 전 세계 120여 개국의 개발도상국가에서 활동하고 있다. 1953년 한국전쟁 때는 난민을 위한 구호물자를 보내기도 했다. 1995년 코소보에서 전쟁이 발발하자 알바니아와 마케도니아 지역의 난민 수십만 명을 구호했다. 그리고 1998년 인도네시아의 동티모르 내전에서도 UN기구와 함께 긴급구호활동을 했고, 르완다·쿠르드 등과 같은 내전이 발발한 지역에서 UN의 중요한 파트너가 되어 구호활동을 전개했다. 오늘날에는 긴급구호뿐만 아니라, 장기적인 계획하에 빈곤구제, 에이즈 예방 및 치료활동도 전개하고 있다. 옥스팜은 전 세계 100여 개국에서 2천여 개의 지역조직을 갖추고 있고, 본부는 영국 런던에 있다.

▸http://www.oxfam.org

[시민교육] **시비타스(CIVITAS)**

시비타스는 1995년 체코슬로바키아의 수도 프라하에서 열린 시민교육에 관한 국제회의에서 시작되었다. 전 세계 52개국 450여 명의 교육자들이 모여서 민주주의의 발전과 성공을 위해 시민교육의 중요성을 인식했다. 그 후 1997년 미국 워싱턴에서 공식적인 국제 NGO로 조직되었다. 시비타스는 시민교육을 위한 국제협회로서 주인정신을 가진 시민을 함양하는 데 그 목적을 두고 있다. civitas는 citizen(시민)을 뜻하는 라틴어이다. 냉전이 종식된 후, 1990년대에 만연한 인간학대, 인권유린, 정부불신, 부정부패, 폭력과 범죄 등이 민주주의에 대한 심각한 도전이 되고 있다고 보고, 이것을 극복하기 위해 시민이 자신이 속한 사회의 문제해결에 적극적으로 참여하는 시민교육이 중요하다고 강조한다. 오늘날 전 세계적 네트워크를 통해 민주주의체제를 지키는 데 필요한 지식·기술·교육을 제공하기 위해 활동하고 있다. 시비타스는 국제 NGO뿐만 아니라, 각국의 개인, NGO, 연구소들이 회원으로 참여하고 있고, 본부는 미국 워싱턴에 있다.

▶ http://www.civitas.org

NGO를 알면 세상이 보인다

제5부 한국사회의 발전과 NGO

25

한국 NGO의 현황은 어떠한가

한국에는 크고 작은 NGO가 2006년 기준 2만여 개에 이른다. 회원이 백만 명이 넘는 거대 단체도 있고, 수십 명밖에 안 되는 작은 단체도 있다. 중복 가입을 고려한다면 현재 한국 NGO의 회원은 천만 명을 넘는다. 특히 최근에는 인터넷에서 조직되어 사이버 공간에서만 활동하는 사이버 NGO가 많이 늘었다. NGO는 활동영역, 지역, 설립기간, 회원 수, 상근자 수, 예산규모 등이 다양하므로 이를 분류하여 그 분포도를 살펴보는 것은 한국 NGO의 현황을 파악하는 데 중요하다. 2006년 9월 행정자치부에는 6,441개의 NGO가 등록되어 있다. 이 중 중앙행정 기관에 등록된 단체가 717개(11%)이고, 광역자치단체에 등록된 단체가 5,724개(89%)이다. 중앙행정기관에는 행정자치부, 문화관광부, 보건복 지부, 환경부에 등록된 단체가 많고, 광역자치단체에는 경기도, 서울, 전북, 부산, 경북, 경남이 많다. 여기서는 《시민의신문》이 3년마다 발간 하는 『한국민간단체총람』(2006)을 사용했다. 이것은 2005년의 상황을 알려주는 것인데, 조사된 5,556개 단체를 대상으로 분포도를 작성했다.

1. 활동영역별 분포

그동안 한국에서는 정부나 기업을 상대로 권력을 견제하고 시민권리를 옹호하는 각종 견제형(advocacy) NGO가 많았다. 그러나 최근에는 공적 관심이나 사회적 약자를 위한 서비스제공형(service production) NGO가 많이 늘었다. <그림 8>에 나타난 바와 같이, 활동영역별로 볼 때는 사회서비스 NGO가 전체의 18.5%를 차지하며 가장 많다. 그러나 사회서비스는 여러 형태가 포함되어 있기 때문에 단일영역으로는 여전히 환경 NGO가 전체의 13.2%로 가장 많다고 볼 수 있다. 시민사회영역은 복합적인 단체를 전부 포함시킨 것이다. 사이버 NGO는 2005년 처음으로 조사에 포함되었는데, 전체의 11.5%를 차지할 정도이다. 온라인 NGO는 정보화에 힘입어 앞으로 크게 늘어날 것으로 보인다.

<그림 8> 한국 NGO의 활동영역 분포도(2005)

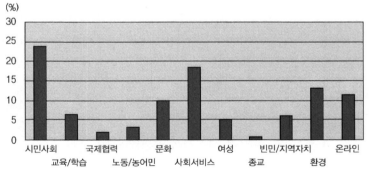

2. 지역별 분포

<그림 9>에 나타난 바와 같이, 지역별로는 설립지역을 표시한 4,826개 NGO 중에서 서울이 37.4%로 절대적으로 많고, 그 다음으로 경기가 전체의 13.8%를 차지하고 있다. 수도권이 조사하기 유리한 점도 있겠지만, 서울과 경기가 전체의 절반을 넘기 때문에 NGO의 분포에서도 중앙집중화 현상이 나타나고 있다. 인구 수에 비교해 볼 때, 전북에서 NGO가 많은 것도 특이하다.

<그림 9> 한국 NGO의 지역 분포도(2005)

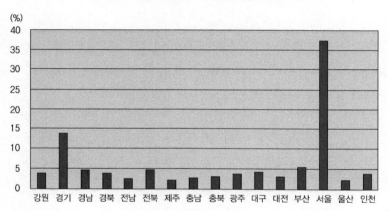

3. 설립연도별 분포

설립연도에서 볼 때는 1987년 6월항쟁이 결정적인 영향을 미쳤다. 따라서 <그림 10>에서 볼 수 있는 바와 같이, 설립연도를 알 수

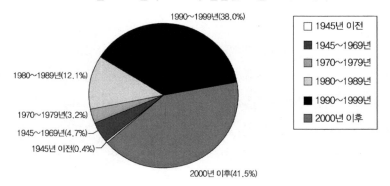

<그림 10> 한국 NGO의 설립연도 분포도(2005)

1990~1999년(38.0%)

1980~1989년(12.1%)

1970~1979년(3.2%)

1945~1969년(4.7%)

1945년 이전(0.4%)

2000년 이후(41.5%)

1945년 이전
1945~1969년
1970~1979년
1980~1989년
1990~1999년
2000년 이후

있는 3,539개 NGO 중에서 79.5%가 1990년대 이후에 설립되었다. 이것은 달리 말해서 한국 NGO의 역사가 매우 짧다는 것을 말해주고 있는데, 2005년을 기준으로 할 때 설립된 지 25년이 지난 NGO는 전체의 8.3%밖에 되지 않는다.

4. 회원 수 분포

회원 수 분포에서는 <그림 11>에서 볼 수 있는 바와 같이, 회원 수를 알 수 있는 1,716개 NGO 중에서 회원 수 1,000명 이하가 전체의 64.3%를 차지했다. 그리고 회원 수 100명 이하도 17%에 달했다. 그만큼 한국 NGO는 회원 수에 있어서 규모가 작은 편이다. 회원 수의 설문에 응하지 않은 단체가 대체로 회원 수가 적다는 것을 감안하면 평균적으로 회원 수는 이보다 더 적다고 볼 수 있다.

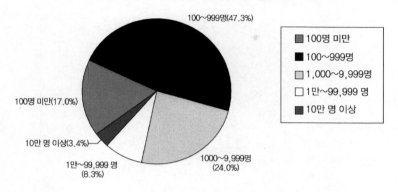

<그림 11> 한국 NGO의 회원 수 분포도(2005)

100~999명(47.3%)

100명 미만

100~999명

1,000~9,999명

1만~99,999 명

10만 명 이상

100명 미만(17.0%)

10만 명 이상(3.4%)

1만~99,999 명
(8.3%)

1000~9,999명
(24.0%)

그러나 회원 수가 1만 명이 넘는 단체가 11.7%이고, 회원 수 10만 명이 넘는 단체도 3.4%이다. 이것은 통계상 회원 수가 10만 명이 넘는 단체 수가 58개인데, 이들의 회원 수만 합해도 600만 명이 넘는다는 것을 암시한다.

5. 상근자 수 분포

상근자 수 분포에서는 <그림 12>에서 보는 바와 같이, 상근자 수를 알 수 있는 1,628개 NGO 중에서 상근자 수 10명 미만인 단체가 89.4%를 차지했다. 상근수가 50명 이상인 단체는 전체의 1.2%밖에 되지 않는다. 따라서 한국 NGO는 회원 수와 마찬가지로 상근자 수에서도 소규모 단체가 주를 이루고 있다. 실제로 다른 조사에서는 상근자 수가 1명도 없는 단체가 전체의 10% 정도를 차지했다. 온라

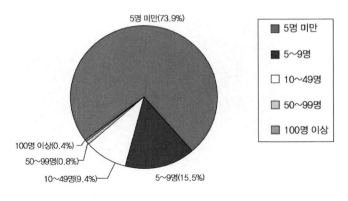

<그림 12> 한국 NGO의 상근자 수 분포도(2005)

5명 미만(73.9%)

100명 이상(0.4%)
50~99명(0.8%)
10~49명(9.4%)
5~9명(15.5%)

- 5명 미만
- 5~9명
- 10~49명
- 50~99명
- 100명 이상

인 NGO가 거의 상근자가 없다는 것을 감안하면 실제로 상근자가 없는 NGO도 상당수에 이른다고 볼 수 있다.

6. 예산규모 분포

예산규모에서는 <그림 13>에서 보는 바와 같이, 예산을 밝힌 1,702개 NGO 중에서 연간예산이 1억 원 미만인 단체가 전체의 55.9%를 차지했다. 연간예산이 10억 원이 넘는 단체는 8.2%밖에 되지 않았다. 앞서 지적한 한국 NGO의 영세성은 예산규모에서도 알 수 있다.

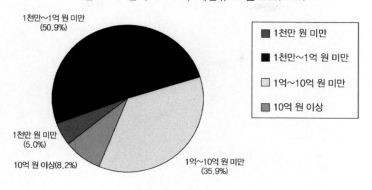

<그림 13> 한국 NGO의 예산규모 분포도(2005)

1천만~1억 원 미만
(50.9%)

1천만 원 미만
(5.0%)

10억 원 이상(8.2%)

1억~10억 원 미만
(35.9%)

■ 1천만 원 미만
■ 1천만~1억 원 미만
□ 1억~10억 원 미만
▨ 10억 원 이상

7. 기타

이 밖에도 조사된 단체에서 법인형태를 가진 단체가 48%, 임의단체
가 52%를 차지했다. 법인 중에서는 사단법인(39%)이 절대적으로 많
고, 기타 재단법인(4.8%), 사회복지법인(3.6%), 특수법인(0.6%) 순이었
다. 조사에서 빠진 단체가 대체로 소규모이고, 이들이 대체로 임의단
체인 것을 감안하면 실제로 임의단체의 비율은 이보다 더 높다고
볼 수 있다. 그리고 전체 NGO 중에서 42.5%가 단체의 홍보지를
발간하고 있고, 58.8%가 인터넷에서 홈페이지나 웹사이트를 운영하
고 있는 것으로 나타났다.

26
주요 한국 NGO에는
어떤 것이 있나

한국에는 크고 작은 NGO들이 무수히 활동하고 있다. 중앙에서 활동
하고 단체가 크다고 해서 반드시 바람직하거나 좋은 성과를 내는
것은 아니다. 그러나 여기에 소개하는 단체는 대부분 우리에게 낯익은
대형 NGO들이다. 이 외에도 작지만 의미 있는 활동을 하는 많은
단체들이 있다. 특히 지방수준에서 풀뿌리 활동을 전개하는 훌륭한
NGO들이 많이 있다. 따라서 여기에 소개하는 10개의 NGO가 한국의
NGO를 대표한다는 의미는 아니다. 선택된 10개의 NGO를 설립시기,
설립배경, 단체의 목적, 주요 사업, 주요 업적 등을 중심으로 살펴보기
로 하겠다.

[경제정의] **경제정의실천시민연합**

경제정의실천시민연합(경실련)은 1989년 9월 종교계를 중심으로 한 500여 명의 발기인에 의해 창립되었다. 기존의 계급운동과는 달리 '민중'이 아닌 '시민'을 주체로 하여 합법적이고 평화적인 방법으로 경제정의와 균형발전 실현을 목적으로 했다. 따라서 1987년 6월항쟁 이후 민중운동에서 시민운동으로 전환되는 과정에서 나타난 '시민단체'의 선구라고 할 수 있다. 창립 당시 주체적인 역할을 한 사람은 초대 사무총장을 지낸 서경석 목사였다. 경실련은 초창기 국가권력을 견제하고 사회개혁을 추진하기 위해 각종 정책대안을 제시하면서 시민운동의 전형을 만들기도 했다.

경실련이 수행하는 사업은 부동산 투기 근절, 정경유착 척결, 재벌

경실련은 1987년 6월항쟁 이후 한국 시민운동을 선도한 단체로 유명하다. 경실련의 초대 사무총장을 지낸 서경석 목사가 개혁을 촉구하는 집회에서 연설하고 있다.

구조 해체, 세제개혁, 정치개혁, 공명선거, 통일, 부정부패 추방, 지방
자치 발전 등 여러 분야에 걸쳐 있다. 주요 업적으로는 금융실명제
실시, 토지공개념 도입, 한약분쟁 조정, 아파트원가 공개 등에 감시활
동을 하고 정책대안을 제시했다. 2006년 현재 경실련은 약 2만여
명의 회원을 가지고 있고 내부에 경제정의연구소, 통일협회, 도시개혁
센터, 시민권익센터 등과 같은 특별기구를 두고 있다. 김성훈, 홍원탁,
법등 스님이 공동대표를 맡고 있고, 사무총장은 박병옥이다.

▶ http://www.ccej.or.kr

[권력감시] **참여연대**

참여연대는 1994년 9월 주로 학계와 법조계 전문가 300여 명의
발의로 창립되었다. 김영삼 정부가 들어선 이후에도 인권침해가 계속
되고 민주주의의 절차가 무시되자, 국가권력을 감시하고 정책을 제시
하여 인권과 복지가 실현되는 참여민주주의 사회 건설을 목적으로
했다. 창립 당시 박원순 변호사와 조희연 교수가 주도적인 역할을
했다.

참여연대의 주요 사업으로는 부정부패 방지, 소액주주운동, 재벌개
혁, 예산감시, 공익소송, 정치개혁, 사회복지 개혁, 근로자인권 보호,
사법개혁, 조세개혁, 언론감시 등을 들 수 있다. 그동안 사업개혁,
소액주주운동, 복지개혁, 정치개혁 등의 분야에서 커다란 성과를 내기
도 했다. 특히 2000년 총선시민연대를 주도하여 국회의원의 낙천·낙
선운동에 커다란 영향력을 행사했다. 2006년 현재 회원은 1만여 명이
고, 내부에 참여사회연구소, 공익법센터, 작은권리찾기운동본부, 맑은
사회만들기본부 등 다양한 활동기구를 두고 있다. 박상증과 이선종이

공동대표를 맡고 있고, 사무처장은 김기식이다.

▸http://peoplepower21.org

[환경] **환경운동연합**

환경운동연합은 1988년 결성된 공해추방운동연합 외에 8개 환경단체가 결합하여 1993년 4월에 창립된 대표적인 환경단체이다. 환경운동연합은 일찍이 환경에 대한 문제의식을 가지고 환경적으로 지속가능한 사회건설, 산업구조의 친환경적 개혁 등을 목적으로 하고 있다. 창립 당시 최열이 중요한 역할을 했다.

환경운동연합의 주요 사업은 환경연구, 환경교육, 환경감시, 핵발전소 및 핵폐기장 설립 반대, 쓰레기소각장 및 골프장 건설 반대, 그린벨트 및 생태계 산림보존 등을 들 수 있다. 러시아 핵폐기물 동해안 투기 폭로, 시화호 방류에 따른 해양생태계 조사, 대만 핵폐기물 북한 반입 저지, 동강댐건설 반대, 새만금개발 반대 등과 같은 시민운동을 전개했다. 환경운동연합은 2006년 현재 8만여 명의 회원을 가지고 있고, 내부에 시민환경연구소, 시민환경정보센터, 에코생활협동조합, 환경교육센터 등 다양한 전문기관을 두고 있다. 윤준하와 신인령이 공동대표를 맡고 있고, 사무총장은 김혜정이다.

▸http://www.kfem.or.kr

[생태계] **녹색연합**

녹색연합은 1994년 4월 기존의 녹색당창당준비위원회, 푸른한반도 되찾기시민의모임, 배달환경연구소 등이 통합되어 배달녹색연합으로 창립되었다가 1994년 녹색연합으로 이름을 바꾸었다. 녹색연합은 지구상의 모든 생명체의 다원성과 생태계순환을 존중하고 생명과 평화의 세계를 건설하는 것을 목적으로 하고 있다.

녹색연합의 주요 사업으로는 환경연구, 야생동식물 보호, 환경교육, 환경감시, 생태마을 설립, 금강산 보전, 갯벌보전, 그린벨트 해제 반대, 환경체험 등과 같은 사업을 하고 있다. 주요 업적으로는 서울시 중랑천 환경지도 완성, 하천수질오염 조사, 백두대간 보전운동, 깃대종 살리기, 미군기지 환경파괴 고발, 한강 독극물 방류사건 고발 등이 있다. 2006년 현재 1만 5,000여 명의 회원이 있고, 내부에 녹색사회연구소와 환경소송센터와 같은 전문기구를 두고 있다. 박영신, 박경조, 이병철이 공동대표를 맡고 있고, 사무처장은 김제남이다.

▶ http://www.greenkorea.org

[인권] 인권운동사랑방

인권운동사랑방은 1993년 새로운 인권운동을 표방하며 차별로부터 자유롭고, 평등하고 평화로운 인간권리를 확보한다는 목적으로 설립되었다. 따라서 부정의한 권력에 맞서 사회적 약자의 권리를 옹호한다. 설립 당시 서준식이 핵심적인 역할을 했다.

인권운동사랑방의 주요 사업으로는 인권정보 제공, 국제인권회의 참가, 인권조사와 캠페인, 인권교육과 자료 발간, 인권영화제 개최, 인권 관련 입법청원 등을 들 수 있다. 그동안 청송보호감호소 인권유린실태 고발, 국가인권위원회 설치 캠페인, 병역거부의 대체복무제 제안, 원폭2세 처우개선 등에 대한 운동을 전개하여 많은 업적을 남겼다. 인권운동사랑방은 조직구성이 특별하여 대표를 따로 두지 않고 상임활동가 16명 전원이 대표성을 가지고 네트워크형태로 의사를 결정하는 구조를 가지고 있다. 따라서 별도의 회원을 두지 않고, 2006년 현재 50여 명에 달하는 자원활동가와 400여 명에 달하는 후원자가 있다.

▶ http://www.sarangbang.or.kr

[청소년] 흥사단

흥사단은 현존하는 한국 시민단체 중에서 가장 역사가 오래된 단체라고 할 수 있다. 도산 안창호가 1907년 신민회를 조직하고, 1909년 그 산하에 청년학우회를 설립한 것이 흥사단의 전신이다. 이 두 단체가 소위 '105인 사건'으로 일본에 의해 강제로 해산되자, 안창호가 미국 샌프란시스코에서 조국해방에 공헌하는 젊은 인재를 양성하기 위해 1913년 5월에 흥사단을 창립했다. 해방 이후, 1949년 본부를 국내로 이전했고, 1961년 5·16군사쿠데타로 활동이 잠시 정지되었다가, 1963년에 활동을 재개했다. 단체의 목적은 안창호의 정신을 계승하고 정신혁명과 젊은이의 인격교육을 통해 민족부흥을 이루는 것이다.

흥사단의 주요 사업으로는 청소년 수련, 청소년 지도자 육성, 청소년 봉사활동, 지역사회운동, 통일교육, 청소년 연구 등을 들 수 있다. 주요 업적으로는 독재정권하에서도 시민단체의 맥을 이어왔다는 점과 청소년 교육을 이수한 사람이 10만 명이 넘는다는 사실이다. 그리고 안창호의 독립운동과 시민운동에 대한 각종 도서를 연구하여 발간하기도 했다. 2006년 현재 4만여 명의 회원을 가지고 있고, 내부에 민족통일운동본부, 도산아카데미연구원, 도산청소년재단 등과 같은 기구를 두고 있다. 그리고 국내에 28개 지부, 해외에 6개

미주지부를 두고 있다. 구치모가 이사장을 맡고 있고, 사무총장은 장동현이다.

▶ http://www.yka.or.kr

[소비자권리] 소비자문제를연구하는시민의모임

소비자문제를연구하는시민의모임(소시모)은 소비자의 안전을 지키고 투명한 사회를 확보하기 위한 목적으로 1983년에 설립되었다. 설립 당시 초대회장은 김동환이 맡았다.

소시모의 주요 사업으로는 안정성, 공정한 거래, 자원과 환경을 보호하기 위한 조사연구, 소비자상담, 소비자교육, 소비자운동 국제교류 등이다. 그동안 다양한 형태의 소비자운동을 전개했고, 소비자의 권리를 보호하기 위한 상담을 해왔다. 그리고 소비자의 권리를 옹호하기 위한 각종 입법청원을 했다. 2006년 현재 6만여 명의 회원이 있고, 내부에 안정성, 공정한 거래, 지속가능성 등과 같은 주제를 다루기 위한 23개의 위원회를 두고 있다. 전국에 1개 지회(경기)와 7개 지부를 두고 있다. 김재옥이 회장을 맡고 있고, 김자혜가 사무총장이다.

▶ http://www.cacpk.org

[여성권리] 한국여성단체연합

한국여성단체연합(여연)은 한국여성단체협의회와 함께 한국의 대표적인 여성 NGO 연합체이다. 여연은 1987년 2월에 21개 조직이 참여하여 여성운동단체 간의 협력과 교류를 도모하고 남녀평등, 여성복지, 민주통일사회를 실현을 목표로 하여 설립되었다. 창립 당시 이우정, 박영숙, 김희선 등이 핵심적인 역할을 했다.

여연의 주요 사업으로는 성차별적인 법·제도·의식·관습의 개혁, 여성복지 확대, 여성의 정치·공직 참여 확대, 여성 정치교육, 여성고용의 안전·평등 추구, 여성폭력 방지, 성 상품화 방지, 평화·통일에 대한 여성의 역할 증진, 여성문화활동 등이다. 주요 업적으로는 남녀고용 평등, 가정폭력 방지, 여성고용할당제 등과 관련된 입법에 기여했다. 2006년 현재 전국에 240여 개의 여성단체가 회원으로 가입되어 있고, 내부에 여성운동지원센터, 대안사회연구소, 여성재단 등과 같은 기구를 두고 있다. 남인순, 정현백, 박영미가 공동대표를 맡고 있고, 김금옥이 사무처장이다.

▶ http://www.women21.or.kr

[원조/구호] 굿네이버스

굿네이버스는 1991년 3월에 '이웃사랑회'라는 이름으로 설립되어 한국과 제3세계에서 활발하게 구호활동을 하는 국제 NGO이다. 1996년 한국 NGO 중에서는 처음으로 UN 경제사회이사회에 포괄적 협의 자격(general consultative status)을 획득했다. 단체의 목적은 기독교정신에 입각하여 국내외 빈곤문제를 조사·연구하고 가난하고 소외된 사람의 복지를 증진하는 것이다.

이웃사랑회의 주요 사업으로는 영세지역 아동지원, 아동상담, 아동학대상담센터 운영, 결식아동 지원, 장애인가정 지원, 농촌지역 개발, 난민구호, 후진국 초등학교 건설 등이다. 주요 업적으로는 에티오피아 구호사업, 르완다 난민 긴급구호, 북한어린이 급식제공 등과 같은 활동을 했다. 2006년 현재 회원이 10만여 명이고, 내부에 12개의 지역복지센터, 7개의 아동학대예방센터, 2개의 복지관을 운영하고

부정부패를 추방하는 시민운동을 전개하는 단체가 거리에서 우리나라의 부패 정도를 묻는 '대자보 설문조사'를 하고 있다.

있다. 국내에 20개 지부, 해외에 10개 지부를 두고 있다. 회장은 이일하가 맡고 있다.

▶http://www.gni.or.kr

[모금] 아름다운재단

아름다운재단은 기부문화의 활성화를 통해 풍요롭고 정의로운 사회를 건설한다는 취지로 2000년 시민의 결사로 창립되었다. 시민들이 직접 만든 일종의 공동체재단이자, 시민단체나 각종 복지기관을 지원하기 위한 최초의 본격적인 모금 NGO라고 할 수 있다. 아름다운재단은 모든 사람이 개인의 이익을 위해 앞만 보고 달려가는 것이 아니라, 함께 나누며 더불어 살아가는 세상을 지향한다. 재단의 창립에는 박원순 변호사가 핵심적인 역할을 했다.

　아름다운재단은 아름다운 사회를 만들기 위해 기부 캠페인, 기금조
성, 사회공헌 프로그램 전개, 소외계층 지원, 제도개선, NGO 지원,
연구·출판 등과 같은 활동을 한다. 그리고 공익기금 조성을 위해 중고
품을 파는 '아름다운가게'를 운영하고 있다. 지금까지 1% 나눔운동을
줄기차게 전개하여 많은 사람들의 참여를 이끌어냈고, 장애인, 어린
이, 청소년, 약자, 시민단체 등에 대한 기금지원을 해왔다. 2006년
현재 후원회원은 2만여 명이고, 연간예산은 100억여 원이다. 박상증
이 이사장을 맡고 있고, 박원순·윤정숙이 상임이사이다.

　▶ http://www.beautifulfund.org

27
한국 NGO의 문제는 무엇인가

1987년 6월항쟁 이후 한국사회가 거대한 정치사회적 변화를 겪으면서 수많은 NGO가 분출했다. 각종 NGO들은 짧은 역사와 취약한 자원에도 불구하고 다양한 분야에서 한국사회의 개혁과 민주주의의 발전에 기여했다. 한국 NGO는 지난 20년간 국가권력과 자본의 견제, 부정부패 감시, 사회개혁의 추동, 사회갈등의 조정, 사회적 약자의 이익 대변, 각종 공공서비스의 생산, 민주시민의식의 고양, 국제원조 활동, 세계평화의 옹호, 대안적인 가치의 실험 등에서 중요한 역할을 해왔다. 그렇다고 한국 NGO에 문제가 없는 것은 아니다. 한국 NGO는 많은 비판을 받고 있고, 여러 가지 문제를 안고 있는 것이 사실이다. 여기서는 한국 NGO의 문제와 이를 극복하기 위한 방안에 대해 살펴보기로 한다.

1. 한국 NGO에 대한 비판

한국 NGO는 지난 20년간 급격한 성장을 하면서 기존의 국가와 시민사회, 시장과 시민사회, 그리고 시민사회 내의 권력지형에 변화를 초래했기 때문에, 각종 집단은 NGO의 활동에 대해 민감하게 대응했다. 특히 보수신문을 비롯하여 기득권을 누리는 보수집단으로부터 많은 비판이 제기되었다. NGO에 대한 비판의 요지는 다음 열 가지로 축약할 수 있다.

첫째, 시민참여가 부족하다. '시민 없는 시민운동'이라는 비판에서 잘 나타나듯이 한국 NGO는 소수 명망가나 상근활동가를 중심으로 시민운동을 전개한다. 시민이 회원으로 참여하더라도 회비를 내는 데 그치고 직접 시민운동의 현장에 나타나지 않는다. 따라서 다수의 회원이름으로 제시되는 의견은 대표성을 갖기 어렵다.

둘째, 백화점식으로 조직화되어 있다. 한국 NGO는 부문별로 전문화되어 있지 않고 한 단체가 마치 백화점처럼 여러 영역에 관여한다. 따라서 전문성이 부족하고 조직이 관료화되는 경향이 있다. 그리고 중앙의 대형 NGO들은 서로 패권다툼을 하기도 한다.

셋째, 이슈 중심의 시민운동을 전개한다. 한국 NGO는 광범위한 시민참여와 전문능력을 가지고 사회문제에 대해 대안을 제시하는 것이 아니라, 주로 언론을 통해 사회적 이슈를 제기한다. 이 과정에서 NGO는 책임을 지기보다는 영향력을 행사하는 데 집중하고 있다.

넷째, 정치지향적이다. 한국 NGO는 주로 정부를 상대로 감시와 견제활동에 치중한다. 따라서 보편적 다수의 이익을 지키기보다는 특정 집단의 가치나 이익을 대변하게 된다. 그리고 권력에 대한 견제

한국 NGO는 정책대안의 제시보다 정부에 저항적인 활동에 치중한다는 비판을 받고 있기도 하다. 사진은 2000년 시민의 많은 지지를 받았던 총선시민연대가 제시한 낙선대상자 명단.

활동 못지않게 중요한 공공서비스의 생산에는 허약하다.

다섯째, 재정을 정부와 기업에 의존한다. 한국 NGO는 회원을 확대하고 회원참여를 강화하여 자체 회비나 기부금으로 단체를 운영하지 못하고, 정부지원금이나 기업의 기부금에 의존한다. 이로 인하여 정부와 기업을 제대로 견제하지 못하고 단체의 자율성을 훼손당한다.

여섯째, 비민주적으로 조직을 운영한다. 한국 NGO는 정부와 기업의 비민주성을 비판하면서도 자체 조직 내에서 민주적 의사결정과 재정의 투명성을 지키지 못하고 있다. 따라서 소수의 몇 명이 의사결정을 독점하거나 재정운영에서 각종 부정사건이 일어난다.

일곱째, 중앙집중화되어 있다. 한국 NGO는 국가나 경제영역과 마찬가지로 조직규모가 크고 영향력이 강한 단체가 모두 서울에 집중되어 있다. 따라서 지방의 미시적인 문제를 해결하는 풀뿌리단체가 부족하여 시민사회의 기반이 허약하다.

여덟째, 권력유착적이다. 한국 NGO는 국가권력을 감시하고 견제하는 가장 대표적인 개혁세력이었지만, 김영삼 정부 이후 정부와 협력관계를 유지하면서 정부를 제대로 비판하지 못하고 정부를 대변하는 경향이 있다. 심지어 NGO의 주요 활동가가 NGO 내의 활동을 발판삼아 정부의 요직으로 이동하기도 한다.

아홉째, 성과지향적이다. 한국 NGO는 한국의 근대화처럼 짧은 기간에 급속하게 발전하면서 속도나 성과를 중시한다. 따라서 풀뿌리 조직화를 강화하여 시민의 주체성을 높이고 시민사회의 역량을 강화하는 데는 자기역할을 하지 못하고 있다.

열째, 국제활동이 부족하다. 한국 NGO는 국내문제에만 매달려 국제활동이나 연대를 소홀히 한다. 따라서 세계평화나 복리와 관련된 전 지구적 문제의 해결이나 세계화에 따르는 부정적 측면을 해결하는 데 등한시한다.

2. 한국 NGO의 문제점

정부나 기업과 마찬가지로 NGO도 외부비판과 내부성찰이 부족하면 부패되고 정체될 수밖에 없다. 따라서 한국 NGO는 스스로 반성함과 아울러 외부의 비판에 귀를 기울여야 한다. 그러나 한국 NGO에 대한 비판은 한국 시민사회의 일천한 역사에 따른 허약한 토대나 다원성을 중시하는 NGO의 특성을 이해하지 못하고, 이상적인 수준을 요구하거나 자기편의적으로 해석하는 경향이 강하다. 예를 들어, 한국과 민주화 수준이나 경제적 수준이 비슷한 다른 국가와 비교할 때 한국의 시민참여는 결코 뒤떨어지지 않는다. 그리고 한국 NGO의 백화점식 조직화는 군부권위주의의 쇠퇴 이후 한국 민주주의가 당면한 과도한 문제를 해결하기 위한 단기적인 전략이다. 민주주의가 정착되면 NGO는 자연히 분화된다. 그리고 NGO는 국민을 대표하는 정부가 아니라 정부를 감시하고 비판하는 집단으로서 전문성을 가지고 정책대안을 제시하는 것도 필요하지만, 정책 과정에서 이슈를 제기하고 의제를 제안하는 것도 매우 중요하다.

그렇다고 한국 NGO가 문제가 없다는 것은 아니다. 한국 NGO의 주요 문제는 다음 다섯 가지로 구분할 수 있다. 첫째, 재정의 빈곤이다. NGO가 회원의 회비와 기부금만으로 재정을 충당하는 것은 NGO의 자율성과 조직화를 강화하는 데 중요하다. 그러나 한국 NGO는 회원 수에서 영세할 뿐만 아니라 그나마 회비를 내지 않는 회원이 많다. 그리고 기부금을 활성화할 수 있는 제도나 문화가 갖추어져 있지 않다. 따라서 한국 NGO는 재정의 상당 부분을 정부지원금, 기업기부금, 수익사업 등에 의존하고 있다. 이것은 단체의 자율성을 훼손하고 본래의 사명유지를 어렵게 한다. 더욱 문제가 되는 것은 이러한 자금에 의존하고도 여전히 재정이 부족하다는 사실이다. 이로 인하여 상근자는 기본 생계유지에도 못 미치는 대우를 받고 있고, 실질적인 사업을 제대로 하지 못하고 있다. 이러한 경향은 지방 NGO에서 더욱 심각하다.

둘째, 시민참여의 부족이다. 많은 NGO 지도자는 재정빈곤과 함께 시민참여의 부족을 한국 NGO의 가장 큰 문제로 꼽고 있다. 한국

시민사회는 아직도 초기발달단계에 있고 자원봉사문화가 발달하지 않았기 때문에 시민들이 공공선을 증대하는 활동에 매우 소극적이다. 더구나 과거 군부권위주의 정권이 취약한 정당성을 방어하기 위해 시민사회의 각종 결사체활동을 억압했다. 이러한 유산으로 인해 시민들은 자신의 이해관계를 떠나 공공의 문제에 참여하는 것에 대해 피해의식을 가지고 있다. 특히 정부의 영향을 많이 받고 있는 공무원, 국영기업 사원, 대기업 회사원, 실향민 등은 시민운동에 참여하기를 꺼린다.

셋째, 중앙집중화의 문제이다. 한국 NGO는 그동안 군부정권의 유산을 청산하고 국가를 민주화시키는 것이 일차적인 과제였다. 따라서 이러한 목표를 달성하기 위해 많은 NGO들은 중앙에 집중하여 국가권력을 감시하고 비판하는 활동에 열중했다. 이로 인하여 지방에는 NGO가 수적으로 부족할 뿐만 아니라, 그나마 있는 NGO도 시민운동을 전개할 상근자가 부족하다. 따라서 민주적 리더십의 부족, 기득권자 간의 지배 카르텔, 귀속적 연고주의 등으로 인한 지방정치의 왜곡을 제대로 해결하지 못하고 있다. NGO가 전국적으로 편재하여 풀뿌리 조직을 강화하는 것이 시민사회의 역량을 강화할 수 있다는 측면에서 볼 때, 지방 NGO의 허약성은 한국 시민사회와 시민운동의 앞날에 매우 심각한 문제이다.

넷째, 내부 민주화의 문제이다. NGO는 정부와 기업에 비해 민주주의의 원리가 잘 지켜지고 높은 도덕성을 가지고 있다. 그러나 어느 정도 조직화되어 내부의 비판구조를 가진 대형 NGO와는 달리, 소규모의 비공식적 NGO는 여전히 대표자 1인이나 소수 과두에 의해 의사가 결정되고, 재정운영도 투명하지 못한 문제가 있다. 나아가 군부독재하에서 한국사회를 지배해온 반공주의, 권위주의, 물질주의, 성장주의, 전시주의, 연고주의 등과 같은 구시대적 이데올로기가 청산되지 않고 한국 시민사회에도 똬리를 틀고 있다. 이러한 문제는 한국 NGO에 대한 신뢰를 추락시켜 궁극적으로 시민참여를 방해하고 시민운동의 효력을 저하시키게 된다.

다섯째, 비전의 부족이다. 한국 NGO는 지난 20년간 국가권력과 자본을 견제하고 각종 시민권리를 고양시키는 중요한 역할을 수행해 왔다. 그러나 오늘날 한국사회는 권력과 자본의 문제를 넘어 개인의 실존과 삶의 의미를 중시하는 후산업사회로 나아가고 있다. 권력이나 물질 외에 개성, 감성, 행복, 사랑 등을 중시하고 문화, 여가, 여행, 이미지, 몸 등이 중요해지고 있다. 그리고 인터넷 세대들은 전혀 다른 가치관을 가지고 사회의 주류로 등장하고 있다. 나아가 국제평화에 대한 한국의 역할, 아시아적 가치와 연대, 한반도의 안보와 통일 등도 긴급한 문제이다. 한국 NGO는 이러한 문제에 대응할 수 있는 시민적 결집과 운동의 전개에 한계를 드러내고 있다.

3. 한국 NGO의 발전방안

한국사회가 민주주의를 실질적으로 발전시키고 자본주의를 인간적으로 전환시키기 위해서는 NGO가 적극적인 역할을 해야 한다. 따라서 현재 한국 NGO가 당면하고 있는 문제를 해결하는 것은 한국인의 삶의 질을 증대하는 것과 밀접한 관련이 있다. 이것은 결국 한국 NGO와 정부가 새로운 시각을 가지고 일정한 역할을 해야 함을 의미한다.

시민사회는 공공성과 사익성이 상호 충돌하고 있다. 의사협회의 광고와 파업에 반대하는 시위를 하고 있는 시민단체의 모습.

아래에서는 한국 NGO가 안고 있는 문제를 해결할 수 있는 다섯 가지 방안을 제시한다.

첫째, 한국 NGO의 재정빈곤 문제를 해결하기 위해서는 NGO와 정부의 적극적인 노력이 필요하다. 우선 NGO는 회원을 단체의 주체로 간주하고 회원관리에 전문적인 노력을 기울여야 하고, 적절하고 다양한 모금전략을 세워야 한다. 그리고 정부는 NGO를 공적 문제를 해결하기 위한 거버넌스의 동반자로 인식하고 NGO를 활성화할 수 있는 제도적 장치를 만들어야 한다. 여기에는 법인설립의 용이, 기부금의 활성화, 민주시민교육의 법제화 등이 포함된다. 그리고 지역 NGO센터의 설립, 상근자의 재교육에 대한 지원 등도 필요하다. 과도

기적 대안으로서 NGO를 지원하는 독립재단을 설립하는 것도 필요하다.

둘째, 시민참여를 활성화하기 위해서는 NGO가 내부의 민주성을 강화하고 주부·노인·학생·실업자 등 주변부 계층이 적극적으로 참여할 수 있도록 개방해야 한다. 그리고 공공의 문제에 대한 시민참여는 역동적인 민주주의를 공고히 하는 것과 밀접한 관련이 있기 때문에 정부는 중등학교에서 이를 체계적으로 교육해야 한다. 그리고 대학도 교양 과정에서 시민사회, 시민운동, NGO, 자원봉사활동, 민주시민 등에 대한 교육을 강화해야 한다. 공영방송도 공익광고와 기획 프로그램 등을 통해 시민참여의 중요성을 알려나가야 한다. 온라인에서의 담론의 활성화가 오프라인에서의 참여로 전환된다는 점에서 온라인의 통신매체를 적극적으로 활용하는 것도 하나의 방법이 될 수 있다.

셋째, 한국 NGO가 중앙에만 집중하고 지방에서 공동화(空洞化)된다는 것은 매우 심각하다. 이것을 극복하기 위해서는 서울에 집중된 대형 NGO들이 지방의 NGO를 활성하기 위한 부화기(incubator) 역할을 해야 한다. 중앙과 지방 간의 상호연대, 정보교환, 상근자 순환근무, 사무관리 교육 등을 실시함으로써 지방 NGO의 양적 확대와 질적 고양에 기여할 수 있다. 그리고 지방의 지식인들이 지방정치의 활성화와 지방민의 삶의 질을 증대하기 위해 지방의 시민사회가 활성화되어야 함을 인식하고, 지방 NGO의 활성화를 위한 매개역할을 수행해야 한다. 나아가 지방정부도 지방 NGO의 활성화가 지방자치의 실질적인 발전을 위해 중요하다는 것을 깨닫고 지방 NGO의 육성을 위한 지원책을 마련해야 한다. 지방 NGO의 정책참여 확대, 로컬거버넌스의 강화, 지역 NGO센터의 건립 등을 예로 들 수 있다.

넷째, NGO 내부의 민주성을 강화하기 위해서는 우선 NGO 상근자가 적절한 재교육을 통해 민주적 리더십을 학습하고 과학적 관리능력을 증대해야 한다. 이를 위해서는 전국의 주요 거점에 있는 대학에서 다양한 NGO 관련 교육 프로그램을 제공하는 것이 필요하다. 즉 시민사회 내에서 시민사회의 역량증대를 위한 대학의 역할을 강화하는 것이다. 이것은 국립대학을 중심으로 정부가 정책적으로 강화할 수도 있다. 내부의 도덕성을 증대하기 위해서는 훈련, 체험, 좌담, 명상 등과 같은 전문적인 재교육을 실시하고 조직문화를 강화해야 한다. 단체 내에서 회원 간의 다양한 내부조직을 활성화하고 이들이 단체의 의사결정에 참여하는 것도 조직의 민주성과 도덕성을 증대하기 위한 하나의 방안이 될 수 있다.

다섯째, 한국 NGO의 미래는 젊은 세대들의 역량에 달려 있다는 점에서 젊은 세대들이 적극적으로 참여할 수 있는 조직적·문화적 환경을 만들어가야 한다. 이를 위해 민주적 의사결정, 네트워크형 조직, 탈물질적 가치의 수용, 다양한 문화적 체험, 시스템의 자기학습능력, 사이버 시민운동 등이 가능한 조직으로 만들어가야 한다. 국제사회에서 한국 NGO가 일정한 역할을 하기 위해서는 국제협력과 연대를 강화해야 한다. 한국 NGO는 이제 제3세계에 대한 지원과 원조에도 신경을 써야 한다. 특히 아시아에서는 한국 NGO가 서구 근대문명을 넘는 새로운 문명을 창출하기 위해 아시아적 가치의 재발견, 아시아 NGO 간의 연대 활성화, NGO학 연구와 교육을 위한 허브(hub) 역할 등을 중시해야 한다. 나아가 한반도를 둘러싼 안보와 통일 문제는 한국 NGO가 북한, 연변, 연해주 등으로 행동반경을 확대해야 함을 암시한다.

28
한국사회를 개혁하기 위해
NGO가 나서라

현대인은 그야말로 위태로운 공간과 시간 속에서 살아간다. 과학기술은 인간이 미처 그 의미를 파악할 수 없을 정도로 급속하게 발달하고, 지구 반대편에서 일어나는 별개의 사건이 내 삶에 중대한 영향을 미친다. 또한 기능장애를 일으키는 체계에서 인간 주체가 배제되고, 문제를 일으킨 주체는 그에 대해 책임지지 않는다. 세계자본주의 체제에 편입되어 지구사회의 일원인 한국사회도 이러한 문제에서 벗어날 수 없다. 여기에 한국사회는 외부의 힘에 의해 근대문물을 도입하고, 강대국의 이해관계에 의해 국토가 분단되었으며, 국가 주도로 급격하게 산업화를 이루었기 때문에 부작용이 무수히 많다. 정치의 실종, 경제적 불안, 복지의 빈곤, 각종 부정부패, 갈등의 격화, 빈부격차의 고조, 신뢰의 상실, 공공성의 부족, 시민의식의 왜곡 등이 한국사회를 표현해주고 있다. 여기서는 한국사회가 안고 있는 문제의 내용과 원인을 파악하고 NGO가 기여할 수 있는 것이 무엇인가를 살펴보기로 한다.

1. 한국사회의 위기

한국은 자체 역사를 통해 장기간에 걸쳐 민주주의와 자본주의를 실험하고 발전시킨 국가가 아니다. 한국은 일본의 힘에 억눌려 식민지 통치를 받았고, 한반도를 둘러싼 강대국에 의해 전쟁과 분단을 경험했으며, 미국 등 서구사회의 영향을 받아 민주주의와 자본주의를 도입했다. 이 과정에서 민주주의를 운영하는 데 필요한 정치의식과 문화를 갖추지 못했기 때문에 무수한 정치적 혼란을 경험했다. 그리고 자본주의를 건전하게 작동시키는 데 필요한 자본가의 윤리와 시민철학이 없었기 때문에 공정한 거래행위의 부재, 부 축적의 왜곡, 전방위적인 부정부패 등의 문제를 노정했다. 나아가 국가와 시장을 비판하고 시민적 윤리토대를 마련할 수 있는 시민사회가 제대로 성장하지 못했기 때문에 가치의 혼란을 겪어야만 했다. 지정학적으로는 전쟁의 위험이 상존하고 냉전이데올로기가 여전히 유효하게 작동하고 있다.

한국사회는 해방 이후 민주주의를 도입하고 근대화를 추진하여 엄청난 경제성장을 이룩했고, 1987년 6월항쟁 이후에는 시민사회가 급속도로 발달하여 시민적 각성과 참여가 활발해진 것은 사실이다. 실제로 한국사회는 일정한 수준의 정치·경제·사회·문화적 능력을 가지고 세계 표준문명에 접근해가고 있다. 그야말로 한국도 이젠 선진국의 일원으로서 일정한 발전역량과 자체의 방어능력을 가지고 있다고 할 수 있다. 그럼에도 불구하고 한국사회는 여전히 불안한 기반 위에 지어진 빌딩처럼 다음과 같은 심각한 문제를 안고 있다.

첫째, 한국사회는 서구사회가 200년에 걸쳐 완성한 근대화를 수십 년 만에 압축적으로 성취하는 과정에서 근대적 가치가 제대로 정착되지 못했다. 한국은 전통적·근대적·후근대적 요소가 어지럽게 교차하고 있다. 가부장주의·가족주의·연고주의와 같은 전통적 가치가 여전히 통용되는가 하면, 다원화되고 복합화된 사회구조에서 볼 때 후근대적 요소가 급속하게 나타나고 있다. 이러한 가운데 합리성·공공성·신뢰·법치주의와 같은 근대적 가치가 제대로 뿌리를 내리지 못했다. 이로 인해 민주주의와 자본주의가 제대로 작동하지 못하고, 각종 사회적 갈등조정과 합리적인 자원배분이 이루어지지 못하고 있다.

둘째, 한국사회는 과도한 경쟁사회이다. 제한된 국토와 자원에 비해 과밀한 인구를 가지고 있고, 여기에 신자유주의 이데올로기가 침투하여 치열한 경쟁이 일어나고 있다. 이러한 경쟁은 한국사회의 발전역량을 증가시켜 세계 속에서 생존하도록 하는 원인도 되지만, 무수한 부작용을 초래한다. 이것은 한편에서는 법의 무시, 부정부패, 신뢰의 상실, 이기주의 등을 초래하고, 다른 한편에서는 인간성을 왜곡하고 공공성을 파괴하며 이타주의를 어렵게 한다. 사회안전망이 제대로 구축되지 않은 상태에서 경쟁에서 이탈한 사람들은 각종 범죄나 중독으로 눈을 돌리게 된다. 이것은 폭력과 가정해체를 유발한다. 한국이 세계에서 사교육비와 자살률이 가장 높은 것은 이러한 경쟁문화를 그대로 반영하고 있다.

셋째, 한국사회는 물질주의가 만연된 사회이다. 한국은 오천년의 역사에서 오랫동안 가난하게 살다가 지난 수십 년에 걸쳐 산업화에 성공하여 부를 축적했다. 이 과정에서 군부정권이 각종 시민권리를 억압했기 때문에 물질적 쾌락이 번성했고, 전쟁을 경험하고 분단된 상태에 있기 때문에 위험한 미래에 생존하기 위해 일정한 부를 축적해 두는 것을 지향했다. 여기에 혈족에 대한 집착이 강하여 자식에게 부를 물려주는 것을 선호했다. 이러한 물질주의는 정신적 가치를 파괴하고 각종 인간관계를 왜곡시킨다. 한국에서 두드러지게 나타나는 저조한 기부, 낮은 독서율, 과시적 낭비, 공공의식의 결여, 윤리의 빈곤, 각종 환경파괴 등은 바로 물질주의의 부작용이라고 할 수 있다.

넷째, 한국사회는 지정학적으로 불안한 상태에 있다. 한국은 세계에서 유일하게 분단된 국가이자, 세계의 강대국이 집중적인 이해관계를 가지고 있는 나라이다. 그리고 가공할 만한 핵무기가 가장 집중된 지역이기도 하다. 따라서 탈냉전 이후 세계적인 평화지향과는 달리 군사력의 집중과 사용의 위험성을 안고 있다. 여기에 중국의 부상, 일본의 군국주의화, 미국의 호전적 외교, 북한의 내부위기 등은 한국사회를 매우 불안하게 만들고 있다. 한국사회를 근본적으로 저해하는 냉전적 사고, 이데올로기적 갈등, 폐쇄적 민족주의, 군사문화의 만연 등은 바로 이러한 지정학적 불안에서 야기된 것이다.

2. 위기의 원인

한국은 경제협력개발기구(OECD)의 일원으로서 1인당 연간소득이 2만 달러에 달하는 선진국이다. 그런데도 한국이 이러한 위기를 맞게 된 원인은 무엇일까? 한국사회의 위기에 대해 무능한 정치가, 부패한 관료, 보수적인 사법부, 상업적인 언론, 이기적인 기업, 무책임한 개인 등을 지목하지만, 여기에는 한국사회의 역사적 뿌리와 제도·문화적인 원인이 내재되어 있다.

역사적인 측면에서 한국사회가 갖는 위기는 일본의 식민지 지배,

남북분단과 대결, 장기간의 군부통치 경험 등에 원인이 있다.

한국은 근대화를 시작하는 중요한 시기에 자체의 역량을 갖지 못하고 일본의 식민지 지배를 겪으면서 강압적인 국가폭력을 경험했다. 이 과정에서 국가는 폭력의 생산자로서 파괴의 대상이었기 때문에 불법으로 저항하는 것은 당연했다. 따라서 공공의식, 상호 간 신뢰, 공정한 경쟁은 처음부터 불가능했다.

해방 이후 남북한 간의 분단·전쟁·긴장은 국가주의와 권위주의를 강화하는 계기가 되었다. 이 과정에서 반공이데올로기가 강요되고 국가폭력이 재생산되었다. 치열한 좌우대결과 전쟁에서 살아남기 위해 사람들은 질서와 관용보다는 자신의 생필품을 축적해야 했고, 타인을 믿지 않았다. 따라서 질서의식, 이타주의, 정신적 가치 등이 설자리가 없었다. 남북분단은 오늘날까지 한반도에 전쟁공포를 남기고 시효가 지난 냉전이데올로기가 영향력을 행사하도록 만들고 있다.

남북한 간의 분단은 군부권위주의를 유인하는 효과를 발휘하여 한국은 오랫동안 군부지배를 경험했다. 강압적인 물리력을 가진 군부정권은 위협적인 적을 상기시키면서 폭력을 행사하고 근대화 과정에서 자원배분을 독점했다. 이 과정에서 개인의 자율성, 노동자의 권리, 부의 분배 등은 무시되었다. 그리고 과정보다는 결과를 중시하고, 합리적인 판단보다는 사적 연합을 강화했다. 따라서 민주주의는 왜곡되고, 정신적 가치는 무시되었으며, 시민적 권리는 침탈당했다.

제도·문화적인 측면에서 한국사회의 위기는 유교문화, 지도자의 일탈, 교육의 부재 등에 원인이 있다.

한국인의 의식과 문화에 가장 커다란 영향을 미친 사상은 유교라고 할 수 있다. 그러나 한국사회에서 현실에 나타난 유교는 유교가 가진

물질지향적 사고는 부정부패와 인간에 의한 대형재해를 초래한다. 사진은 물질주의와 속도주의의
표본을 보여준 삼풍백화점 붕괴 현장.

좋은 가치가 왜곡된 형태로 배태되어 많은 문제를 양산했다. 가족주의,
연고주의, 공공성의 왜곡, 공사구별의 모호, 각종 부정부패 등은 왜곡
된 유교적 가치에 크게 빚지고 있다.

　근대화 과정에서 지도자가 보여준 도덕적 타락과 리더십의 부족도
오늘날 한국사회가 안고 있는 준법정신의 빈약, 공공성의 부족, 부정
부패의 만연, 신뢰의 빈곤 등과 밀접한 관련이 있다. 지도자들은 사적
이익을 떠나 장기적인 관점에 국가의 미래를 설계하고 국민을 설득하
기보다는 언제나 기회주의적 속성을 가지고 부정부패의 장본인으로
지탄의 대상이 되었다. 강압적인 독재자가 부정부패를 저지르지 않고
청빈했다는 이유만으로 존경받고 있는 현실은 다른 많은 지도자들이
어떠했는가를 단적으로 말해준다.

한 국가의 민주주의의 건강은 국민 전체가 책임져야 한다는 측면에서 한국의 교육은 많은 문제를 안고 있다. 한국의 교육은 그동안 일제하의 기술교육, 군부정권하의 반공교육을 거쳐 이제 입시교육과 취직교육으로 점철되고 있다. 민주시민으로서의 책임, 공동체적 가치를 위한 협력과 연대, 개인의 창의성과 잠재력의 계발 등은 뒷전으로 밀려나고 점수를 따서 일류 대학에 가고, 대학에서는 좋은 직장에 취직하는 것이 교육의 목적이 되어버렸다. 이 과정에서 체제순응적·이기적·경쟁적 인간만 양산되고 책임의식·공공성·비판의식은 제대로 학습되지 못하고 있다.

3. NGO의 역할

한국사회가 위기에서 벗어나서 민주주의를 성취하고 복지사회를 구축하기 위해서는 끊임없이 개혁을 추진해야 한다. 그러나 군부정권이 물러가고 민주정부가 수립된 이후 정부가 주도하는 개혁은 정치권의 무관심, 관료의 불복종, 기득권자의 저항, 시민의 냉소로 번번이 벽에 부딪혀 실패를 거듭했다. 개혁은 단순히 서구화를 추종하거나 경제성장률을 높이는 것이 아니다. 개혁은 민주주의 질서를 구축하고 공공성을 증대하며 시민정신을 강화하는 것이다. 이것을 성취하기 위해서는 정부가 주도하는 제도개혁만으로는 한계가 있다. 의식과 문화의 혁명을 통해 구조적인 문제를 해결해야 한다. 따라서 아래로부터의 자발적인 운동에 의한 자각과 실천이 필요하다. 이것은 곧 NGO에 의한 시민운동의 활성화가 한국사회의 개혁에 중요하다는 것을 말해준다.

한국사회의 총체적인 문제를 해결하기 위해서는 시민사회에서 자발적인 결사체가 융성하고, 자율적 공론장이 도처에서 생성되며, 사회변혁을 위한 연대가 활발하게 이루어져야 한다. 구한말 근대화의 태동기에 실학운동이 실패한 것은 바로 이러한 시민사회적 가치와 실천이 부족했기 때문이다. NGO는 자율·참여·연대의 가치에 기초하여 국가와 시장을 비판하고 공공성을 증대해가는 역할을 한다. 사회적 지도자의 일탈을 감시하고 이타주의를 실천하는 민주시민을 교육한다. 새로운 사회에 필요한 도덕과 윤리를 재정립하고 신뢰를 구축하기 위한 시민운동을 전개한다. 성장주의와 물질주의와 같은 서구문명의 한계를 극복하고 새로운 문명을 창조하는 대안사회를 모색한다. 동북아의

현대 한국에서 기존의 충·효와 같은 윤리를 가지고 사회를 운영하기에는 한계가 있다. 사진은 새로운 윤리를 모색하는 시민단체 세미나 모습.

평화를 위해 시민사회적 연대를 구축하고 공동의 노력을 경주한다. 나아가 세계시민의 보편적 윤리를 인식하고 이를 실천하기 위한 국제적인 활동을 전개한다.

NGO는 사적 문제를 떠나 공동체의 문제를 해결하기 위해 시민들이 자발적으로 모여 결성된 결사체이다. 한 사회가 가진 문제는 바로 이러한 자발적 결사체가 아래로부터의 자각과 실천이 일어날 때 근본적으로 해결될 수 있다. 따라서 한국의 역사와 문화에서 배태되어 한국사회에 나타난 부정적 유산, 구조적 부패와 무능, 개인적 무기력과 이기주의는 NGO가 활발하게 활동하여 공공의 문제에 대한 담론이 전개되고, 다양한 연대가 구축되며, 지속적인 실천이 일어날 때 가능하다. 이러한 점에서 한국사회가 안고 있는 모순과 위기의 해결은 근본적으로 NGO에 의한 일상적 시민운동의 성패에 달려 있다고 볼 수 있다.

29
현대사회의 문제해결을
NGO에게 맡겨라

현대사회를 후산업사회(post-industrial society), 탈물질사회, 정보화사회
등으로 다양하게 부르고 있다. 명칭은 달라도 현대사회가 전통사회나
근대사회와는 달리, 매우 복잡하고 다원적이며 갈등이 빈번하다는
것을 나타내고 있다. 현대사회는 근대사회를 지탱했던 기존체제가
정상적으로 작동하지 않게 되면서 불안정과 무질서가 심각하게 표출
되는 체제이행기의 시대이다. 따라서 현대인은 정치·경제·사회·문화
전 영역에 있어서 동시다발적인 급속한 변동을 경험하고 있다. 여기서
는 현대사회가 어떠한 특징과 문제를 지니고 있는지 살펴보고, 이러한
문제를 해결하기 위한 NGO의 역할에 대해 고찰하기로 한다.

1. 제3의 혁명

근대사회 이전의 전통사회에서는 대부분의 사람들이 농업이나 목축업 등 1차산업에 종사했다. 인구가 적었을 뿐만 아니라 인구이동도 많지 않았다. 교통과 통신이 발달하지 않아 대부분의 사람들은 매우 제한된 지역에서 폐쇄적인 활동을 했다. 그러나 중세 이후 근대사회에 와서 과학기술이 발달하고, 인구가 폭발적으로 증가했으며, 도시화와 공업화가 크게 진척되었다. 근대사회의 성격을 지칭하는 근대성 (modernity)은 르네상스와 종교개혁의 역사적 성과물에 근거하여, 대체로 17세기 이후 나타난 거대한 사회변화와 이로 인해 가능하게 된 새로운 형태의 생활양식을 지칭한다. 이것은 이성의 발달에 의해 과학기술을 발전시키고 이를 통해 자연을 이용함으로써 물질적인 부를 축적하게 된 진보를 의미한다. 오늘날 우리가 경험하고 있는 선진문명의 다양한 가치나 제도는 이성, 주체, 합리성, 계몽과 같은 근대적 가치에 기초하고 있다.

그런데 오늘날 세계는 근대 이후의 사회로 진입하면서 새로운 변화를 겪고 있다. 이 새로운 변화는 짧은 시간 내에 전 세계적으로 파급되고 있다. 이미 오래전에 토플러(Alvin Toffler)가 『제3의 물결(The Third Wave)』에서 언급했듯이, 제1혁명인 농업혁명은 수천 년에 걸쳐서 천천히 일어났고, 제2혁명인 산업혁명은 18세기 영국에서 일어나 300년 만에 전 세계로 파급되었지만, 제3혁명인 정보혁명 또는 지식혁명은 불과 몇 십 년 만에 전 세계를 변화시키고 있다. 현대사회는 농업이나 공업이 아니라, 3차산업인 서비스업이 중심이다. 특히 컴퓨터 관련 업종인 시스템 설계, 프로그래밍, 정보처리와 같은 전문적인 서비스업이 주류를 이루고 있다. 교통·통신의 발달과 인터넷의 개발은 국경을 넘어 개인 간의 교류를 크게 확대시켰다. 이러한 개인 간의 교류가 늘어나게 됨에 따라 지식과 정보의 양이 폭발적으로 증가했고, 지식과 정보의 가치도 매우 높아졌다. 오늘날 유행어처럼 된 세계화·정보화도 바로 과학기술의 발달에 따른 개인 간의 상호 의존의 가속화에 따른 것이다.

제3의 혁명은 자동화, 세계화, 정보화 등으로 대표된다. 따라서 현대사회는 기계가 인간의 노동을 대체하고, 전 세계가 하나의 시장으로 통합되었으며, 정보의 가치가 증대했다. 새로운 시대에는 국가의 역할이 제한되고 다국적기업이나 초국적기업의 역할이 강화되고 있다. 이 과정에서 경쟁이 심화되고, 빈부격차가 심해졌으며, 각종 사회적 갈등이 빈번하다. 이러한 문제를 해결하고 인권, 환경, 평화, 복지 등과 관련된 인간안보를 지키기 위해서는 국가와 시장이 아닌 시민사회의 역할이 중요해지고 있다.

2. 현대사회의 특징

그러면 후산업사회라고 불리는 현대사회의 특징은 무엇인가? 그것은 한마디로 말하면, 복잡성·다양성·자율성의 증대라고 할 수 있다. 이것을 다음 세 가지로 나누어 살펴보기로 하겠다.

첫째, 복잡성과 다양성의 증대이다. 현대사회는 근대사회의 체제를 넘어서면서 매우 복잡해졌다. 새로운 가치나 이데올로기가 등장하고 다양한 가치가 혼재하고 있다. 근대적 가치가 흔들리는 가운데 후근대

현대사회는 다원적인 사회로서 개인의 욕구와 선호가 다양하다. 사진은 한 중년이 머리에 염색을
한 소녀들과 이야기를 나누고 있는 모습.

적 가치가 등장하고, 여기에 전통적 가치를 새롭게 조명하고 이를
추종하는 집단이 생겨나고 있다. 특히 이러한 경향은 짧은 시간 동안
에 근대화를 성취하고 선진국에 진입한 한국사회에서 특징적으로 나
타나고 있다. 근대사회는 기계로 대량으로 생산하고 대량으로 소비했
다. 그러나 현대사회에서 개인은 자신만의 개성과 취미를 가지고 그것
에 맞는 소비를 한다. 자신과 동일한 사고를 가진 사람들과 모여 조직
을 만들고 활동한다. 조직도 규격화되고 중앙집권화된 형태가 아니라,
외부 변화에 유연하게 대처할 수 있는 분권적이고 기동성 있는 조직형
태로 변했다. 직업도 분화되고 전문화되어 다양한 직업이 발생했고,
각 분야에서 전문가의 영향력이 증대되었다. 사회적 가치도 다양해졌
다. 군사력이 여전히 중요하지만, 경제력도 중요하게 되었다. 경제에

서 자본과 노동이 여전히 중요한 위치를 차지하고 있지만, 기술·정보·지식 등의 부가가치가 높아졌다. 또한 경제적 가치 외에도 환경·인권·평화·문화 등과 같은 탈물질적 가치가 중요해졌다.

둘째, 세계화와 정보화를 들 수 있다. 교통과 통신수단의 발달, 컴퓨터와 인터넷의 개발 등으로 인하여 인간의 활동영역과 교류가 국가 간의 경계를 넘어 확대되었다. 따라서 국가 간의 상호 경쟁과 의존이 심화되었다. 특히 시장의 세계화는 전 세계 단일시장을 형성함으로써 주권국가의 경계를 넘어 상품과 서비스가 이동하고, 다국적기업의 규모와 영향력이 커지게 되었다. 이제 인간의 삶을 둘러싼 각종 문제에 대한 정의와 처방은 한 국가 차원이 아니라, 세계사회 차원에서 고려해야 한다. 정보화도 현대사회의 중요한 특징 중의 하나이다. 커뮤니케이션 기술의 발달과 함께 정보의 양이 확대되고, 정보의 전달 속도가 빨라졌으며, 정보의 교환범위도 국경을 넘어 확대되었다. 정보화로 인하여 수직적·권위적 사회구조가 수평적·다원적 구조로 변했다. 국경을 넘어 새로운 조직이 만들어지고 다양한 문화가 창출되고 있다. 특히 정보와 지식이 빠른 속도로 변하고 있고, 그 부가가치도 전통적인 자본이나 노동보다 높아졌다.

셋째, 삶의 질에 대한 관심의 증대이다. 제2차 세계대전 이후 서구 민주주의 국가에서 복지국가가 발달함에 따라 국가는 개인의 질병, 빈곤, 불안을 해결하기 위해 적극 개입했다. 따라서 개인은 과거에 제대로 보장받지 못했던 복지, 위생, 노동, 주택 등에 대한 서비스를 정부로부터 제공받게 되었다. 그러나 현대인은 이러한 물질적 복지를 넘어 자아정체성, 개인의 자율, 공동체적 가치, 공공적 참여, 생태주의, 이타주의, 사회적 연대, 세계시민의 윤리, 문화적 권리 등을 중시한다.

현대인은 단순히 수동적으로 국가의 수혜를 받는 것이 아니라, 시민사회에서 다양한 결사체를 만들어 능동적이고 창조적으로 자신의 삶을 가꾸어 가려고 한다. 따라서 많은 사람들은 자율적인 행위를 통해 자신의 삶의 수준을 높여 자아를 실현하고 의미 있는 생활을 누리는 데 관심의 초점을 집중하고 있다.

3. 현대사회의 문제

이러한 현대사회의 특징은 기존의 사회문제를 심화하기기도 하고 새로운 사회문제를 유발하기도 한다. 현대사회의 문제를 정리하면 다음 네 가지로 요약할 수 있다.

첫째, 현대사회는 사회적 갈등이 빈번하다. 개인적인 욕구가 다양하고 자신의 권리에 대한 관심이 높기 때문에 개인·집단·계층·세대·성별·국가 간의 갈등이 자주 일어난다. 개인은 자기중심적으로 생각하고 행동한다. 각종 집단은 자기가 속한 집단의 이익을 극대화하려는 집단이기주의 경향을 보인다. 자본가와 노동자 간의 노사갈등도 여전히 사회문제가 되고 있다. 기성세대와 신세대 간의 갈등은 문화의 단절뿐만 아니라, 심지어 커뮤니케이션의 단절까지 초래하고 있다. 여성의 양성평등에 대한 의식이 증대됨에 따라 가부장적 사회제도와 불평등한 임금 및 사회참여에 대한 여성의 저항이 늘어나고 있다. 국가 간에도 경제적 이익, 빈부격차, 핵무기, 환경오염 등과 같은 문제를 사이에 두고 갈등이 심화되었다.

둘째, 세계화와 정보화로 인한 문제이다. 시장주의와 신자유주의

인간이 환경과 공존한다는 사고를 갖지 않고 파괴를 일삼을 경우 환경으로부터 보복을 당하게
된다. 사진은 쓰레기로 가득 찬 땅을 가리키고 있는 한 주민의 모습.

이념을 강조하는 세계화로 인하여 경쟁과 효율성의 원칙이 강조되었
다. 따라서 한 국가 내에서 개인 간에 부의 불평등이 심화되고, 국가
간에도 선진국과 후진국 간의 경제적 격차가 더욱 벌어지게 되었다.
세계화에 의해 투기성 자본과 노동이 국가 간의 경계를 넘어 유연하게
이동함에 따라 국민국가의 영향력이 줄어들고, 국가적 경제위기가
일어나기도 한다. 정보화도 정보의 소유와 해독능력에 따라 새로운
빈부격차를 유발하고 있다. 정보는 부를 창출하고 계층 간의 격차를
완화하기도 하지만, 강자가 약자를 통제할 수 있는 정교한 수단이
되기도 한다.

셋째, 소외문제가 심각하다. 복지국가의 발달로 인간수명이 연장됨
에 따라 노인층이 늘어나고 노인에 대한 건강과 복지제공을 위해

사회적 재정부담이 늘게 되었다. 노령사회가 됨에 따라 노인은 인생의 황금기를 보람있게 보내는 것이 중요하지만, 사회로부터 소외되고 있다. 소외문제는 노인만의 문제가 아니다. 경제가 성장하고 부가 증대되었지만, 빈곤층은 여전히 줄지 않고 있다. 따라서 빈곤한 자나 사회적 약자가 소외되고 있다. 소외문제는 부유한 층에서도 생겨나고 있는데, 이것은 현대사회가 대중사회로 되면서 공동체가 무너지고 황금만능주의가 팽배하기 때문이다. 대부분 도시에서 살아가는 현대인은 공동체사회가 무너지면서 고독한 군중이 되었고, 고도의 소비사회에서 상품화되거나 상품의 지배를 받고 있다. 따라서 자아실현을 위한 창조적 수단을 갖지 못하는 사람들은 정체성의 혼돈을 경험하고 있다.

넷째, 인간안보가 위협받고 있다. 과학기술이 고도로 발달하고 전 세계가 지구촌으로 나아가고 있지만, 인간은 여러 가지 면에서 심각한 위협을 느끼고 있다. 냉전체제가 무너지고 자본주의와 사회주의 간의 대결이 완화되었지만, 여전히 국지전이 빈번하게 일어나고, 미국을 비롯한 강대국의 일방주의에 의해 세계평화가 위협받고 있다. 그리고 세계화와 정보화의 과정에서 경쟁에서 이탈된 사회적 약자나 소수자는 심각한 차별을 받고 있어서 각종 테러·중독·살인·자살 등으로 이어지고 있다. 환경문제는 지구의 미래를 암울하게 하고 있다. 지구가 온난화되면서 이상기온이 나타나고 새로운 질병이 생겨나고 있다. 각종 오염과 산림파괴로 많은 생물 종이 멸종하고 인간이 살아갈 수 있는 영역이 점점 좁아지고 있다. 이 외에도 오존층의 파괴, 환경호르몬, 핵 사고, 인구 과잉 문제도 간단하지 않다.

4. NGO의 역할

현대사회가 지닌 이러한 문제점에도 불구하고 정부가 각종 사회문제를 해결하는 데는 한계가 있다. 정부는 근본적으로 다수결의 논리와 관료제의 원칙에 의해서 움직이기 때문에 현대사회의 다양한 문제를 유연하게 해결하기 어렵다. 나아가 신자유주의가 주요한 사회 운영원리로 받아들여짐으로써 정부가 독립적으로 해결할 수 있는 영역의 범위도 축소되었다. 따라서 정부는 현대사회의 갈등, 빈부격차, 소외, 인간정체성 등의 문제를 해결하는 데 적절한 능력을 가지고 있지 못할 뿐만 아니라, 그 역할이 제한받고 있는 실정이다. 현대사회가 안고 있는 문제의 해결은 국가와 시장이 아닌 시민사회의 존재, 그리고 시민사회에서 자발적인 공익조직인 NGO의 번성, 나아가 이 NGO가 추진하는 각종 시민운동의 일상화와 밀접한 관련이 있다.

NGO는 다양한 이념·가치·선호를 가진 사람들이 모여 만든 자발적인 결사체이다. 따라서 이러한 자발적 행동은 개인의 다양한 가치를 실현하는 매개체가 된다. NGO는 이러한 개인의 개성을 실현하는 데 그치지 않고 사회적 도덕과 공공선을 정착시키고 각종 갈등에 개입하여 해결하기도 한다. 정부의 관료화, 기업의 이익추구, 이익집단의 집단이기주의를 견제하고 보편적 선(善)을 강조한다. 따라서 시민의 자율적 참여와 견제를 통해 사회적 갈등을 조정하고 해결하는 데 기여한다.

NGO는 세계화와 정보화가 낳은 부작용에 대해 대처한다. 강대국이나 강자 중심으로 사회를 재구조화시키는 데 저항하여 사회적 약자의 이익을 대변한다. 특히 사회적으로 무관심하거나 무시되고 있는 소수자의 권리를 옹호하기 위해 활동한다. 예를 들어, 에이즈환자나 병역거부자의 인권에 대해 적극적으로 담론을 전개하고 실제로 이들을 보호하는 활동을 전개한다. 세계화와 정보화로 인한 빈부격차나 새로운 형태의 지배고착화를 간파하고, 이를 해결하기 위해 다양한 형태의 경제를 실험하고 부의 재분배를 위해 정책에 개입하거나 시민의 여론을 형성하는 것도 NGO의 활동이다.

NGO는 사회적 약자나 소수자의 권리옹호에 그치지 않고 현대인이 겪고 있는 정체성의 문제나 소외문제에 대처하여 인간의 존재문제와 삶의 방법에 대해 담론을 전개하고 다양한 해결책을 모색한다. 삶의 의미를 재규정하고 이를 실현할 수 있는 공동체를 실험하기도 한다. 현대인의 자아실현을 위해 공공정책에 참여하거나 이타주의를 실천할 수 있는 기회를 제공한다. 나아가 영성을 개발하고 각자의 잠재력이 다양한 방식으로 실현될 수 있도록 시민운동을 전개한다. 실제로 NGO는 명상이나 요가뿐만 아니라 삶의 영역에 영성을 개입시키기 위한 교육이나 훈련을 하기도 한다.

NGO는 권력과 물질의 문제에 대응하는 데 그치지 않고 탈물질적 가치를 강조하여 인권을 중시하고 평화를 수호하며 환경을 보호한다. 여성이나 문화의 가치를 존중하고 지구적인 구호와 지원을 하기도 한다. 강대국이 약소국을 침략하거나 무기판매를 통해 분쟁을 부추기는 것을 감시하고 비판한다. 심지어 이라크전쟁에서 볼 수 있는 바와 같이, 전쟁터에서 인간방패를 만들기도 한다. 특히 NGO는 환경문제에 있어서는 전 지구적인 연대를 통해 인간중심의 지구사회를 개편하고 인간과 자연의 상생을 추구한다. 지구를 구성하는 작은 미생물 하나하나에 관심을 가지고 그들의 생명을 보존하기 위해 실제적인 행동을 하는 것은 NGO뿐이라고 해도 과언이 아니다.

NGO를 알면 세상이 보인다

국
제적으
로도 마찬가지이
다. 1838년에 영국에서는 노
예제도를 반대하는 반노예협회(British
Anti-Slavery Society)가 설립되었고, 1864년에
결성된 세계적십자사(Red Cross)가 중립의 원칙 속에서 인도
적인 실천활동을 벌였다. 그리고 1892년 시에라클럽(Sierra Club)이 미
국에서 결성되어 환경운동을 시작했고, 영국의 아동구호기금(Save the Children
Fund)이 1919년에 설립되어 전쟁 후에 고아가 된 아동을 보호하는 활동을 했다. 그러나 이러
한 단체를 전형적인 의미의 NGO로 보기는 어렵다.

제6부 고투하는 청년들에게

NGO라는 용어가 국제사회에 등장하게 된 것은 제2차 세계대전 이후라고 볼 수 있다. NGO는 1945년 유
엔(UN: United Nations) 헌장 제71조에 등장함으로써 공식적으로 사용되었다. 이후 1950년 개정을 통해 UN
산하에 경제사회이사회(ECOSOC: Economic and Social Council)에 협의적 지위(consultative status)를 갖
게 되었다. 이때 UN에서는, 정부 이외의 민간단체가 지원활동을 통해 공공의 목적을

30 ◎ 다이아몬드는 쓰레기통에 있어도 다이아몬드다

현하기 위한 자발적 공식조직을 가리켜 NGO라고 했다. 즉 NGO는 비정부성, 공익성, 연대성, 자원성, 공식성,
국제성의 특성을 가진 민간단체를 의미했다. 개념 발생 초창기의 NGO는 국제적인 수준에서 개별 국가나 각종
제기구가 해결하지 못하는 국제적 문제를 해결하기 위해 자문 역할을 한다는 소극적인 개념이었다.
우리나라에서 NGO라는 개념이 보편적으로 사용하게 된 것은 1987년 6월항쟁 이후이다. 6월항쟁을 통해 군부
정권이 물러가고 정치적 민주화가 진행됨에 따라 시민들은 스스로 국가와 자본을 견제하고 시민권리를 옹호하
기 위한 각종 단체를 결성했다. 이러한 단체를 시민단체라고 불렀는데, 이것은 1992년 리우환경개발회의 등 각
종 NGO 국제대회가 국내에 소개되면서 등장하게 된 NGO라는 개념과 비슷한 의미로 자리 잡게 되었다. 오늘날
NGO의 개념은 점점 범주가 확대되고 의미도 적극적으로 변하고 있다. 즉 NGO는 시민들의 자발적인 참여와 연
대를 통해 각종 국제적인 영역뿐만 아니라, 주권국가 내의 문제나 지역사회 문제를 해결하는 단체도 포함하고 있
다. 그뿐만 아니라, 초창기 국가나 국제기구에 협조하여 국제문제를 해결한다는 소극적인 의미에서 벗어나, 독자
적으로 시민권리를 옹호하고 국가권력과 국제사회의 강대국을 견제하는 단체로 인식되고 있다.
NGO가 국가나 시장이 아닌 시민사회에서 지원활동을 통해 각종 사회문제를 해결하는 결사체로서 그 개념이 정
립되어 있기는 하지만, 그 범위에 있어서는 국가마다 다르다. 미국이나 일본에서는 NGO를 NPO의 일부로서 환
경·개발·인권·여성·구호 등과 같은 공공의 이익을 추구하는 자발적 결사체, 특히 국제원조에 참여하는 단
체를 말한다. 예를 들어, 미국에서 의회감시단체인 커먼코즈(Common Cause)와 국제구호단체인 케어(CARE)
가 대표적인 NGO라고 할 수 있다. 미국에서는 오랫동안 NGO를 사적자원조직(PVO: private voluntary
organization)이라고 불렀으나, 최근에는 NGO라는 명칭을 점점 많이 사용하고 있다. 일본의
NGO로는 난민보호협회, 지뢰피해 아동을 돕는 모임, 아프리카 교육기금 등을 예로
들 수 있다. 유럽에는 다양한 국가가 있어 차이가 있지만, NGO를 NPO
와 같은 영역으로 넓게 보기도 한다. 따라서 대학, 복지관, 오
케스트라, 변호사협회와 같은 단체들도 NGO에
포함시키는 경향이 있다.
우리나라에서 NGO가 무
엇인가를 정의

30
다이아몬드는 쓰레기통에 있어도 다이아몬드다

지금 어려운 환경에서 고투하고 있어도 청년은 결코 좌절하거나 회피해서는 안 된다. 어려운 환경에 처해 있고 알아주는 자가 없어도 목표를 향해 도전하며 투쟁해가는 자가 바로 청년이다. 미래를 바라보며 자신을 연마하는 청년은 쓰레기통의 다이아몬드처럼 결국 승리하게 되어 있다. 이러한 자기 연마는 NGO에 대한 학습에서 교훈을 얻을 수 있다. 마지막 장은 어려운 환경에서도 꿋꿋하게 자신을 연마하는 청년들에게 보내는 메시지이다.

"다이아몬드는 쓰레기통에 있어도 다이아몬드다!" 이 말은 일본 소카(創價) 대학의 설립자인 이케다 다이사쿠(池田大作)가 한 말이다. 다이아몬드는 설령 쓰레기통에 버려져 있어도 썩지 않기 때문에 때가 되어 끄집어내기만 하면 금방 빛이 난다. 따라서 중요한 것은 불리한 외부환경이 아니라 인내심을 가지고 자신을 연마하는 것이라는 메시지이다.

온통 일류 대학의 열풍에 휩싸여 공부에서 1등을 해야 우등생이라고 생각하는 이 나라. 고시를 합격하면 신분이 수직상승하고 올림픽에서 금메달이라도 따면 영웅취급을 받는 나라. 최선을 다하여 2등, 3등을 하고 있어도 알아주지 않는, 잘못된 관습과 제도 속에서 살면서 남모르게 분노하고 눈물을 흘리는 청년이 있다. 아무런 죄도 없는데 못생겼다는 이유로 왕따를 당하고 있지는 않는지, 순수한 영혼을 간직하고 있는데도 장애인이라는 이유로 비정상 취급을 당하고 있지는 않는지, 최선을 다하고 있는데도 공부를 못한다고 불량학생으로 오해받고 있지는 않는지, 혼자라는 이유로 틀린 다수로부터 무시당하고 있지는 않는지……. 시험에 낙방하여 가로수 길을 헤매며 불안해하고, 가출을 하여 고향 하늘을 바라보며 한숨짓고, 실연을 당하여 세상이 볼품없어 보이고, 믿는 친구로부터 버림을 받아 한탄하고, 마약이나 알코올로 육체가 고통스럽고, 불우한 가정이라서 마음이 우울하고, 낙오자가 되었다는 자괴감으로 고개를 떨구고, 아직 인생의 목적이 정해지지 않아 방황하고 있지는 않는지…….

이 책의 마지막 장은 이렇게 불우한 환경에서 고투하고 있는 청년들, 목적을 향하여 힘겹게 도전하고 있는 청년들에게 이야기하고 싶다. 자신이 다이아몬드라면 알아주는 사람이 없어도 괜찮다. 다이아몬드는 쓰레기통에 처박혀 있어도 썩지 않는다. 기회가 닿아 언제든지

이동통신 요금이 너무 비싸다고
주장하는 젊은이. 대기업의 횡포
에 저항하여 다수의 이익을 위해
목소리를 높이고 있는 모습이 당
당하고도 아름답다.

꺼내서 닦기만 하면 그대로 최고의 보물로 빛난다. 중요한 것은 미래
를 준비하는 것이다. 자신을 연마하는 것이다. 타성에 젖지 않는 것이
다. 끊임없이 자기를 개발하는 것이다. 때가 되면 누군가는 알아준다.
히틀러 치하에서 모든 사람들이 신들린 듯이 국가주의에 심취하여
살육을 감행하고 평화를 위협했어도 열다섯 살밖에 안 된 안네 프랑크
는 그것이 잘못임을 알고 있지 않았는가? 쉰들러는 인권과 정의를
위해 자신의 재산과 목숨을 걸지 않았는가? 때로는 시대가 이상하고,
때로는 대부분의 사람들이 미쳐 있어도, 영원히 모든 사람들이 잘못되

지는 않는다. 시대가 바뀌면 누군가는 이성을 가지고 정의의 깃발을 높이 든다. 그대를 알아주는 사람도 생긴다. 스스로 생각하기에는 지난(至難)하고 고독하지만, 고투하는 청춘의 모습은 정말이지 눈이 부시도록 숭고하고 아름답다.

사방이 온통 검은빛으로 둘러싸여 있어도 좌절할 필요가 없다. 어떠한 경우에도 좌절해서는 안 된다. 열등의식을 가져서도 안 된다. 그래서는 아무것도 할 수 없다. 자살은 절대로 안 된다. 그것은 정말 비겁한 자가 하는 짓이다. 한 사람의 생명은 전 우주와 맞먹는 무게를 가지고 있다. 사명이 있기에 태어났고, 사명이 있기에 지금까지 살아 있다. 자신만이 할 수 있고, 반드시 자신이 해야만 하는 일이 기다리고 있다. 그 일을 향하여 지금 긴 마라톤을 하고 있는 것이다. 어려움을 겪고 있기에 웃고, 울고, 부대끼며 살아가는 서민의 애환을 알 수 있다. 어려움을 체험했기에 나중에 어려운 사람들을 이해하는 지도자가 될 수 있다. 어려움을 맛보았기에 진정으로 아름다운 인생이 무엇인지 알 수 있다. 어려움을 도전하여 극복했기에 금강석(金剛石)같이 강한 자신을 만들 수 있다.

세상사람들이 물질주의의 노예가 되어 부정부패에 동조하고, 자기속을 채우기에 급급하고, 기회주의적으로 행동하고, 타인의 어려움은 쳐다보지 않는다 해도, 어떻게 하겠는가! 그대만이라도 제정신을 차리고 있어야 조국이 온전히 보전되고, 인류문명이 살아남고, 세상사람들이 목숨을 부지할 희망조각이 남아 있지 않겠는가! 조국이 일본의 식민지하에 신음하고 있었을 때 많은 지식인이 그들에 동조하여 동족을 핍박하고 다수는 침묵을 지키고 있었지만, 선각자들은 만주의 허허벌판에서 짚신을 신고 삼베옷을 입고도 일본 제국주의와 싸웠다. 그들

한국사회의 변혁을 위해서는 홀로 서는 청년의 존재가 필요하다. 사진은 국세청 앞에서 한 재벌회사의 변칙증여를 규탄하는 '나홀로 시위' 장면.

이 없었다면, 어떻게 우리가 지금의 자유와 번영을 누릴 수 있었겠는가?

지금 고등학교에 다니든, 재수를 하고 있든, 대학에 재학 중이든, 군복무 중이든, 운동을 하고 있든, 돈을 벌고 있든, 바로 그대가 동시대의 역사를 책임지고 있는 한 사람이다. 훌륭한 인격체로서 당당하게 홀로 서 있는 청년이다. 어느 시대 어느 민족의 역사에도 신새벽의 종을 치는 사람은 혼자서 용감하게 일어서는 청년이다. 청년이 나약하고 병든 사회는 결코 중흥을 이루지 못한다. 반대로 진취적인 청년의 기상과 의기가 살아 숨 쉬는 사회는 결코 망하지 않는다. 투철한 신념과 실천적 행동을 가진 용감한 청년 한 사람이 위대한 변혁을 만든다.

지금 그대가 바로 그 변혁의 동인(動因) 한복판에 위치하고 있다. 전 국민을 대상으로 거대한 운동을 일으키기 위해 의지를 불태우고, 이론을 읽으며, 진취적인 기상을 가슴에 품는 것이다.

　지금이 고난의 시간이어도 어려움을 이기고 극복해야 한다. 지금 나이가 어리고, 몸이 아프고, 가난하고, 고독하고, 육체적으로 힘들고, 생(生)에 회의를 느끼고, 구속을 당하고, 억압을 받고 있어도 끝까지 싸워가야 한다. 한 가닥뿐일지라도 희망의 불빛을 꺼서는 안 된다. 그래서 배우고 또 배워야 한다. 처음부터 길은 없다. 자꾸 걷게 되면서 길이 만들어지는 것이다. 책을 손에서 놓지 않아야 한다. 역사적 위인과 만날 수 있는 유일한 길이 독서이다. 지금은 열심히 배워서 미래를 준비하는 시간이다. 준비도 없이 나서는 교만을 가져서는 안 된다. 그래서 기회가 왔을 땐 전 민족을 보듬고, 전 인류를 부여안고, 대의(大義)를 향하여 당당하게 걸어갈 수 있는 인간승리자가 되어야 한다. 그때 사람들은 진정한 영웅을 알아보고 힘찬 박수를 보낼 것이다.

이 책은 초판에서 밝힌 바와 같이, 2001년 2월 한 달 동안에 집필되었다. 바쁜 연구 과정에서 잠깐의 시간적 공백이 찾아온 것도 있었지만, NGO에 대한 이야기를 청년들에게 해야 할 극적 상황이 닥쳐온 것이다. 그해 2월 필자는 경희대학교 NGO대학원을 기획하고 설립하여 객원교수로 재직하고 있었다. 그런데 학교설립자(이사장)의 아들이 총장을 하고 있는 상황에서 또 다른 아들이 NGO대학원장으로 온다는 것이었다. NGO는 사회정의와 인간다운 삶을 실현하기 위해 다양한 활동을 하지만, 근대적 합리성을 성취하는 것도 중요하다(물론 필자는 근대성 자체에 무한한 신뢰를 보내지 않는다). 가족주의니 연고주의니 하는 전근대성은 NGO가 반드시 타파하고 극복해야 할 운동의 대상이자 이데올로기라고 할 수 있다. 그리고 필자는 강의나 논문을 통해서 이것을 자주 강조해왔다. 그런데 막상 자신이 운동의 주체가 되어야 하는 상황이 다가온 것이다.

대학이라는 사회적 자산을 가족들이 모여 경영한다! 그곳에는 피의 혈통에 따른 권위주의가 횡행하는 것은 물론(나중에 가까이서 지켜본 그 치졸함이란!), 독점적 권력행사에 의해 의사소통이 차단되고 배제의 정치라는 어두운 그림자가 드리울 수밖에 없다. 사적 지배를 위한 선택과 배제의 논리는 기회주의를 양산하고 다양한 폭력을 발생시킨다. 소통의 공간이 사유화되어 권력이 집중되고 지배가 고착화되는 곳에서 연구공동체가 진정성을 갖거나 발전을 담보하는 것은 불가능하다. 총장은 선거라는 절차를 통해 임명되었으니 어쩔 수 없다고 하더라도, 또 다른 가족에 의한 NGO대학원의 지배는 온몸으로 저항해야 한다. 지식인이란 퇴행적 권력에 맞서 진보를 성취해야 하는 존재이다. 그러나 필자는 가난한 학자로서 최저생계비에도 미치지 못하는 생활을 하고 있었다. 이미 한 차례 인생의 커다란 실패를 경험한 뒤였고, 당장 객원교수의 쥐꼬리만 한 월급이 없다면 가족은 내일의 양식조차 보장받을 수 없는 상황이었다. 이런 상황에서 NGO대학원장의 친족 등용에 저항하지 못하는 부끄러운 자신의 처지를 청년들에게 고백하고 정의를 위한 그들의 행동을 호소하게 된 것이 이 책의 집필 동기였고, 그 내용의 핵심은 이 책의 서문에 잘 나타나 있다.

이런 배경에서 이 책은 제한된 자료를 가지고 한 달 만에 집필되었기 때문에 부족한 점이 많았다. 그럼에도 불구하고 8쇄까지 나올 정도로 독자의 과분한 사랑을 받았다. 이제 초판이 출판된 지 6년이 지나 그간 쌓인 연구능력을 곁들여 기존 내용을 수정하고 새로운 내용을 첨가하여 개정판을 낸다. 이 개정판이 한국 NGO의 성장과 교육에 더욱더 기여할 수 있기를 기대한다.

2007년 6월
박상필

지은이

지은이 박상필은 경북 청도에서 태어나 1977년 10대 근로청소년으로 일한 바
있고, 1987년 6월항쟁 당시 경희대 총학생회장을 지냈다. 1989년 미국 알래스카
대학에 유학하여 석사학위를 받고 귀국하여 대구에서 잠시 정치에 참여한 바
있다. 1998년 경북대에서 우리나라에서는 처음으로 NGO연구로 박사학위를 받
았다. 이후 연세대와 이화여대에서 NGO강의를 했고, 경희대학교 NGO대학원의
객원교수를 지냈다. 현재는 성공회대학교 NGO대학원 연구교수로 있다. 학회는
한국NGO학회, 한국비영리학회, 한국인문사회과학회, 한국비판사회학회, 한국
행정학회 등에서 활동하고 있고, 시민단체는 참여연대, 미래사회와종교성연구원
등에서 활동하고 있다. 저서로는 『NGO와 현대사회』(2001), 『NGO와 정부 그리
고 정책』(2002), 『NGO를 배운다는 것』(2002), 『NGO: 핵심개념 시리즈』(2005),
『NGO학』(2005), 『NGO학 강의』(2006) 등이 있다. 지금은 서구 근대성을 극복하
는 테제의 하나로서 시민사회와 NGO를 기본 토대로 한 대안사회 연구 프로젝트
에 몰두하고 있다.

개정판 **NGO를 알면 세상이 보인다**

새내기를 위한 NGO 특강

ⓒ 박상필, 2007

지은이 | 박상필
펴낸이 | 김종수
펴낸곳 | 한울엠플러스(주)

초판 1쇄 발행 | 2001년 5월 21일
초판 8쇄 발행 | 2006년 4월 10일
개정판 1쇄 발행 | 2007년 6월 19일
개정판 6쇄 발행 | 2020년 8월 25일

주소 | 10881 경기도 파주시 광인사길 153 한울시소빌딩 3층
전화 | 031-955-0655
팩스 | 031-955-0656
홈페이지 | www.hanulmplus.kr
등록번호 | 제406-2015-000143호

Printed in Korea.
ISBN 978-89-460-6927-5 03330

* 책값은 겉표지에 표시되어 있습니다.